सब की बोली

अर्थात्

भारतवर्ष की सामान्य भाषा

की शब्दावली

OUR BASIC VOCABULARY

With a Foreword
BY
PROF. DR. RAGHU VIRA,
M.A., Ph.D. LITT. ET PHIL.
Director, the International Academy of
Indian Culture, Lahore

Issued by

**The International Academy of
Indian Culture, Lahore
1942**

सब की बोली

अर्थात्

भारतवर्ष की सामान्य भाषा
की शब्दावली

मूल संकलनकर्ता

प्रो. डॉ. रघुवीर

संपादक एवं परिवर्धक

प्रो. त्रिभुवननाथ शुक्ल

वाणी
प्रकाशन

प्रकाशन के उत्कृष्टतम 63 वर्ष

सजिल्द प्रथम संस्करण : 2026

vaniprakashan.com

वाणी प्रकाशन

4695, 21-ए, दरियागंज, नयी दिल्ली-110 002

फ़ोन : + 91 11 23273167, 23275710

शाखाएँ

अशोक राजपथ, पटना-800 004, बिहार

कॉफ़ी हाउस कैम्पस, महात्मा गांधी मार्ग, प्रयागराज-211 001, उत्तर प्रदेश

महात्मा गांधी अन्तरराष्ट्रीय हिन्दी विश्वविद्यालय, वर्धा-442 001, महाराष्ट्र

sales@vaniprakashan.in

vaniprakashan@gmail.com

Sab Ki Boli

by Prof. Dr. Raghuvir

Edited by Prof. Tribhuvannath Shukl

ISBN : 978-93-7348-118-0

Dictionary

मूल्य : ₹ 895

जी.एस. ऑफ़सेट, दिल्ली-110 095 में मुद्रित

वाणी प्रकाशन का लोगो मक़बूल फ़िदा हुसैन की कूची से

'गुरुवर

डॉ. उदयनारायण तिवारी

की स्मृति को

सश्रद्ध

जिनकी प्रेरणा से यह

अपूर्व कार्य संपादित

एवं परिवर्धित हो सका'

संकेताक्षराणि

क.	कश्मीरी
गु.	गुजराती
ता.	तामिल
ते.	तेलुगु
ने.	नेपाली
पं.	पंजाबी
प्रा.	प्राकृत
बां.	बांगला
म.	मराठी
सं.	संस्कृत
सि.	सिंधी
हि.	हिंदी

FOREWORD

by
PROF. DR. RAGHU VIRA,
M.A., Ph.D. LITT. ET PHIL.

The Indian lanaguages may be conveniently divided into two main groups, the Aryan and the Dravidian. The Aryan languages are spoken by about 26 crores of people while the Dravidian are used by the rest. The Aryan languages of the North of India are derived directly, from Sanskrit. Once the ancestors of all of us, from Kashmir to Assam and Maharashtra to Nepal, spoke Sanskrit. Through the passage of time Sanskrit was split up into slightly varying groups known as different Prakrits and these again resulted in the changes which are now known as Modern Indo-Aryan languages. The main languages of the Indo-Aryan branch are : Assamese, Bengali, Oriya, Eastern Hindi, Bihari, Nepali, Western Hindi, Rajasthani, Gujarati, Marathi, Sindhi, Punjabi, Western Punjabi and Kashmiri.

India needs unity and this unity in the realm of language is more essential than has been hitherto realized. An artificial bond cannot unite the people. An imposition of the language on the people will be at the behest of political high-handedness. Eventually it is bound to fail.

It is agreed on all hands that India must have a common language. Now-a-days English supplies that bond for the educated people. But this is a foreign bond. It is foreign in two senses. Firstly, we cannot call it our own. Secondly, it can never become universal enough to unite the masses. Besides, so far the education in schools has been directed to prpeare our youngmen for serving the Government which employs the English language as its medium of administration. With the dwindling away of Government jobs the economic value of school and university education has received a great shock. People are beginning to realize that education is an aim in itself and that the existing system of instruction is not suited to develop the best in the individual. Educationists all over India, English as well as Indian, are emphasising the replacing of English by Indian languages. As the Indianisation of our education increases, English will not only lose its present importance but it may almost disappear from this country.

Having ruled out English, what is the other alternative before us.

A language consists of two important elements, grammar and vocabulary. As far as the North of India is concerned all the languages have been derived from one main source, namely Sanskrit and hence the differences in grammar are not so great as to interfere much with mutual intelligibility. In the case of vocabulary our position is still stronger. Coming from the common source the number of common words at the present day is astonishingly large. If one were to accumulate the vocabulary common to the various Indo-Aryan languages one would have ready at hand the correct lingua franca of India, not only of the educated but of the masses. This common vocabulary is large enough to form a language. It contains nouns, adjectives, verbs, adverbs, interjections and so on. Names concern almost every category of objects e.g. plant's', birds, diseases, parts of body, numerals. An unlettered person from the remotest village of India will feel at home with this vocabulary. It will create a fresh sense of the historical and geographical unity of India. The people of different provinces of India are one to-day and they have always been one in the past for thousands of years in continuations. No amount of preaching would create a similar atmosphere. The low will feel one with the high, the tongue will be the same, the high-born, blue-bred will not twitter an exotic gibberish.

To make this common vocabulary suitable for literary pursuits, a certain percentage of learned words has to be added on to it. This percentage may not go lower than 20. How fortunate are we that even for learned words we have not to depend upon the whims of any particular group. These learned words also can be collected from the vocabulary of different literary languages of India. The main literary languages of India are Bengali, Hindi, Marathi and Gujarati in the North, Tamil, Telugu, Canarese and Malayalam in the South. For the language of the masses. India is divided into two blocks, the North and the South, but for literarcy words the North and the South both draw upon the inexhaustible store of sanskrit. This common vocabulary between the North and the South is so large that no scholar can ever despair for want of suitable words.

The present work is the first scientific collection of a fairly big vocabulary both of the languages of the masses as well as those of the learned. The main Indo Aryan Languages drawn upon are the following :

1. Kashmiri
2. Panjabi
3. Nepali
4. Bengali
5. Sindhi
6. Gujarati
7. Marathi

The languages to which the variations of these seven langues are referred is the major language of Northern India. It is known as Western Hindi among the philologists. It is the foundation of standard Hindi. It is also this languages whose grammatical structure and whose idioms have been utilized as the frame work of Urdu. Mention is made of several other Indian languages which show close eognates, though it was not considered necessary for our purpose to record the actual word forms. It should however be clearly borne in mind that the variations in other languages are of the same type as the those which have been actually quoted.

The hills in the North and the North-West have preserved a large number of tongues. Among them occasional notice has ben taken of the following :

Kafiri, including Ashkun, Dameli, Kati, Prasun and Waigeli.

Dardic, including Garvi, Gawarbati, Kalasha, Khowar, Maiya, Palola, Pashal, Savi, Tirahi and Torwali.

Shina, though a branch of Dardic, has sometimes been mentioned separately. It is spoken in the Gilgit area and extends into the Indus valley from Baltistan upto the river Tangia.

Western Pahari, comprising Baghati, Bhadravahi, Bhalesi, Bhateali, Cameali, Curahi, Gadi, Kangri, Koci, Kului, Mardeali, Padari, Pangwali, Poguli, Rambani, Siraji and Suketi, as well as Kumaoni (representing Central Pahari) have been ignored throughout this book. Linguistically they fall in line with the other Indo-Aryan languages. The number of their speakers is very small (about 4 lacs).

A small but scattered group of Indian languages is Gipsy, extending from Western Asia (Persia, Armenia, Turkey, Syria) upto Wales in the British Isles. During the last few decades the Gipsies have spread widely in North America. When reference is made to Gipsy, it is to further assure the readers of the long pedegree and the wide currency of the genuine Indian words. The Gipsies are Indian nomads who left their Indian home land about en to liteeen centuries ago.

Singhalese is yet another Indo-Aryan tongue spoken outside India. It is the main language of Ceylon. Its origin is in Pali, which was carried by the adventurous emigrants from Magadha in the centuries preceding the Christian era.

Along with the tongues mentioned above, Lahndi in the Western Panjab, as also assamese, Bihari and Oriya has to be relegated to a minor position for reasons of space and the strain that the quoting of their word forms would have put on the readers. Bihari and Oriya are, however, important languages. Bihari is spoken by no less than three crores of people, while Oriya is spoken by more than one crore. Of all the Indo-Aryan languages, the only group which is poorly represented is Hindi. Rajasthani and Eastern Hindi, occupying vast, areas, have been left out entirely. So also Bhili, which links Gujarati and rajasthani.

The number of speakers of different Indo-Aryan languages is detailed below. The figures are from the Census Report of 1931.

Shina	68 thousand
Kashmiri	11 lakhs
Lahndi	86 lakhs
Panjabi	1 crores 58 lakhs
Nepali	23 lakhs
Sindhi	40 lakhs
Gujarati	1 crore, 9 lakhs
Marathi	2 crores, 9 lakhs
Rajasthani	1 crore, 40 lakhs
Bhili	21 lakhs
Western Hindi	7 crores, 15 lakhs
Eastern Hindi	68 lakhs
Bihari	2 crores, 80 lakhs
Oriya	1 crore, 12 lakhs
Bengali	5 crores, 35 lakhs
Assamese	20 lakhs

The exact number of Singhalese speakers is not available to me. According to the Encyclopaedia Britannica (1929) Singhalese is spoken by about two thirds of the Ceylon population, which according to the same authority was estimated to be five millions (inclusive of military and shipping) in 1927.

Figures for Kafiri, which is spoken outside the British territory, are not available.

The total number of Indo-Aryan speakers is 257 millions..

The systems of education and administration in this country have been guilty of ignoring the Indian languages. They have systematicaly crushed the words of the soil. Now with the growth of national consciousness the urge for self expression in the vital matter of language is becoming stronger every day.

And it is in response to that urge that the help of the science of comparative philology of the numerous Indo-Aryan idioms has been invoked to reveal to the politician and the educationaist the true nature of the COMMON INDIAN, a grand edifice that wil astound them with its beauty and roominess. In this vocabulary no common word is admitted unless it is sanctioned by the usage among no less than fifteen crores of men, women and children, and these altogether unlettered. In the case of learned vocabulary only such words have been admitted into the present collection as are universally used in the North and the South. In this edition five languages have been expressely mentioned, namely Hindi, Bengali, Gujarati and Marathi from the North and Telugu from the South. In the first few pages even Tamil has been quoted. We shall be able to include references to all the four major languages of the South in the next edition.

As will be readily perceived, the literature that will be composed with these vocables will be comprehended not only by the learned but by the masses all over India. It is not possible to attain a greater amount of intelligibility with any other set of words. Let me however be frank in admitting that the present collection is only of an illustrative nature. It is yet to be augmented considerably. The number of derivatives registered here is small. Compound words are also ignored. When the derivatives and the compounds are also taken in the vocabulary will have a richer and fuller appearance.

A companion volume to this will consist of specimens written with the vocabulary in the different languages of the North and the South. These specimens will show that a passage in any one of the Northern languages will be intelligible to the speakers of other North Indian languages to the extent of 70%. The marvel is that the grammar does not interfere too much in the matter of intelligibility. To the South Indian, the North Indian specimens are intelligible to the extent of the Sanskrit element. Litarary Bengali and literarcy Telugu come very close to each other. Literary Tamil and literary Hindi can be understood mutualy to the extent of 50%. Here, of course a small Learning knowledge of grammar is essential.

Let us rise up as the promoters of our languages, as the defenders of our words and save them from ignominy and oblivion. Let us not cut ourselves away from our masses and from our past. We are one with them. Let the patrimony of the past and the millions of Indian humanity of the present unite to carve a brilliant future.

The words listed here are the rock basis of the lingua franca of India. If we build on them, we shall build safely and shall save ourselves from the shame of being strangers on our native soil.

At the end of this volume there appear three appendixes. The first one is a list of over four hundred Indian words in the Malaya and adjacent languages of Java, Sumatra and other islands. In a way these are a part of our Far Eastern linguistic frontiers. The second appendix is a century of our vocables in Pashto, an Iranian language. The last appendix concerns the marvellous tongue of the Indian colonists in Wales. It is just an eye-opener, a mere peep in to the glamorous vistas of India's vastness, which has surmounted all barriers and survived cruel persecutions.*

*In issuing "Our Basic Vocabulary" the fullest use has been made of Professor R.L. Turner's monumental work, "A Comparative and Etymological Dictionary of the Nepali Languages" (London, 1931). Indian would ever remain obliged to Professor Turner for having served here nobly. Other books which may be particularly mentioned are :

A Manual of the Malaya Language, by W.E. Maxwell (London, 1888).

A Dictionary ofthe Malaya Tongue, by J. Howisen (London, 1809).

An Etymological Vocabulary of Pashto, by G. Morgenstierus (Oslo, 1927).

The Dialect of the Gypsies of Wales, by J. Sampson (London, 1926)...

प्राक्कथन

भारतवर्ष में भाषाओं के दो प्रधान वर्ग हैं आर्य और दूसरा द्रविड़[1]। आर्य भाषाओं के बोलने वालों की संख्या 26 करोड़ के लगभग तथा द्रविड़ भाषियों की 7 करोड़ के लगभग है। आर्य भाषाएँ अधिकांश उत्तरापथ में प्रयुक्त होती हैं। ये सब संस्कृत से निकली हैं। प्राचीन समय में कश्मीर से लेकर आसाम तक और महाराष्ट्र से लेकर नेपाल तक हमारे पूर्वज संस्कृत भाषण करते थे। सहस्रों वर्ष व्यतीत होने पर संस्कृत की कई शाखाएँ बन गईं। उच्चारण तथा व्याकरण में शिथिलता आती गई और नाना प्रकार की प्राकृतों ने जन्म लिया। इन प्राकृतों का आगे और रूपांतर हुआ जिस को अपभ्रंष कहते हैं। प्राकृतों के समान अपभ्रंशों के भी बहुत भेद थे। कुछ समय के पष्चात् अपभ्रंशों में भी परिवर्तन आने से आधुनिक भारतीय आर्य भाषाओं का उद्भव हुआ। इन में से मुख्य हैं–असामी, बांग्ला, उडिया, पूर्वी हिंदी, बिहारी, नेपाली, पाश्चात्य हिंदी, राजस्थानी, गुजराती, मराठी, सिंधी, पंजाबी, लँहदी और कश्मीरी।

भारत वर्ष के लोगों में एकता का संपादन करने के लिए भाषा की समानता बहुत ही आवश्यक है। इसको अभी तक हमारे देश वासियों ने अच्छी प्रकार से नहीं समझा। इसमें धार्मिक झगड़ों का लाना मूर्खता है। यहाँ यह प्रश्न नहीं कौन मानता है और कौन नहीं मानता। कोई भी कृत्रिम शृंखला लोगों के लिए लाभकारी न होगी और उन में परस्पर संघटन न ला सकेगी। विदेशी शब्दों का लोगों के ऊपर आरोपण करना राष्ट्रीयता के विरुद्ध है। यदि बलात्कार से अथवा दुराग्रह से विदेशी

1. अब आर्य और द्रविड़ का विभाजन मिथ्या प्रमाणित हो चुका है (संपादक)

शब्दों को स्वदेशी शब्दों का स्थान दिया गया तो अत्याचार होगा। और यह यत्न अंत में जाकर असफल रहेगा। कभी न कभी कोई कमाल अतातुर्क अथवा रंज़ाशाह पहल्वी के समान वास्तविक राष्ट्रीय नेता स्वदेशी शब्दों को समुचित स्थान देगा।

आजकल लिखे पढ़े लोगों की भाषा आँग्ल बन चुकी है। भारतवर्ष में यही एक ऐसी भाषा है जो सर्वत्र बोली जाती है, लिखी जाती है और पढ़ी जाती है। दूसरे शब्दों में आँग्ल उच्च श्रेणी के लोगों की साधारण भाषा है। कई लोग कहने लगे हैं कि आँग्ल को ही भारतवर्ष की साधारण भाषा क्यों न मान लिया जाये और क्यों यत्न न किया जाये जैसे वह साधारण लोगों की भाषा बन जाए। इसके प्रति हमारा कहना है, आँग्ल भाषा विदेशी है। इसका संबंध तंतु भी विदेशी रहेगा और विदेशी संबंध तंतु हमारी राष्ट्रीयता के मार्ग में रुकावट होगा। हम कभी भी आँग्ल भाषा को अपनी नहीं कह सकेंगे। इसके अतिरिक्त सर्व साधारण जन समुदाय की यह भाषा बन ही नहीं सकती। इसके स्वप्न भी लेना मूर्खता है। अभी तक लोग आँग्ल भाषा के पढ़ने को धनोपार्जन का परम साधन समझते थे। इसीलिए आँग्ल का इतना प्रचार हुआ। शनैः लोग समझते जा रहे हैं, अब आँग्ल भाषा पढ़ने मात्र से आजीविका नहीं मिलती। लोगों का मन आँग्ल भाषा की ओर से खिन्न होता जा रहा है। शिक्षा शास्त्र के आचार्य भी अपनी भाषाओं पर बल देने लगे हैं। इन शिक्षा शास्त्रियों में आँग्ल और भारतीय दोनों सम्मिलित हैं। स्कूल में तो अपनी भाषाएँ शिक्षा का माध्यम बनती जा रही हैं। यूनिवर्सिटी में भी इस प्रकार का यत्न हो रहा है। जिस दिन ऐसा हो गया, उसी दिन भारतवर्ष में आँग्ल भाषा अपनी उच्च पदवी को खो बैठेगी। अब रह गए राजकीय कार्यालय। स्कूल और विश्वविद्यालयों के पश्चात्, इन की बारी आएगी। हमारी पीढ़ी के लोग जिन्होंने अपनी शिक्षा आँग्ल भाषा में प्राप्त की है चाहे जो भी समझें, आँग्ल भाषा का भविष्य भारतवर्ष में बड़ा अंधकार मय है। मुझे निश्चय है आँग्ल इस देश से प्रायः उड़ ही जाएगी।

अब इस इस बात का विचार करेंगे आँग्ल भाषा का स्थान भारतवर्ष में किस भाषा को दिया जाए।

भाषा के दो प्रधान अंग होते हैं, व्याकरण तथा शब्दसमूह। जहाँ तक उत्तरापथ का संबंध है सभी भाषाओं की जन्मदात्री संस्कृत है। और इसलिए इनके व्याकरणों में इतना अधिक अंतर नहीं जो एक दूसरे को समझने में बहुत अधिक कठिनाई पड़ सके। शब्दसमूह के विषय में स्थिति और भी अनुकूल है। समातृक होने से समान शब्दों की संख्या बहुत बड़ी है। यदि इन सभी साधारण शब्दों को विविध आर्य भाषाओं से इकट्ठा कर लिया जाए तो भारतवर्ष की समान भाषा साक्षात हमारे सामने खड़ी हो जाती है। यह भाषा पढ़े लिखे लोगों की ही नहीं किंतु अनपढ़ ग्रामीणों की भी भाषा है। समान शब्दसंग्रह बहुत बड़ा और विस्तृत है। सभी विचार इसमें प्रकट हो सकते हैं। इसमें संज्ञा और उनके विशेषण, क्रियाएँ और उनके विशेषण, अनुकृति शब्द इत्यादि सभी प्रकार के पद सम्मिलित हैं। कारक संज्ञाओं में प्रत्येक प्रकार की वस्तुएँ आ जाती हैं, यथ वृक्ष, पक्षी, रोग, शरीरांग, संख्या। इन शब्दों का प्रयोग करने से भारतवर्ष में ऐतिहासिक तथा भौगोलिक एकता का विचित्र भाव उत्पन्न होगा। विविध प्रांतों के लोग आज भी एक हैं और सहस्रों वर्षों से एक रहे हैं। यह भावना किसी और प्रकार से उत्पन्न नहीं हो सकती। इन शब्दों का प्रयोग करने से छोटे और बड़े सब एक हो जाएँगे। कुलीन, धनी, शिक्षित लोग विदेशी टस्टर करके अपने छोटे भाइयों को डराने का यत्न नहीं करेंगे।

साहित्य तथा शिक्षा की भाषा में कुछ थोड़े बहुत विद्या–शब्द जोड़ने की आवश्यकता है। इनकी संख्या बीस प्रतिशत से थोड़ी कठिन है। हमारा सौभाग्य है जो विद्या शब्दों के लिए भी हमें किसी विशेष समुदाय के बाद अथवा विचारों का अनुकरण करने की आवश्यकता नहीं। जिस प्रकार सामान्य भाषा के शब्दों को इकट्ठा कर सकते हैं उसी प्रकार विद्या शब्दों को भी। भारतवर्ष की प्रधान साहित्यिक भाषाएँ हैं–बांगला, हिंदी, गुजराती और मराठी उत्तरापथ में, तथा तमिल, तेलुगु, कन्नड और मलयालम दक्षिणापथ में। प्राकृत जनों की भाषाओं का ध्यान रखते हुए भारतवर्ष के दो विभाग हैं उत्तरापथ और दक्षिणापथ। किंतु विद्या शब्दों के लिए भारतवर्ष एक है। उत्तरापथ तथा दक्षिणापथ की भाषाएँ उच्च विचारों को प्रकट करने के लिए संस्कृत की अक्षय विशाल

निधि का सहारा लेती हैं।

वैज्ञानिक रूप से भारतवर्ष की साधारण भाषा का संकलन करने का यत्न पहिली बार इस पुस्तक में किया गया है। प्राकृत जनों की भाषा के लिए कश्मीरी, पंजाबी, नेपाली, बांग्ला, सिंधी, गुजराती और मराठी भाषाओं के शब्द–रूप पाश्चात्य हिंदी के साथ रखे गए हैं (पाश्चात्य हिंदी दिल्ली और मेरठ के आसपास की भाषा का नाम है। यही खड़ी बोली का आधार है और यही उर्दू का)। इन भाषाओं के अतिरिक्त और भी बहुत सी बोलियाँ हैं जिनमें इसी प्रकार के शब्द आते हैं। किंतु स्थानाभाव से उनके शब्दरूप नहीं दिए गए। किंतु इससे ऐसा न समझना चाहिए–वे शब्दरूप निर्दिष्ट शब्दरूपों से बहुत परे हैं। इन भाषाओं में कुछ तो पहाड़ी भाषाएँ हैं जैसे काफिरी। काफिरी भाषा काफिरिस्तान में बोली जाती हैं। दूसरे दरद भाषाएँ, जिनमें से शिक्षा प्रधान है। चंबा, मंडी और सुकेत आदि पंजाब की पहाड़ी भाषाएँ तथा कुमाओं की भाषा के बोलने वालों की संख्या चार लाख के लगभग है। भाषाविज्ञान की दृष्टि से उनकी पदवी हिंदी और गुजराती आदि के समान है।

भारतीय भाषाओं का एक छोटा सा किंतु दूरव्यापी समूह रोमणी नामक है। यह समूह ईरान से लेकर उत्तरी अमरीका तक फैला हुआ है। पदे–पदे रोमणी शब्दों का निर्देश भी किया गया है। इससे भारतीय पाठकों को ज्ञान होगा, भारतीय शब्दों का क्षेत्र कितना विस्तृत है और उनका हमारे हाथों नाश होना राष्ट्रीयता की कितनी हानि है।

सिंहली लंका की प्रधान बोली है। इसकी उत्पत्ति पालि से हुई। आज से 2300 वर्ष पूर्व मगध के बौद्ध भिक्षु पालि को लंका में ले गए थे। रोमणी के समान सिंहली भी संख्या की पुत्री है।

काफिरी, दरद, पहाड़ी, रोमणी और सिंहली के साथ लँहदी, असमी, बिहारी तथा उड़िया के शब्दों को भी उद्धृत न करके भाषा के नामनिर्देश से संकेत कर दिया है– समान रूप, समानार्थ सयोनि शब्द इन भाषाओं में विद्यमान हैं। यदि स्थान और व्यय की चिंता न होती और पाठकों पर भार पड़ने की आशंका न होती तो हम अवश्य इन सारी ही आर्य भाषाओं के वास्तविक शब्दरूप उद्धृत करते। बिहारी

और उड़िया तो बड़ी भाषाओं मे से हैं। बिहारी भाषियों की संख्या तीन करोड़ और उड़िया भाषियों की एक करोड़ है।

इस पुस्तिका में हमने अन्याय तो केवल हिंदी के साथ किया है। पूर्वीय हिंदी तथा राजस्थानी, जो हिंदी की दो बड़ी शाखाएँ समझनी चाहिए, वे यहाँ सर्वथा ही अनिर्दिष्ट हैं। तथैव भीली, जो गुजराती और राजस्थानी की मध्यवर्ती शृंखला है।

आर्य भाषाओं के बोलने वालों की संख्या जनगणना 1931 के अनुसार नीचे दी जाती है –

शिणा	68 सहस्र
कश्मीरी	14 लाख
लँहदी	86 लाख
पंजाबी	1 करोड़, 58 लाख
नेपाली	23 लाख
सिंधी	40 लाख
गुजराती	1 करोड़, 9 लाख
मराठी	2 करोड़, 9 लाख
राजस्थानी	1 करोड़, 40 लाख
भीली	21 लाख
पाश्चात्य हिंदी	7 करोड़, 15 लाख
पूर्वीय हिंदी	68 लाख
बिहारी	2 करोड़, 80 लाख
उड़िया	1 करोड़, 12 लाख
बांगला	5 करोड़, 35 लाख
आसामी	20 लाख

सिंहली बोलने वालों की संख्या निश्चित नहीं। अनुमान से तीस लाख के लगभग होगी।

काफिरिस्तान् अँगरेज़ी राज्य के बाहर है। वहाँ आज तक जन गणना नहीं हुई।

आज तक शिक्षा और राज्य की ओर से भारतीय भाषाओं की अवहेलना की गई है। उन्होंने नियम से हमारे शब्दों को कुचला है। राष्ट्रीय भावना की जागृति के साथ–साथ अपनी भाषा की उन्नति का विचार लोगों के मन में आने लगा है। उसी भावना की पूर्ति के लिए हमने आर्य भाषाविज्ञान के महान् समुद्र का आश्रय लिया है और राजनैतिक नेताओं तथा शिक्षा शास्त्रियों को दृष्टिगोचर कराने का यत्न किया है–सामान्य भारतीय भाषा कितना विशाल मंदिर है।

इस शब्दसमूह में प्रायः सारे ही शब्द ऐसे रखे गए हैं जिनके बोलने वालों की संख्या 15 करोड़ से न्यून नहीं। यह 15 करोड़ भी बहुधा अशिक्षित स्त्री, पुरुष और बालक हैं।

जैसा पहले कहा जा चुका है–''विद्या'' शब्द यहाँ ऐसे ही एकत्र किए गए हैं जो उत्तरापथ और दक्षिणापथ में विश्वव्यापी हैं। स्थान, समय और द्रव्य के अभाव से नाम निर्देश केवल पाँच भाषाओं का किया है–हिंदी, बांगला, गुजाराती और मराठी उत्तर में तथा तेलुगु दक्षिण में। आरंभ के पृष्ठों में तामिल का भी निर्देश हुआ है। हम आशा रखते हैं आगामी संस्करण में दक्षिण की चारों भाषाओं का नाम दिया जा सकेगा।

जो साहित्य इन शब्दों की सहायता से रचा जाएगा वह सारे भारतवर्ष में सुगमता से स्वीकृत होगा। इसको न केवल शिक्षित अपनाएँगे किंतु अशिक्षित भी इसको अपना समझेंगे। हमारी पुस्तिका के अध्ययन करने वालों को यह विश्वास करने में कठिनाई न होगी–दूसरा कोई भी शब्दसंग्रह इतना सफल नहीं हो सकता। किंतु हमें यहाँ यह मानने में आपत्ति न होगी, हमारा शब्दसंग्रह अभी असंपूर्ण है। इसमें बहुत वृद्धि होनी है। समास तो हमने बहुत थोड़े दिए हैं। इसी प्रकार कृदंत, तद्धित शब्दों का अल्प ही समावेश हुआ है। छोटे–मोटे और बहुत से साधारण शब्द जो हमारी प्रस्तुत सूची में छोड़ दिए गए हैं उनको और समासों, कृदंतों तथा तद्धितांतों को मिला कर ''सब की बोली'' बहुत समृद्ध और विशाल बन जाएगी।

हमारा विचार है हम उत्तर और दक्षिण भारत की विविध भाषाओं में कुछ कथानक प्रकाशित करें जिनमें इस शब्दावली का प्रयोग हो।

इन निर्देशनों से स्पष्ट हो जाएगा उत्तर भारत के किसी भी प्रांत में दूसरे किसी प्रांत की बोली 70 प्रतिशत तक समझी जा सकती है। आश्चर्य यह है, व्याकरण बीच में बहुत बाधा नहीं डालती। दक्षिणी लोगों को उत्तरी भाषाओं का संस्कृतांश अनायास ही समझ में आ जाएगा। साहित्यिक बांग्ला और साहित्यिक तेलुगु बहुत समीप हैं। समझाने से साहित्यिक तामिल और साहित्यिक हिंदी भी 50 प्रतिशत की सीमा तक सुगम हो जाती है।

हमारा कर्तव्य है हम जागृत हों और अपने शब्दों के संरक्षक बने, अपनी भाषाओं को समृद्ध और संपन्न बनाएँ तथा दासता और दीनता के पद से उनको ऊँचा उठाएँ। सर्व साधारण प्राकृत जनों से अपने आप को पृथक कर लेना बुरा है अपने प्राचीन साहित्य और संस्कृति से विहीन होना राष्ट्रीय महापातक है। इस प्राकृत जनों के साथ एक हैं। उनके सहयोग से और अपनी प्राचीन संपत्ति के बल से हमको उज्ज्वल भविष्य का निर्माण करना है।

पुस्तक के अंत में तीन परिशिष्ट दिए गए हैं। पहले परिशिष्ट में 400 से अधिक ऐसे भारतीय शब्द हैं जो मलय, जावा आदि द्वीपों में अभी तक प्रयुक्त होते हैं। भाषा के संबंध से इन द्वीपों को हमें अपनी दक्षिण पूर्वतम सीमा समझना चाहिए। दूसरे परिशिष्ट में लगभग सौ भारतीय शब्दों की सूची है जो पश्तो में प्रयोग किए जाते हैं। यथपि पश्तो को हम अपनी उत्तर पश्चिमी सीमा मानते हैं। तथापि हम इससे सहस्रों मील आगे ईरान, तुर्की, मिश्र, ग्रीस, जर्मनी, रूस, स्पेन आदि की यात्रा करते हुए इंग्लैंड और वेल्ज में जाकर सहस्रों मील के विशाल विकराल सागर को पार करके उत्तरी अमरीका के पश्चिमी समुद्र तट तक भारतीय भाषाओं का प्रचार देखते हुए चले जाते हैं। इन भाषाओं को रोमणी अथवा कालो कहते हैं निदर्शन रूप से हम ने वेल्ज की रोमणी भाषा से कुछ शब्द उद्धृत किए हैं।

इस सामान्य शब्दों से भारतवर्श की भविष्य सामान्य भाषा की दृढ़ नींव डलेगी। इस नींव पर जो कुछ भी बनाया जाएगा वह चिरस्थाई होगा और हम को विदेशी दासता के कलंक से बचाएगा।

अनुक्रम

सब की बोली

अंश– हि. गु. म. ते. ता.

अकड़ना क. अकूरु पं. आकड़ना ने. अक्रनु गु. अकडदुँ म. अकड़णँ।। एवं सिंहली।

अकस्मात् – हि. वां. गु.म. ते. (अकस्मात्तुगा)।

अकारण – हि. वां. गु. म. ते. ता.

अकार्य – हि. वां. गु. म. ता. (अकारियम्)।

अकाल – हि. बां. गु. म. ते. ता.

अकिच्चन – हि. बां. म. ते. ता.

अकीर्त्ति – हि. वां. गु. म. ता.

अकेला पं. इकल्ला ने. अकेला तां. एकला गु. एक्लुँ म. एकला –सं. एकल।। एवं उडिया, लँहदी, सिहली...।।

अक्ष – हि. वां. गु. म. ते. ता. (अक्कम्)।।

अक्षर पं. अक्खर् ने अक्षर्, अच्छर्, आखर् वां. आखर् सि. अखरु – सं. अक्षर प्प एवं लँहदी, आसामी, सिंहली...।। ते. अक्षर ता. अक्करम्।।

अक्षि – हि. बां. गु. म. ते. ता. (अक्कि)।।

अखण्ड – हि. बां. गु. म. ते. ता. (अकण्टम्)।।

अखाड़ा क. अकहार् पं. ने. अखाड़ा वां. आखड़ा गु. अखाडो मँ. अखाड़ा – सं. अक्षवाट।। एवं लँहदी आसामी...।।

अखिल – हिं. बां. गु. म. से. ता. (अकिल)।।

अख्रोट् पं. गु.म. अखोट ने. ओखर् सि. अखिरोटु – सं. अक्षोट।। एवं रोमणी...।।

अगर् ूववक वािसवमे क. अगुर् पं. ने. गु. अगर् बां. सि. म. अगरु – सं. अगुरु।। एवं आसामी, उडिया, सिंहली...।

अगला ने. अघिल्लो बां आग्लि सि. अगरो म. अग्ळ – सं. अग्र।। एवं रोमणी, उडिया...।।

अगाड़ी पं. अग्गड् ने. अगाड़ि बां. आगड़ि गु. अगाड़ी म. आघाडी – से. अग्र।।

अगाध – हि. बां, गु, म, ते, ता, (अकातम्)।।

अगुवा ने. अगुवा बां, आगु सि. अगुओ गु. अगुवो – सं. अग्रेगू।। एवं आसामी....।।

मूल से देखकर फिर से टाइप करें छूट गया है। अँगूठी पं. अङ्गूठी. ने. अङगुश्ठय।। एवं आसामी...।।

अँगौछा क. अङ्गोच पं. अङ्गोच्छा ने. अङौछो सि. अङ्गोछो गु. अँगुछो म. अँगोछा – सं. अङ्गोच्छ।।

अग्नि – हि. बां. गु. म. ते. ता. (अक्किनि)।।

अङक – हि. बां. गु. म. ते. ता.

अंकुश (आँकुस) पं. अंगुस् ने. आँकुस् सि. अङकरो म. अँकुशी – सं. अङ्कश।। एवं आसामी, उडिया, सिहली....।। ते. अंकुश ता. अंकुचम्।।

अंग पं. अंग् ने. अङ्ग, आङ् बां. आंग् सि. अङ्ड गु. म. आंग् – सं. अङग।। एवं आसामी, सिहली ...।। ते अंग ता. अङ्कम्।।

अंगन – हि. बां. गु. म. ते. ता. (अंकणम्)।। देखो आँगन्।।

अंगार पं. अँगार् ने. अङार् बां. आङ्गार् सि. अङरु गु. अँगारो म. अँगारा – सं. अङ्गार।। एवं दरद, उडिया, सिंहली...।। ते. अंगार, अंगारक ता. अंकारम्, अंकारकम्।।

अङ्गीकार – हि. बां. गु. म. ते. ता. (अंकीकारम्)।। कश्मीरी आँचिकार।।

अंगीठी पं. गु. अँगीठी ने. अँगेठि सि. आगीठी म. आग्ठी – सं. अग्निष्ठिका।। एवं उडिया, बिहारी...।।

अंगुली (अङ्गुल) क. ओंगुजू पं. उङ्गल् ने. अँगुलो बां. आंगुल् सि. आङ्रि गु. आँग्ली म. अँगुली – सं. अंगुलि।। एवं काफिरी, रोमणी, दरद, आसामी, उडिया, लँहदी, सिंहली...।। ते. अंगुल, अंगुलि ता. अंकुलि।।

अङ्गुष्ठ – हि. बां. गु. म. ते. (अंगष्ठ, अंगुटमु) ता. (अंकुट्म्)।। देखो अङ्गूठा।।

अंगूठा पं. अँगूठा ने. औंठो सि. आङ्ठो गु. अँगूठो म. अँग्ठो – सं. अंगुष्ठ।। एवं रोमणी, दरद, आसामी, उडिया, लँहदी, सिंहली...।।

अचंभा पं. अचम्भा ने. अचम्ब बां. आचम्बा गु. अचंबो म. अचंबा – सं. आस्कभ्राति।। एवं उडिया, सिंहली ....।।

अचर, अचल, अचिन्त्य, अचेतन – हि. बां. गु. म. ते. ता. (अचिन्तीयम्)।।

अच्छा क. ओछु पं. ने. अच्छा सि. अछो गु. आछुँ – सं. अच्छ।।

अच्युत – हि. वां. गु. म. ते. (अज "बकरी", अजमु "बकरा") ता. (अचम्, अचकम्)।।

अजगर, अजीर्ण – हि. बां. गु. म. ते.

अज्वान् पं. जवाइन् वे. जुवानु बाँ, जोयान् सि. जाणी – सं. यवानी।। एवं आसामी, बिहारी।।

अजिन (ता. अचिनम्), अज्ञान – हि. बां. गु. म. ते. ता.

अंजन – हि. बां. गु. म. ता. (अच्चनक्कल)।।

अंजलि के. अन्जल, पं. अञ्जली नं. अँजुलो बां. आँज्ला गु. अञ्जली म. अञ्जली – सं. अञ्जलि।। एवं आसामी, उडिया, सिहली......।। ता. अंचलि।।

अटक्ना पं. अटक्णा ने. अड्कनु बां. आटक् सि. अट्कणु गु. अटक्वुँ मा. अटक्णँ।। एवं लँहदी...।।।

अटवी, अट्टहास (ता. अट्टाचम्) – हि. बां. गु. म. ते. ता. अटाना ने. अटाउनु पं. अट्टणा गु. अटावुँ म. अट्णँ।। एवं दरद ...।। अटारी पं. अटाला ने. अटालि गु. अटारी म. अटाळी – सं. अट्टाल।। एवं सिंहली...।।

अट्कल् क. अठ्कल् पं. अट्कल् ने. अड्कल् बां. आट्काल् सि.

अट्कल गु. म. अट्कळ्।। एवं लँहदी ....।।

अङ्ना क. अड्डन् ने. अड़िनु सि. अड़्णु गु. अड्वुँ म. अड़्णँ।। एवं आसामी, सिंहली ...।।

अढ़ाई पं. ढाई ने. अड़ाइ बां. आड़ाइ सि. अढाई गु. अढी म. अडीच।। एवं लँहदी, आसामी, उडिया...।।

अणु – हि. बां. गु. म. ते. (अणुवु) ता.

अंडा क. अण्ड् पं. आण्डा ने. अण्डा सि. आनो गु. आँड् म. आँडें – सं. आण्ड।। एवं रोमणी, दरद, लँहदी, उडिया ...।। ता. अण्टचम् (= अण्डज)।।

अति, अतिक्रम (ता. अतिक्किरमम्), अतिथि (ता. अतिति), अतिशय (ता. अतिचयम्), अतिसार (ता. अतिचारम्), अतीत (ता. अतीतम्), अतीव (ता. नहीं), अतुल (ता. अतुलम्) – हि. बां. गु. म. ते. ता.

अत्यन्त, अथवा – हि. बां. गु. म. ते.

अथाह् पं. ने अथाह् गु. अथाह, अथाग् म. अथाँग् – सं. अस्थाघ।।

अद्भुत (ता. नहीं), अद्रि (ता. अत्तिरी), अद्वैत (ता. अत्तुवैतम्), अध ाम (ता. अतमम्), अंधर (ता. अतरम्), अधिक (ता. अतिकम्), अधि ाकरण (ता. अतिकरणम्), अधिकार (ता. अतिकारम्), अधिपतिं (ता. अतिपति), अधीन (ता. अतीनम्) – हि. बां. गु. म. ते. ता.

अधूरा पं. अधूरा ने. अधुरो सि. अधोरो गु. अधुरुँ म. अधुरा – सं. अध र्ि पूर।।

अँधेरा पं. अन्हेरा ने. अँधेरो बां. आँधार्, सि. अन्धारु गु. अँधोरुँ म. अँधार् – सं. अन्धकार।। एवं दरद, काफिरी, उडिया, बिहारी, सिहलीं...।।

अधेला ने. सि. गु. अधेलो बां. आधला म. अधेला।।

अध्यक्ष, अध्ययन, अध्यात्म, अध्यापक, अध्याय, अध्याहार – हि. बां. गु. म. ते.

अनघ (ता. अनकम्), अनङ्ग (ता. अनंकन्), अनन्त, अनन्तर, अनर्थ (ता. अनर्त्तम्), अनल – हि. बां. गु. ते. ता.

अनाज क. पं. ने. बां. गु. अनाज् सि. अनाजु – सं. अन्नाद्य।। एवं लॅहदी...।।

अनाड़ी क. कनोरि पं. सि. अनाड़ी ने. अनारि बां. अनाड़ि गु. अनाडी म. अडाणी।।

अनाथ (ता. नहीं), अनादर (ता. अनातरम्), अनादि (ता. अनाति), अनामिका (ता. अनामिनक), अनायास (ता. नहीं), अनावृश्टि (ता. अनाविरुट्टि), अनुकरण, अनुकूल, अनुक्रम, (ता. अनुक्किरमम्) – हि. बां. गु. म. ते. ता.

अनुगमन (ता. अनुकमनम्), अनुग्रह (ता. नहीं), अनुज, अनुताप, अनुदात्त (ता. अनुतात्तम्), अनुपम (ता. अनुपनम्), अनुमति, अनुमान, अनुराग (ता. अनुराकम्), अनुलोम, अनुवाद (ता. नहीं), अनुसंधान (ता. अनुचंतानम्) – हि. बां. गु. म. ते. ता.

अनुसार, अनुस्वार – हि. बां. गु. म. ते.

अनूठा ने. अनौठो लि. अनोठो म. अनोठा।।

अनूप, अनृत, अनेक – हि. बां. गु. म. ते.

अनोखा पं. अणोक्खा ने. अनोखा बां. आनखा गु. नोखुँ – सं. अनपेक्षित।। एवं लँहदी...।।

अंत, अंतःकरण, अंतःपुर – हि. बां. गु. म.

अंतर (ते. नही, ताँ. अंतरम्), अंतरंग (ता. अंतरंकम्), अंतराय (ता. अंतरायम्) – हि. बां. गु. म. ते. ता.

अंतरक्षि, अंतरीप, अंतर्धान, अंतर्भाव – हि. बां. गु. म. ते. अंदर क. अंदर् पं. अन्दराँ सि. अंदरु गु. आँत्रो म. आँतर् – सं. अंतर।। एवं रोमणी, दरद, लँहदी, सिंहली...।।

अन्ध (ता. अंतन्), अंधकार (ता. अंतकारम्) – हि. बां. गु. म. ते. ता.

अन्धा क. ओनु पं. अंधा ने. अंधो बां. आँध्ला सि. अंधो गु. आँध्लुँ म. अँधला – सं. अन्ध।। एवं दरद, आसामी, उडिया लँहदी, सिंहली....।

अंत (ता. नहीं), अन्य (ता. अंतियम्, अनियर्) – हि. बां. गु. म. ते. ता.

अन्यत्र, अंनयथा, अन्वय – हि. बां. गु. म. ते.

अपकार (ता अपकारम्, अपकरणम्), अपकीर्ति, अपचार (ता. अपचारम्),

अपथ्य (ता. अपत्तियम्) – हि. बां. गु. म. ते. ता.

अपना पं. आप्णा ने. आफ्नु बां. आपन् गु. आप्णुँ म. आपण् – सं. आत्मनः।। एवं दरद, लँहदी, उडिया....।।

अपमान (ता. नहीं), अपर (ता. अपरम्), अपराध (ता. अपरातम्), अपवाद् (ता. अपवातम्), अपशब्द (ता. अपरचत्तम्), अपहरण (ता. नहीं), अपांग (ता. अपाङ्कम्), अपान (ता. अपानन्), अपार (ता. अपारम्) – हि. बां. गु. म. ते. ता.

अपेक्षा (ते. अपेक्ष, ता. नहीं), अप्रमेय (ता. अप्पिरमैयम्), – हिं. बां. गु. म. ते. ता.

अफर्नां पं. आफर्ना ने. अफरे सि. आफिर्जणु गु. अफवुँ म. अफारी।। अब ने. अब।। एवं बिहारी....।।

अबला – हि. बां. गु. म. ते. (अबल) ता (अपालम्)।।

अबेर प. ने अबेर सि. अवेर म. अपेळ्।।

अबोल पं. गु. अबोल।।

अभय (ता. अपयम्), अभाव् (ता. अपावम्), अभिचार (ता. अपिचारम्), अभिधान (ता अपितानम्), अभिनय (ता. अपिनयम्), अभिनव (ता. अपिनवम्), अभिन्न (ता. अपिन्नम्), अभिप्राय (ता. अपिप्पिरायम्), अभिमत (ता. अपिमतम्), अभिमान (ता. अपिमानम्), अभिमुख (ता. अपिमुकम्), अभियोग (ता. अपियोकम्), अभिराम (ता. अपिरामम्), अभिरुचि (ता. अपिरुचि), अभिरूप (ता. अपिरूपम्) अभिलाश (ता. अपिलाचम्), अभिव्यक्त (ता. अपिवियत्तम्), अभिशेक (ता. अपिटेकम्), अभिसारिका (ता. अपिचारि), अभेद (ता. अपेतम्), अभ्यंग (ता. अप्पियङ्कम्), अभ्यंतर (ता. नहीं), अभ्युदय (ता. नहीं), अभ्रक (ता. अप्पिरकम्), अमर (ता. अमरर्) – हि. बां. गु. म. ते. ता.

अमल्तास् पं. अम्बलतास् ने. अमल्तास् सिं. अमल्दासु।।

अमात्य (ता. अमात्तियर्) – हि. बां. गु. म. ते. ता.

अमावास्या क. मावास् पं. अमाउस् ने. औँसि गु. अमास् म. आवस् – सं. अमावास्या।। एवं सिंहली ....।। ते. अमावस्य ता. आमावाचियो।।

अमृत (ता. अमितम्) – हि. बां. गु. म. ते. ता.

अम्मा ने. आमाँ सि. अमाँ – सं. अम्बा।। एवं लँहदी, सिहली।। अम्ल क. आमलुनु ने. अमिलो बां. आम्बल् गु. म. आँब् – सं. अम्ल।। एवं सिंहली....।। ते. अम्ल।।

अयस् (म. नहीं, ता अयम्), अयुक्त (ता. अयुक्तम्), अयुत (ता. अयुतम्), अयोग्य (ता. अयोक्कियम्), अरण्य (ता. अरणियम्), अरविंद (ता. अरविन्तम्), अरि, अरुचि, अरुणं (ता. अरुणम्) – हि. बां. गु. म. ते. ता.

अरे ने. सि. गु. म. अरे बां. आरे – सं. अरे।। एवं आसामी....।।

अर्चन (ता. अर्चने), अर्णव (ता. अरुगवम्), अर्थ (ता. अरुत्तम्), अर्थात् (ते.ता. नहीं), अर्थी (ते. अर्थि), अर्ध (ता. अरुत्तम्) – हि. बां. गु. म. ते. ता.

अर्ना पं. अर्ना ने. अर्नु बां. आर्णा – सं. आरण्यक उडिया अरणा।।

अर्पण (ता. अर्प्पणम्), अर्वाचीन (ता. नहीं) – हि. बां. गु. म. ते. ता.

अलग क. अलोगु पं. अलग्ग् ने. अलग् बां. आलग् सि. अलगु गु. अल्गो म. अलग् – सं. अलग्न।। एवं आसामी....।।

अल्लढ़ पं. अल्हड़ ने. अल्लरे सि. अलड्ड गु. अल्हेड़ म. अल्हड्।।

अल्सी क. अलिश् पं. अल्सी ने. आलस् सि. अल्सी गु. अळ्सी म. अळशी – सं. अतसी।।

अलोना पं. अल्णा (तथा सलूणा) ने. अलिनु बां. अलुणि सि. अलूणो ग. अलुणाँ म. अळणी – सं. अलवण।। एव उडिया ....।।

अलंकार (ता. अलङ्कारम्), अलौकिक (ता. नहीं), अल्प (ता. नहीं), अवकाश (ता. अवकाचम्), अवच्छिन्न (ता. अवच्चिन्नम्), अवधि, अवनति, अवनि, अवरोह, अवलम्ब, अवलेप, अवलोकन, अवश, अवश्य, अवसर, अवस्था (ते. अवस्थ), अविद्या (ते. अवद्यि), अविवेक, अव्यय, अशक्त, अशन, अशुचि, अशुद्ध, अशुभ, अशेश, अशोक, अश्रद्धा (ते. अश्रद्ध), अश्रु, अश्लील, अश्व, अश्वत्थ (गु. नहीं), असत्य, असभ्य, असमर्थ, असबंद्ध, असंभव, असहाय, असह्य – हि. बां. गु. म. ते. ता.

असाढ़ क. हार् पं. हाढ़ ने. असार् बां. आशाढ़् सि. हाडु – सं. आशाढ।। एवं लँहदी, आसामी, सिंहली...।।

असाधारण, असि, असुर, अस्र, अस्थिर, अहंकार,

अहि – हि. बां. गु. मे. ते. ता.

अहेड़ पं. हेडा ने. अडेर् सि. आहेड़ो – सं. आखेट।।

अहेरन् क. थीरन् पं. अह्वण् ने. आरन् सि. अहरणि गु. एरण् म. ऐरण् लँहदी ऐह्वण।।

आक् पं. अक्क् ने. आक् सि. अकु गु. आक् – सं. अर्क।। एवं लँहदी, आसामी, उडिया, सिंहली ...।।

आकर, आकर्शण, आकांक्षा, आकार, आकाश, आकृति आक्रमण, आक्षेप – हि. बां. गु. म. ते.

आँख क. अछि पं. अक्ख् ने. आँखो बां. आँखि सि अखि गु. आँख् – सं. अक्षि। एवं रोमणी, दरद, लँहदी, आसामी, उडिया, सिंहली।।

आखर् क. अछुर् पं. अक्खर् ने. बां. अक्ख् सि. अखरू – सं. अक्षर।। एवं लँहदी, आसामी, सिंहली...।।

आख्यान – हि. बां. गु. म. ते.

आग पं. अग्ग् ने. आगो सि. आगि गु. म. आग – सं. अग्नि।।
एवं रोमणी, लँहदी, आसामी, सिंहली...।।

आँगन् क. आँगुन् ने. आङन् बां. आङ्गिना सि. अङणु गु. आँगण् म. आँग्णे – सं. अङ्गन।। एवं लँहदी, सिंहली...।।

आगल् ने. आग्लो बां. आगड़ गु. आग्ळों म. आगळ – से. अर्गल।। एवं सिंहली...।।

आगे क. ओगु पं. अग्गे ने. अघि बां. आगे सि. अगि गु. आग्लुँ म.
अग्या – सं अंग्रे।। एवं रोमणी, आसामी, उडिया, सिंहली....।।

आग्रह, आघात – हि. बां. गु. म. ते.

आँच पं. ने. बां. गु. म. आँच् – सं. अर्चि।। एवं सिंहली...।।

आचमन, आचरण – हि. बां. गु. म. ते.

आँचल क. अन्ज़ोलु ने. बां. आँचल् सि. अञ्जिलों गु. आचल् udder म. अँच्ली unwoven threads, अँचूल् udder – सं. अञ्चल।। एवं आसामी, सिंहली...।।

आचार, आचार्य – हि. बां. गु. म. ते.

आज क. अज़् पं. अज्ज़् ने. आज बां. गु. म. आज् सि. अजु – सं. अद्य।।

एवं रोमणी, दरद, लँहदी, आसामी, उडिया, सिंहली....।।

आज्ञा – हि. बां. गु. म. ते.

आटा क. ओटु पं. आट्टा ने. आटो बां. आटा सि. अटो गु. आटो म. आटापाणी – सं. अट्ट। एवं रोमणी, दरद, लँहदी, आसामी, उडिया, सिंहली....।।

आडम्बर – हि. बां. गु. म. ते.

आड़ ने. आड़ सि. अड़ गु. म. आड।। एवं आसामी, सिंहली।।

आड़ू क. अरू पं. आड़ू ने. आरु।। एव दरद, लँहदी....।।

आढ़त पं. आढ़त ने. बां. आड़त् गु. आडत्।। एवं आसामी, सिंहली ...।।

आँतड़ी क. अंदर् पं. आंदर् ने. आत्रो बां. आँत् सि. आँड़ो गु. आँतुडुँ म. आँत्, आँत्डेँ – सं. आन्त्र।। एवं लँहदी, आसामी, उडिया, सिंहली...।।

आततायिन्, आतप, आतिथ्य, आंतुर, आत्मघात, आत्मज, आत्मा, आदर, आदर्श – हि.बां.गु.म.ते.

आदा (अद्रक) क. ओदुरु ने. अदुवा बां. आदा गु. आदुँ म. आलेँ – सं. आर्द्रक।। एवं दरद, आसामी, उडिया...।।

आदान, आदि, आदित्य, आदेश – हि. बां. गु. म. ते.

आधा क. ओडु पं. अद्धा ने. बां. म. आधा सि. आधो गु. आधे – सं. अर्ध।। एवं दरद, लँहदी, उडिया, आसामी, सिंहली ....।।

आधार, आधि, आधिक्य, आधिदैविक, आधिपत्य, आधिभौतिक – हि. बां. गु. म. ते.

आँधी क. अँदि ने. आँधि गु. आँधी – सं. अन्धिका।।

आधुनिक, आध्यात्मिक, आनंद – हि. बां. गु. म. ते.

आना (रूपये का भाग) पं. आन्ना ने. आना बां. गु. आनी सिं. आनो म. आणा।। एवं लँहदी, उडिया.....।।

आना क. वातुन्, आयो पं. आउणा ने. आउनु गु. आव्वुँ – सं. आयाति।। एवं रोमणी, उडिया, लँहदी...।।

आप ने. आफु बां. गु. म. आप् – सं. आत्मा।। एवं आसामी, उडिया. ...।।

आपत्ति – हि. बां. गु. म. ते.

आपस् पं. बां. गु. आपस् ने आपसै।। एवं रोमणी, लँहदी...।।

आप्त, आभरण, आभास – हि. बां.. गु. म. ते.

आम् क. पं. अम्ब ने. आँप् बां. आँब् सि. आमो गु. आँबो म. आँबा – सं. आम्र।। एवं दरद, लँहदी, आसामी, सिंहली...।।

आमलक, आमिश, आमोद्र, आम्र, आय, आयतन, आयु, आयुध, आयुर्वेद, आयुश्य, आरंभ, आराधना – हि. बां. गु. म. ते.

आरी क. अरू पं. गु. म. आर् ने आरो बां. आरा सि. आर – सं. आरा।। एवं लँहदी.....।।

आरूढ़, आरोग्य, आरोप, आरोह, आर्जव – हि. बा. गु. म. ते.

आर्ती क. आरती पं. गु. म. आर्ती ने. आरति बां. अर्ति – सं. आरात्रिकम्।। एवं उडिया, आसामी....।।

आर्त्त, आर्य, आर्यावर्त – हि. बां. गु. म. ते

आर्सी पं. आर्सी ने. आर्सि बां. आर्शी सि. आहिरी गु. आर्शी म. आर्सा – सं. आदर्श।। एवं लँहदी, आसामी, उडिया....।।

आलम्बन – हि. बां. गु. म. ते. (आलम्बमु)।।

आलसी क. आलोचु पं. आलसी ने. अल्सि बां. आल्से सि. आरसिु गु. आलस् म. आल्शी – सं. आलस्य।। एवं आसामी...।।

आलस्य, आलाप, आलिंगन – हि. बां. गु. म. ते.

आलू क.पं. आलू. ने बा. आलु म. आलूँ – सं. आलु।। एवं आसामी, उडिया, लँहदी, सिंहली...।। ते. आलु।।

आलोक, आलोचना – हि. बां. गु. ते.

आँव क. ओमु पं. सि. आँडँ ने. आउँ बां. आम् गु. आम् म. आँव् – सं. आम।। एवं दरद, आसामी, उडिया, सिंहली...।।

आवरण, आवर्तन – हि. बां. गु. म. ते.

आँवला क. ओमल पं. औंला ने. अमलो बां. आम्ला सि. आँउरो गु. आम्कुँ म. आब्ला – सं. आमलक।। एवं उडिया, सिंहली....।।

आवश्यक, आवाहन, आविर्माव, आविश्करण, आवृत्ति, आवेश, आशय, आशा (ते. आशँ), आशीर्वाद, आश्चर्य, आश्रम, आश्रय, आश्वास, आपाड – हि. बां. गु. म. ते

आस पं. ने. बां. गु. म. आस् सि. आस – सं आशा।। एवं लँहदी...।।

आसक्तं, आसक्ति, आसन, आसन्न – हि. बां. गु. म. ते.

आसरा पं. ने. म. आस्रा सि. आसिरो गु. आस्रो – सं. आश्रय।। एवं लँहदी...।।

आसव – हि. बां. गु. म. ते.

आँसु क. ओशु पं. आज्झू ने. गु. आँसु सि. हज्जु म. आँसू – सं. अश्रु।। एवं रोमणी, दरद, सिंहली...।।

आसुर, आस्तरण, आस्तिक (ते. आस्तिकुण्डु), आस्था (ते. आस्थ), आस्पद, आह्लाद, आह्वान – हि. बां. गु. म. ते.

इंगित, इच्छा (ते. इच्छ), इतर, इति (ते. नहीं), इतिहास, इंद्रजाल, इंद्रिय, इंधन – हि. बां. गु. म. ते.

इम्ली पं. अम्ब्ली ने अमिलि सि. आमिड़ी गु. म. आँबली – सं. आम्लिका।। एवं बिहारी, सिंहली...।।

इश्ट – हि. बां. गु. म. ते.

ईक्षण – हि. बां. गु. म. ते.

ईख पं. इक्ख ने. उखु बां. उख, आख् गु. म. ऊस् – सं. इक्षु।। एवं उडिया, सिंहली...।।

ईंट प. इट्‌ट ने गु. ईंट् बां. इद म. ईट् – सं. इश्टका।। एवं लँहदी, आसामी, उडिया ...।।

इर्श्या, ईश्वर – हि. बां. गु. म. ते.

उकसाना पं. उकास्णा ने. उकास्नु गु. डकास्वुँ म. उकस्णँ – सं. उत्कर्शति।। एवं दरद, सिंहली...।।

उक्त, उक्ति – हि. बां. गु. म. ते.

उखड़ना पं. उक्खड़्णा ने उखल्नु बां. उख्ड़ान सि. उखिड़णु गु.

उखडवुँ म. उखड्णँ।। एवं लँहदी, उडिया...।।

उगना पं. उग्गणा सि. उगणु गु. उग्वुँ म. उगव्णँ – सं उद्गत।।

उगल्ना पं. उग्गल्णा ने. उगेल्नु सि. उगिराई म. उद्गलतिणँ – सं. उद्गलति।। एवं लँहदी...।।

उगाल पं. उगाली ने उगेरा गु. उगारो म. उगाळ् – सं. उदगार एवं लँहदी, आसामी...।।

उग्र – हि. बां. गु. म. ते.

उघाड़ना पं. उघाड़ना ने. उघानुं बां. उघड़ान सि. उघाड़णु गु. उघाड़वुँ म. उघड्शैँ – सं. उद्घाटयति।। एवं सिंहली...।।

उघाड़ा पं. उघाड़ा ने. उघारो सि. उघाड़ो गु. उघाड़ म. उहडा – से. उद्घाट।। उडिया उघाड़ि।।

उघाना पं. उग्राहुणा ने. उघाउनु सि. उगाड़णु म. उगाणैँ – सं. उद्ग्राहयति।। एवं पश्तो, लँहदी...।।

उचाट् पं. ने. गु. म. उचाट् बां. उचाटन् – सं. उचाट।। एवं आसामी और उडिया।।

उचित, उच्च, उच्चारण, उच्छिश्ट, उच्छ्वास – हि. बां. गु. म. ते.

उछल्ना ने. उच्छ्रनु बां. उछला सि. उछिलणु गु. उछल्वुँ म. उसल्णँ – सं. उच्छलति।। एवं लँहदी, उडिया...।।

उछाल्ना पं. उछाल्णा ने. उछार्नु बां. उछलान गु. उछाळवुँ।। एवं लँहदी...।।

उजाड़ पं. उजाड़् ने. उजार् बां. उजड़् गु. म. उजाड़्।। एवं लँहदी, उडिया.।।

उजाड़ना क. वुजारुन् पं. उजाड़णा ने. उजार्नु सिं. उजाड़णु गु. उजाड्वुँ।। एवं लँहदी, आसामी, उडिया.........।।

उजालना पं. उजाल्णा ने. उज्याल्नु सि. उजारणु गु. उजालळ्वुँ म. उजळ्णँ – सं. उज्ज्वलति।।

उजाला पं. उजाला ने. उज्यालो सि. उजारो म. उज्ला – सं. उज्ज्वाला।। एवं सिंहली...।।

उज्ज्वल – हि. बां. गु (उजलुँ) म. ते.

उठना क. व्थुन् सि. उथणु पं. उट्ट्णा ने. उठ्नु बां. उठा गु. उठ्वुँ म. उठ्णँ – सं. उत्तिश्ठति।। एवं रोमणी, दरद, लँहदी, आसामी, उडिया...।।

उठाना पं. उठाउणा ने. उठाउनु बां. उठान गु. उठाब्वुं म उठविणँ – सं. उत्थापयति।। एवं उडिया...।।

उड़ना क. वुड्डन् पं. उड्डणा ने. उड़्नु बां. उड़ा सिं. उडिरणु गु. उदवुँ म. उडुणँ – सं. उड्यते।। एवं रोमणी, लंहदी, आसामी, उडिया...।

उड़ाऊ, पं. उड़ाऊ ने. उडाउ सि. गु. म. उडाऊ।।

उड़ाना क. वुडावुन् पं. उडाउणा ने उडाउनु बां. उड़ान सि. उडाइणु गु. उडाब्वुँ म. उडविणँ – सं. उड्डापयति। एवं लँहदी...।।

उतरना पं. उत्तर्णा ने. उत्रनु बां. उतरा गु. उतवुँ म. उतणँ – सं. उत्तरति।। एवं उडिया, सिंहली...।।

उताउला पं. उताउला ने. उताउलो बां. उताला गु. उताब्ळुँ म. उताब्ळा – प्राकृत उत्तावल।। एवं लँहदी, आसामी, उडिया।। उतारना पं. उतार्णा ने. उतार्नु बां. उतराना गु. उतम्वुँ म. उतणँ – सं. उत्तारयति।।

उत्कण्ठा, उत्कर्श, उत्क्रान्ति (ते. उत्क्रमणमु), उत्तम, उत्तमाङ्ग, उत्तर, उत्तरोत्तर, उत्पन्न, उत्पल, उत्पात, उत्पादक, उत्पादन, उत्प्रेक्षा, उत्सर्ग, उत्सर्जन, उत्सव, उत्साह, उत्सुक – हि. बो. गु. म. ते.

उथल्ना ने. उथ्लनु बां. उथलान सि. उथिलणु गु. उथल्वुँ म. उलध्णँ।।

उदर, उदात्त, उदान, उदार, उदारता, उदासीन, उदाहरण, उदीची, उद्गम, उद्गार, उद्दीपन, उद्देश, उद्देश्य उद्धरण, उद्धार, उद्धारक, उद्धव, उद्यम, उद्यान, उद्योग, उद्वेग – हि. बां. गु. म. ते.

उधड़ना पं. उध्ड़ाउणा ने. उघ्रनु सि. उड्रिड़णु म. उध्डणँ – सं. उद्धृत।। एवं सिंहली...।।

उन्नत, उन्नति, उन्मत्त, उन्माद, उन्मीलन, उन्मुख, उन्मूलन (ते.

उन्मूलित) – हि. बां. गु. म. ते.
उपकरण, उपकार, उपक्रम, उपचार – हि. बां. गु. म. ते.
उपज् ने. गु. म. उपज् सि. उपाजु।। क. व्यपथ् भे. सि. उपति – सं. उत्पत्ति।। एवं सिंहली...।।
उपजना क. व्यपजुन् पं. उपज्गा ने. उब्जनु बां. उपजा सि. उपजणु गु. उपज्वुँ म. उपज्णँ – सं उत्पद्यते।। एवं आसामी, सिहली...।।
उपदिश्ट, उपदेश, उपद्रव, उपन्यास, उपपत्ति, उपपादन, उपभोग, उपमा, उपमान, उपयुक्त, उपयोग – हि. बां. गु. म. ते.
उपर्नां पं. पर्णा ने. उपर्नां गु. उपर्णो म. उपर्णा।।
उपलब्ध, उपलब्धि, उपवन, उपवास, उपवीत, उपसंहार, उपसर्ग, उपस्थ, उपस्थान, उपस्थित, उपहार – हि. बां. गु. म. ते.
उपाख्यान क. व्खोनु ने. उखान् सि. ओखाण गु. उखाण् म. उखाण ा – सं उपाख्यान।।
उपादान, उपाधि, उपाय, उपार्जन, उपासक, उपासना, उपास्य, उपक्षण ीय, उपेक्षा, उपोद्घात – हि. बां. गु. म. ते.
उबटन् ने. उप्टन् सि. उबटणु गु. उटणुं म. उटणँ – सं. उद्वर्तन।। एवं बिहारी...।।
उबलना क. वुबलावुन् पं. उब्बल्णा ने. उम्लनु सि. उबिरणु म. उमल्ण ॉं।।
उभर्ना ने. उभ्ड़नु सि. उभिरणु गु. उभ्रावुँ म. डभणें – सं. उद्धरति।। एवं लँहदी, आसामी...।।
डमङ्ग पं. गु. उमंग् ने. उमड़्ग सि. उमड़्घु।।
उमड़्ना पं. उमड़्णा ने. उम्रनु म. उमाडा।।
उर्वी – हि. बां. गु. म. ते.
उलझना पं. उल्झणा ने. उल्झनु।।
उलटना क. वुल्टावुन् पं उल्ट्णा ने. उल्टनु बां. उल्टा सि. उलिड़णु गु. उलटवुँ म. उलट्णँ।। एवं आसामी और उडिया।।
उलटा पं. बां. म. उल्टा ने. उल्टो गु. उल्टुँ।। एवं लँहदी, आसामी, उडिया...।।

उलटा पुलटा क. उलठ् पुलठ् ने. उल्टा–पुल्टा बां उल्ट पाल्ट गु. म. उलट् पुलट्।। एवं आसामी, उडिया...।।

उलथ्ना ने. उल्था बां उथ्ला सि. उथिलणु गु, उथल्वुँ म. उलणँ।। उलाँग्ना क. व्वलङ्गुन् पं. उलङ्घणा ने. उलाँघ्नु सि. आरेङघ गु. उलध्वुँ – सं. उल्लङ्घयति।। एवं दरद, लँहदी, सिंहली...।।

उलाल्ना, उलार्ना पं. उल्लर्ना ने. उलर्नु सि. डलिङणु गु. डलाळ्वुँ म. उलाळ्णँ।।

उलूक, उल्का, उल्लंघन, उल्लास – हि. बां. गु. म. ते.

उल्लू पं. गु. म. उल्लू ने. उल्लु – सं. डलूक।।

उल्लेख, उशीर, उशण, उशणता – हि. बां. गु. म. ते.

उसार्ना क. वुसारुन् पं. उस्सर्णा ने. ओसार्नु सि. उसिरणु गु. ओसवुँ म. ओसर्णँ – सं. अपसारयति।। एवं लँहदी, सिंहली...।।

ऊँधना पं ऊँध्या ने. उध्नुँ गु. उँध्वुँ।। एवं उडिया...।।

ऊँवा पं. उच्चा ने. म. उँच् बां. उच् सि. उचो गु. ऊँच् – सं. उच्च।। एवं रोमणी, लँहदी, सिंहली...।।

ऊट् क. वूँठ पं. उट्ठ ने. उँट् बां. उट् सि. उठु गु. म. ऊँट् – सं उष्ट्र।।

एवं रोमणी, दरद, लँहदी, आसामी, उडिया, सिंहली...।।

ऊद् पं. उदर ने. ओद् सि. उद्बु म. ऊद् – सं. उद्।। एवं दरद, उडिया, लँहदी...।।।

ऊधम् क. व्वदम् ने. उधुम् – सं उद्धम।।

ऊन क. वोन पं. उन्न ने. उन् सि. उन गु. ऊन् – सं. ऊर्णा।। एवं लँहदी...।।

ऊपर पं. उप्पर् ने. बां. गु. म. उपर् – सं. उपरि।। एवं रोमणी, आसामी, उडिया...।।

ऊरू (ते. ऊरु), ऊर्भि, ऋतु, ऋद्धि, ऋशि – हि. बां. गु. म. ते.

एक क. अख् पं. इक्क् ने. बां. गु. म. एक् – सं. एक।। एवं रोमणी, आसामी, सिंहली....।। ते. एक।।

एककालिक, एकवचन, एकाग्र – हि. बां. गु. म. ते.

एरंड, रैंड़, एरंड ने, अँड़ेरी सि. हेर्णी गु. एरँडो म. एरँड् – सं. एरण्ड।। एवं आसामी, सिंहली...।।

ऐक्य, ऐश्वर्य – हि. बां. गु. म. ते.

ओखली क. व्खुल् पं. उक्खल् ने. ओख्लि, सि. उखिरी गु. म. उखल – सं. उलूखल।। एवं लँहदी...।।

ओज ने बां. ओझा सि. गु. ओझो – सं. उपाध्याय।। एवं लँहदी...।।

ओटनी ने. ओइँटो सि. ऐट्ठु म. वट्णँ – सं. आवर्तन।।

ओटा पं. गु. ओट् ने. ओत् सि. ओट।। एवं लँहदी....।।

ओढ़ना क. वुडिञ् पं. ओढ्णी ने. ओड़्नु बा. ओड़् सि. ओढणु गु. ओढ्वुँ।। एवं रोमणी, लँहदी, उडिया...।।

ओदन – हि. बां. गु. म. ते. ओर पं. ने. बां. ओर् सि. ओरे गु. ओरुँ।।

ओशधि, औशध (म. औशधि), ओश्ठ – हि. बां. गु. म. ते. ओस् पं. ने. गु. ओस् बां. ओस् – सं. अवश्या।। एवं रोमणी, दरद...।।

ओसारा ने. ओसारा अमतंदकी – सं. अपसार।।

औचित्य, औत्सुक्य, औदार्य, औदासीन्य (गु. औदास्य, ते. नहीं) – हि. बां. गु. म. ते.

आँधा पं. ऊँधा ने. सि. ऊँधो गु. ऊँधू – सं. ऊर्ध्व।।

और पं. अर् ने. अरु बां. आर सि. अँउँ गु. ओर् – सं. अपर।। एवं रोमणी, आसामी, उडिया, सिंहली...।

औरस – हि. बां. गु. म. ते.

कई पं. कई ने. कइ बां. कएक् सि. कइँ गु. कँइ – सं. कतिपय।। एवं रोमणी, लँहदी, सिंहली...।।

कक्ड़ी पं. कक्कड़ी ने काँक्रि गु. काक्डी म... काँक्डी – सं. कर्कटिका।। एवं उडिया, सिंहली...।।

कक्ष (ते. कक्षमु), कक्षा (ते. कक्ष), कंकण – हि. बां. गु. म. ते.

कङकर ने कङ्कर् बां. काँकर् सि. ककिरो गु. काँक्रियुँ म. कंकर् – सं. कर्कर।। एवं आसामी...।।

कङ्गना पं. कङ्गण् ने. कङ्गना बां. काँकण् सि. कङ्गणु गु. म. काँकण् – सं. कङ्कण।। एवं लँहदी...।।

कङ्गाल् क. पं. ने. बां. कङ्गाल् सि. कङ्गालु गु. म. कङ्गाळ्।। एवं लँहदी, उडिया...।।

कंघी क. कंगुबु पं. कङ्घी ने काङियों बां. काँकुइ म. कंग्वा – सं. कङ्कत।। एवं रोमणी, लँहदी, आसामी...।।

कचहरी पं. ने. कचहरि बां. काचारी सि. कचहरी गु. म. कचेरी।। एवं उडिया।।

कचूर् क. काचुरु पं. कचूर् ने. कचुर् सि. कचुरि गु. कचुरो म. कचोरा – सं. कर्चूर।।

कचौरी पं. कचोरी ने. कचौरि बां. कचुरि सि. गु. म. कचोरी।। एवं लँहदी और उडिया।।

कच्कच् क. कच्कचाट् ने. गु. म. कच्कच् बां. कच्कचि।। एवं आसामी. उडिया...।।

कच्चा क. कोचु पं. कच्चा ने. कच्चा, काँचो बां. काँचा सि. कचो गु. काचुँ म. काचा। एवं लँहदी, आसामी, उडिया...।

कञ्चा ने. कचर् सि. कचिरो ग. काचर् म. कञ्चा – सं. कच्चर।।

कछार् तपअमत.इंदा पं. काछड, काछल ने. कछार् ीपससे.पकम – सं. कक्ष।।

कछ्वा क. कोछुवु पं. कच्छू ने कछुवा बां. काछिय् सि. कछूँ म. कासव – सं. कच्छप।। एवं सिंहली...।।

कज्जल – हि. बां. गु. म. ते.

कटार पं. ने. गु. म. कटार् बां. काटार् सि. कटारो – सं. कट्टार।। एवं क़ाफिरी, दरद, उडिया...।।

कटि, कटु (ते. कटुवु) – हि. बां. गु. म. ते.

कटोरा पं. ने. बां. म. कटारा सि. गु. कटोरो।। एवं लँहदी, बिहारी. ...।।

कठिन, कठोर – हि. बां. गु. म. ते.

कठौती ने. कठौति – सं काश्ठ–पात्र।। एवं बिहारी, लँहदी, सिंहली. ..।।

कठौवा क. काठुवु ने. कठुवा बां काठुया।।

कड़क्ना पं. कड़क्णा ने. कर्कनु बां. कड़्कान सि. कड़्कणु गु. कड्कड् कडक्णँ – सं कड़्कार।। एवं लँहदी, आसामी, उडिया...।। कड़ा ने. बां. कड़ा –म. सं. कड्डति।।

कड़ाही पं. कड़ाही ने. कराइ बां. कड़ा सि. कड़ाहो गु. कढा म. कढाई – सं. कटाह।। एवं रोमणी, लँहदी, उडिया, सिंहली...।।

कड़ी क. कोरु पं. सि. कड़ी ने. करो गु. कडुँ म. कडैं – सं. कट। एवं रोमणी, सिंहली, लँहदी, उडिया...।।

कडुआ पं. कौड़ा ने. कडुवा बां. कडुया सि. कँड़ो गु. कड्वुँ म. कडू – सं. कटुक।। एवं रोमणी, दरद, आसामी, उडिया,ि बहारी, सिंहली...।।

कड़्कड़ाना पं. बां. कड़्कंड़् ने. कड़्कड़िनु गु. कड़्फकडाब्वुँ म. कड्कड्णँ।।

कढ़ी पं. सि. कढ़ी ने. कड़ि गु. म. कढी – सं. क्वथिता।।

कण, कण्टक, कण्ठ – हि. बां. गु. म. ते.

कण्ठमाला ने. कठालो बां. कण्ठमाला सि. कठमाळ गु. कण्ठमाळ्।।

कतर् पं. ने. कचर् सि. कतर म. कात्रा।। एवं उडिया...।।

कतर्ना पं. कतर्ना ने. कत्रनु सि. कतिरणु गु. कातवुँ म. कातणेँ।। एवं उडिया...।।

कतर्नी पं. कतर्नी ने. कतर्नि गु. कतर्णी।।

कथा (ते. कथ), कनक, कनिश्ठ, कनीनिका (ते. कनीनिक) – हि. बां. गु. म. ते.

कनीयस् क. कड़ँसु ने. कान्छो।। काफिरी केनिश्ताक्।।

कन्की क. कनख पं. कणक् ने. कनिका बां. कणिक् सि. कणिक गु. कणिक्, कणक् म. कणीक्।। एवं लँहदी, उडिया...।।

कंथा (ते. कंथ), कन्दरा, कन्रा, कन्दर्प (ते. कन्दर्पुंड्ड), कन्दुक – हि. बां. गु. म. ते.

कन्धा पं. कन्न्हा ने. बां. गु. काँध् सि. काँधो म. खाँद् – सं. स्कन्ध।। एवं दरद, आसामी, उडिया, सिंहली...।।

कन्नी पं. कन्नी ने. कानु बां. काणा सि. कनो गु. कानो म. कानी –

सं. कर्ण।। एवं लँहदी, उडिया...।।

कन्या (ते. कनरू) – हि. बां. गु. म. ते.

कपड़ा क. कपुर् पं कप्पड़् ने. कपड़ा बां. कापड़् सि. कपडु गु. म. कापड़् – सं. कर्पट।। एवं लँहदी, उडिया...।।

कपाट – हि. बां. गु. म. ते.

कपाल् पं. ने. बां. कपाल् सि. कपारु म. कपाळ।। एवं दरद, आसामी, उडिया, सिंहली, मुण्डा, मोन–ख्मेर...। ते. कपाल।। कपास के. कपस् पं. कपाह ने. गु. कपास् बां. कापास् सि. कपाह म. कापुस्, काप् – सं. कर्पास।। एवं दरद, लँहदी, आसामी, उडिया, सिंहली. ..।।

कपि, कपिल – हि. बां. गु. म. ते.

कपूर् क. क्वपुरु पं. गु. कपूर् ने. बां. कपुर् सि. कपूरुं म. कापूर् – सं. कर्पूर।। एवं उडिया, सिंहली...।।

कपोत, कपोल, कफ, कबंध, कमण्डलु, कमल – हि. बां. गु. म. ते.

कमाना क. कमावुन् पं कमाउणा ने. कमाउनु बां. कामान सि. कमाइण ु गु. कमावुँ म. कमाविणँ – सं. कर्म।। एवं लँहदी, उडिया...।।

कम्प, कम्पन – हि. बां. गु. म. ते.

कम्बल क. कमलि पं. कम्मल्, कम्बल् ने. काम्लो बां. कम्बल् सि. कमरि गु. काँब्ळा म. काँचळा।। एवं लँहदी, उडिया, सिंहली।।

कर जंग पं. ने. बां. गु. म. कर्।। एवं उडिया, सिहली...।। ते. कर।।

करना क. करुन् पं. कर्णा ने. गर्नु बां. करा सि. करणु गु. कवुँ म. कर्णें – सं. करोति।। एवं रोमणी, दरद, लँहदी, आसामी, उडिया, सिंहली...।।

करौंत् पं. कर्वत् ने. कराति बां. करात् सि. कर्टु गु. म. कर्वत् – सं. करपत्र।। एवं लँहदी, आसामी, उडिया, सिंहली...।।

करी – हि. बां. गु. म. ते.

करुणा ने. कारुना सि. कारूँ।। बां. गु. ते. करुणा।

करेला क. करेल् पं. करेला ने. सि. करेलो बां. करला गु. करेली – सं. कारवेल्ल।। एवं उडिया, सिंहली...।।

कर्कट (ते. कर्कटमु), कर्कश – हि. बां. गु. म. ते.

कर्छल्, कड़्छा क. क्रोछु पं. कड़छ् ने. कर्छुल् सि. कड़छु गु. कड्छो।। एवं आसामी...।।

कर्ण, कर्णधार (ते. कर्णाधारुंडु), कर्तन, कर्ता (ते. कर्त),

कर्पूर, कर्म – हि. बां. ग. म. ते.

कल् क. पं. ने. बां. कल् सि. कल मु. म. कळ् – सं. कला।।

एवं लँहदी, उडिया...।।

कल क. ने. गु. म. क्‌ाल पं. क्ल्ल बां. काल, कालि सि. कल्ह – सं. कल्य।। एवं लँहदी, आसामी, उडिया, सिंहली...।।

कलंक, कलश (गु. कलस) – हि. बां. गु. म. ते.

कलस् (कल्सा) ने. कलस् गु. कळँशियो म. कळ्सा – सं. कलश।। एवं लँहदी, आसामी, उडिया, सिंहली...।।

कलह क. क्वल–क्वल् पं. कलहिणा ने. कलह् बां. कलह सि. करहि गु. कळो म. कळ्हो – सं. कलह।। एवं आसामी, उडिया, सिंहली. ..।। गु. म. ते. कलह।।

कला (ते. कल), कलाप – हि. बां. गु. म. ते.

कलि – हि. बां. गु. म. ते.

कली पं. सि. कली ने बां. कलि गु. म. कळी – सं. कलिका।। एवं लँहदी, आसामी, सिहली...।।

कलुश – हि. बां. गु. म. ते.

कलेजा पं. कलेजा नें. कलेजो गु. काळज् म. काळीज् – सं. कालेयक।। एवं लँहदी, आसामी, उडिया...।।

कल्पना (ते. कल्पन, कल्पमु), कल्पित, कल्याण, कल्लोल – हि. बां. गु. म. ते.

कल्सी ने. कल्सि बां. कल्शि गु. कळ्सी म. कळ्शी।। एवं उडिया।।

कवच – हि. बां. गु. म. ते.

कँवल् पं. कौल् ने. बां. कमल् सि. कँवलु गु. कमळ् – सं. कमल।।

एवं सिंहली...।।।

कवि, कविता (ते. कवित) – हि. बां. गु. म. ते.

कस् (कसौटी) क. क्ह पं. कस् ने. कसि बां. कस् सि. कहु गु. म. कस् – सं. कश।। एवं सिंहली...।।

कसना पं. कस्सणा ने. कस्नु बां. कसासि. कसणु गु. कस्वुँ म. कस्णेँ – सं. कर्शण।। एवं रोमणी उडिया...।।

कसार् पं. ने. कसार् सि. कसारू गु. कसार।।

कसारी, कसेरा ने. कसार बां. काँसारि गु. कंसारो, कँसारो, कसारो म. काँसार, कासार – सं. कंसकार।। एवं आसामी, उडिया।। कसेरू पं. कसेर ने. कसुर् बां. कसेरु सि. कहेरु मं कसेरु – सं. कशेरु।।

कस्तूरी ने. कस्तुरि बां. गु. म. कस्तूरी सि. खथूरी – सं. कस्तूरी।। एवं सिंहली...।।

कहना पं. कहिणा ने. कहनु बां. कहा सि. कहणु गु. कहेवुँ म. कह्या – सं. कथयति।। एवं उडिया, सिंहली...।।

कहानी पं. गु. कहाणी ने. कहानि सि. किहाणी – सं. कथानक।।

कहार् पं. कहार् ने. म. काहार् बां. कहार् सि. कहारु।। एवं उडिया. ..।।।

कहावत् पं. ककाउत् ने. कहावत् सि. कहात।।

काई ने. बां. काइ गु. काई।। एवं उडिया...।।

कांस्य (गु. कांसु) – हि. बां. गु. म. ते.

काक – हि. बां. गु. म. ते.

काका पं. ने. म. काका बां. काका, काकि सि. गु. काको।। एवं रोमण ी, लँहदी, उडिया...।।

काख् क. कछ् पं. कच्छ् ने. गु. म. काख् बां. काँख् सि कछ – सं. कक्षा।। एवं दरद, रोमणी, लँहदी, उडिया, सिंहली...।।

कांक्षा (ते. कांक्ष), काच (हि. काँच) – हि. बां. गु. म. ते. काँच क. काछ् पं.

कच्च् ने. बां. काँच् सि. कचु गु. म. काच् – सं. काच।। एवं आसामी, उडिया...।।

काँचुली पं. कज्जली ने. काँजुलि बां. काँचुलि सि. कञ्जुरी गु. काँच्ळी म. काँचोली – सं. कच्चुलिका।। एवं लँहदी, उडिया...।।

काज् पं. ने. बां. गु. म. काज् सि. काजु – सं. कार्य।। एवं लँहदी...।।

कांचन – हि. बां. गु. म. ते.

काटना क. कटुन् पं. कट्टणा ने. काट्नु बां. काटा सि. कटणु गु: काट्वुँ म. काट्णें – सं. कर्तति।। एवं रोमणी, लँहदी, आसामी, उडिया...।।

काँटा क. कोण्डु पं. कण्डा ने. काँड़ो बां. काँटा सि. कण्डो गु. काँटो म. काँटा – सं. कण्टक।। एवं रोमणी, लँहदी, आसामी, उडिया, सिंहली...।।

काठ् क. पं. ने. बां. गु. काठ् सि. काठु म. काठी – सं. काश्ठ।। एवं रोमणी, लँहदी, आसामी, उडिया, सिंहली...।।

काठी पं. काट्ठी ने. काठि गु. काठ्डु– सं. काश्ठय।। एवं लँहदी...।।

काढ़ना क. कडुन् पं. कड्ढ़णा ने. काड़्नु बां. काड़ा गु. काठहुँ म. काढ्णें।। एवं रोमणी, लँहदी, आसामी, उडिया, सिंहली...।। काण्ड – हि. बां. गु. म. ते.

कात्ना क. कतुन् पं. कत्त्णा ने. कात्नु बां काटा सि. कतणु गु. काँखुँ म. काँत्णें – सं. कृणत्ति।। एवं रोमणी, लँहदी, आसामी, उडिया. ..।।

कान् क. कन् पं. कन्न् ने. गु. म. कान् बां. काण् सि. कनु – सं. कर्ण।। एवं रोमणी, दरद, लँहदी, आसामी, उडिया, सिंहली...।।

कानन – हि. बां. गु. म. ते.

काना क. क्वनु पं. बां. म. काणा ने. कानु सि. काणो गु. काणुँ – सं. काण।। एवं दरद, लँहदी, उडिया, सिंहली...।।

कान्त, कान्ता, कान्तार, कान्ति – हि. बां. गु. म. ते.

काँप् ने. काम् गु. म. काँप् – सं. कम्प।।

काँप् क. क्रफ् ने बां. गु. म. काप् सि. कपु – सं. कल्प।। एवं लँहदी, आसामी, सिंहली...।।

काप् क. क्रफ् ने. कप्नु बां. काप् सि. कपणु गु. काप्वुँ म. काप्णँ –

सं. कल्पयति।। एवं लँहदी, सिंहली...।।

काँपना क. कमुन्, काँपुन्, काँपुन् पं. कम्ब्णा ने. काम्नु बां. काँपा सि. कम्बणु गु. काँप्वुँ म, काँण्णें – सं. कम्पते।। एवं लँहदी, आसामी, सिंहली...।।

काफ्ल पं. काइफल् ने. वां. काफल् सिं. काँइफलु गु. कायफल् – सं. काफल।।

काम् क. कम् पं. कम्म् ने. बां. गु. म. काम् सि. कभु – सं. कर्म।। एवं रोमणी, दरद, लँहदी, आसामी, उडिया, सिंहली...।।

काम्, कामधेनु, कामातुर (ते. कामातुरुंडु), कामिनी (ते. कामिनि) – हि. बां. गु. म. ते.

कामी ने. कामि सि. कमी म. कामी – सं. कर्मी।। एवं लँहदी, उडिया, सिहली...।।

कामुक, काय – हि. बां. गु. म. ते.

कायथ् पं. काइथी ने. काइते गु. म. कायत् – सं. कायस्थ।।

कारक – हि. बां. गु. म. ते.

कारण क. कारन् पं. गु. म. कारण् ने. बां. कारन् सि. कारणु ते. कारण ।।। एवं आसामी, उडिया, सिंहली...।।

कारागृह (हि. कारागार), कारु (ते. कारुवु), कार्त्तिक, कार्पण्य, कार्य – हि. बां. गु. म. ते.

काल क. पं. ने. बां. काल् सि. कालु गु. म. काल्।। एवं दरद, आसामी, उडिया, सिंहली...।। ते. काल...।।

काला क. कोलु पं. बां. काला ने. कालो सि. कारो गु. कालुँ म. काळ – सं. काल।। एवं रोमणी, लँहदी, उडिया...।।

काष्ठ – हि. बां. गु. म. ते.

कास् पं. काह् ने. काँस् बां. गु. कास् सिं. काँहु – सं. काश।। वं लँहदी, आसामी, उडिया, सिंहली...।।

काँसा क. क्यन्जू पं. काँसी ने. काँसो बां. काँसा सि. कच्झो ग. काँसुँ म. काँसँ – सं. कंस।। एवं आसामी, उडिया, सिंहली...।।

किंकर (ते. किंकरुंडु), किंचित् (ते. किंचित्तु) – हि. बां. गु. म. ते.

किन्ना क. कनुन् ने. किन्नु बां. किना – सं. क्रीणाति।। एवं रोमणी, दरद, लँहदी, आसामी, उडिया...।।

किरण, किरीट – हि. बां. गु. म. ते.

किलाना, किराना ने. केलाउनु बां. केलान सि. केरणु, केराइणु – सं. केलयति।।

किशोर – हि. बां. गु. म. ते.

किसान पं. किसाण् ने. किसान् म. किसान् – सं कृशाणा।। एवं सिंहली...।।

कीट – हि. बां. गु. म. ते.

कीट ने. किट् बां. किट्किट्सि. किटी गु. कीटुँ म. कीट् – सं. किट्ट।। एवं उडिया, सिंहली...।।

कीड़ा पं. कीड़ा ने. किरो बां. कीड़ा किरा सि. कीड़ो गु. कीडो म. किडा – सं. कीट।। एवं रोमणी, लँहदी...।।

कीर्तन, कीर्ति – हि. बां. गु. म. ते.

कील क. क्युलु पं. किल्ला, किल्ली ने. किलो बां. कील् सि. कीरो. किलो गु. कीली म. कील – सं. कील।। एवं रोमणी, लँहदी, उडिया...।। ते. कील।।

कुँआ क. खुहु पं. खू ने. म. कुवा बां. कुया सि. खूहु गु. कुवो – सं. कूप।। एवं रोमणी, दरद, लँहदी, उडिया...।।

कुक्कुट क. ककोरु पं. कुकुड़् ने. कुरव्रो बां कुकुड़ा सि. कुकुडु गु. कुक्डो म. कुक्डेकु – सं. कुंक्कुट।। एवं दरद, लँहदी, आसामी, उडिया, सिंहली...।। ते. कुक्कुट।।

कुक्कुर (गु. कुकर), कुंकुम (गु. कुंका), कुच – हि. बां. गु. म. ते.

कुचल्ना पं. कुचल्णा ने. कुल्चनु बां. कुँचान।।

कुचैला ने. कुचैला – सं कुचेल।।

कुछ पं. कुछ् ने. कछु बां. किछु।। एवं लँहदी, आसामी, उडिया...।।

कुंज, कुंजर – हि. बां. गु. म. ते.

कुञ्चिका क. कुन्जू पं. सि. कुज्जी ने. कुज्जी बां. म. कुँजी गु. कुँची

– सं. कुच्चिका।। एवं लँहदी, सिहली...।।

कुटिल – हि. बां. गु. म. ते.

कुटी पं. कुटी ने. कुरि बां. कुड़िया म. कुडी – सं. कुटि।। एवं रोमणी, उडिया, सिंहली...।।

कुटी (बां. कुटीर, ते. कुटि), कुटुम्ब – हि. बां. गु. म. ते.

कुदनी पं. गु. कुट्णी ने. कुटुनि बां. कुटनि बां. कुटनि म. कुटीण् – सं. कुट्टनी।। एवं आसामी, उडिया...।। ते. कुट्टनि।।

कुड़ना पं. कुढ्णा ने. कुँड़िनु सि. कुढ़णु गु. कुददुँ म. कुढ़णँ – सं. क्रुध्यति।।

कुण्ड – हि. बां. गु. म. ते.

कुण्डल् क. क्वन्डोलु पं. बां. कुण्ड्ल नें. कुँडुलो सि. कुनिरु गु.

कुडळ् म. कुँडळी – सं. कुण्डल।। एवं लँहदी, उडिया, सिंहली...।। ते. कुण्डल।।

कुण्डी क. क्वन्डु पं. कुन्नी ने. कुँड़ो बां. कुँढ़ि सि. कुनो गु. म.

कुँडी – सं. कुण्ड, कुण्डी।। एवं, दरद, लँहदी, उडिया, सिंहली....।।

कुतूहल – हि. बां. गु. म. ने.

कुत्ता पं. बां. गु. कुत्ता, ने. कुत्ता, कुति सि. कुतो म. कुन्रा।। एवं दरद, लँहदी, उडिया...।।

कुत्सित – हि. बां. गु. म. ने.

कुदाल पं. कुदाल, कुशला ने. कोदालो बां. कोदाल सि. कोडरि गु. कोदाळो म. कुदाळ्।। एवं लँहदी, आसामी, उडिया, बिहारी, सिंहली...।।

कुप्पा क. क्वपू पं. म. ने. कुप्पा बां. कुपि सि. कुपो गु. कुँपो – सं. कूप।। एवं रोमणी, लँहदी, आसामी,...।।

कुब्ज ने. कुजो बां. कुजा – सं. कुब्ज।। एवं आसामी, उडिया, सिंहली...।।

कुब्डा क. क्वबु क्वबुरु पं. कुब्बा, कुब्ड़ा ने. कुब्रो सि. कुबिड़ो गु. कुब्डुँ म. कुब्डुं, कुब्डा – सं. कुभ्र।।

कुमार, री क. क्वमोरी पं. कमारा ने. कुमार् बां. कुमारि सि. कुँआरो

गु. कुँवारुँ म. कुँवर्।। एवं दरद, लँहदी, आसामी, उडिया, सिंहली. ..।। हि. बां. गु. म. कुमार, ते कुमारुंडु।।

कुमारी (ते. कुमारि), कुमुद, कुम्भ, कुम्भकार – हि. बां. गु. म. ते.

कुम्हार् पं. कुम्हार् ने. कुमाले बां. कुमर् सि. कुम्भारु गु. म. कुँभार्

कुरंग – हि. बां. गु. म. ते.

कुल क. क्वळ् पं. ने. बां. कुळ् सि. कुरु गु. कुळ् म. कूळ्।। एवं लँहदी, आसामी उडिया...।।

कुलटा (ते. कुलट), कुलीन (ते. कुलीनुंड्ड) – हि. बां. गु. म. ते. कुल्थी पं. कुल्थी ने.कुर्थि बां. कुलस्था सि. कुल्ठी – सं. कुलत्थिका।। एवं बिहारी...।।

कुल्या ने. कुलो क. क्वल् पं. कूल्ह सि. कूल।। एवं लँहदी...।।

कुँवार् पं. कुँआर् ने. कुँवारि सि. कुँआर् बूटी गु. कुँवार – सं. कुमारी।।

कुश, कुशल, कुशलता (ते. कुशलत), कुशाग्रबुद्धि, कुश्ठ, कुश्माण्ड (ते. नहीं), कुसुम – हि. बां. गु. म. ते.

कुसुम्ब पं. कुसुम्ह ने. कुसुम् सि. खुहुम्बो गु. कसुम्बो म. कुसुम्ब् कुसुम्बा – सं. कुसुम्भ।। एवं आसामी, बिहारी...।।

कूकर् पं. कूकर् ने. बां. ककुर् गु. म. कुकर् – सं. कुर्कुर।। एवं रोमणी, दरद, आसामी, उडिया, सिंहली...।

कूची पं. कुच्ची ने.क ुचि, कुचो बां. कुचि सि. कूची गु. कूचो म. कुँचा – सं. कूर्व, कूर्चिका।। एवं रोमणी, लँहदी...।।

कूट – हि. बां. गु. म. ते.

कूट्ना क. कुटुन् पं. कुट्टणा ने. कुट्नु बां. कुटा सि. कुटणु गु. कुट्वुँ म. कुट्णँ – सं. कुट्टयति।। एवं रोमणी, दरद, लँहदी, आसामी, उडिया, सिंहली, तामिल, तेलुगु...।।

कूड़ा पं. कूड़ा ने. कुँड़ार बां. कुड़ा।। एवं लँहदी, उडिया...।।

कूदना पं. कुद्दणा ने. कुद्नु बां. कुँदा सि. कुद्णु गु. कुद्वुँ म कुद्ण ँ – सं. कूर्दति।। एवं उडिया....।।

कृप (गु. नहीं), कूर्च कूर्म, कृतघ्न (ते कृतघ्नंडु), कृतज्ञ (ते. कृतजुंडु), कृतान्त (ते. कृतांतुंड्ड), कृतार्थ (ते. कृतार्थुड्ड) कृति, कृत्य,

कृत्रिम, कृपण, कृपा (ते. कृप), कृपालु (ते. कृपालुवु), कृमि, कृश, कृवि, कृशक (ते. कृपकुंड), कृश्ण, कृश्णपक्ष, केतकी (ते. केतकि), केतु (ते. केतुवु) – हि. बां. गु. म.ते.

केला पं. केला ने. केरो बां. कला सि. केल्हो गु. केळ् म. केळ, केळ्।। एवं बिहारी, आसामी, सिंहली...।।

केवड़ा पं. बां. केडड़ा ने. कँवरा सि. केड़ो गु. केब्ड़ो म. केब्डा – सं. केतक।। एवं सिंहली...।।

केवल केश, केशर (गु. केसर) – हि. बां. गु. म.ते.

केस क. कीड् hair pulled out in combing पं. ने. म. केस् बां. गु.

केश् ने कँथ् सि. कवीटु म. कवँठ् – सं. कपित्थ।। एवं उडिया...।।

कैरा पं. कैला ने. कैलो सि. केरी म. कैरा – से. कपिल।। एवं लँहदी, सिंहली...।।

कोइल् पं. कोइल् ने. कोइलि सिं. कोइल गु. कोयल् म. कोइल, कोईळ – सं. कोकिल।। एवं उडिया, सिंहली...।।

कोई पं. गु. कोई ने. कोइ बां कंइ – सं. कश्चित्।। एवं लँहदी, उड़िया, सिंहली...।।

कोकिल – हि. बां. गु. म. ते.

कोख् क. कोछ् पं. ने. कोख् बां. कोँख् सि. कुखि गु. कुख् म. कूस् – सं. कुक्षि।। एवं रोमणी, दरद, लँहदी, सिंहली...।।

कोटि – हि. बां. गु. म. ते.

कोठा क. कुठु पं. कोट्ठा ने. सि. गु. कोठो बां. कुठि म. कोठा – सं. कोशठ।। एवं लँहदी, आसामी, उडिया, सिंहली...।।

कोठी क. कुठू पं. कोट्ठी ने. कोठि बां. कुठि सि. गु. म. कोठी – सं. कोश्टिका।। एवं लँहदी, आसामी, उडिया।।

कोठ्ड़ी क. कूठुरू पं. कोठ्ड़ी ने. कोठि।। एवं लँहदी...।।

कोड़ा पं. कोरड़ा ने. कोरां बां. कोड़ा गु. कोर्डो म. कोर्डा।।

कोढ़ी (20) ने. कोरि बां. कुड़ि सि. कोड़ी म. कोडी – सं. कोटि।। एवं आसामी, उडिया...।।

कोढ् क. कठ् पं. कोढऋ् ने. कोर् वां. कुड़ सि. कोढु गु. म. कोढ् –

से कुश्ठ।। एवं लँहदी, उडिया, आसामी.........।।

कोढ़ी पं. कोढ़ा ने. कोरि बां. कुड़िया सिं. कोढ्यो गु. कोढियुँ म. कोडी – सं. कुश्ठिन्।। एवं आसामी, उडिया...।।

कोण – हि. बां. गु. म. ते.

कोदो क. कुदुरु पं. कोद्रा ने. बां कोदो सि. कोडिड़ी गु. कोद्रो म. कोदुँ – सं. कोद्रव।।

कोना क. कून् पं. ब. कोणा ने. कुनु गु. म. कोण् – सं. कोण।। एवं आसामी, उडिया...।।

कोप – हि. बां. गु. म. ते.

कोंपल् ने. कोपिंलो गु. कोंपळो काँपळ – सं. कोंव्ला।।

कोमल क. कुमोल्लु पं. कूमल्. कूला ने कमलो सि. कुँअरो गु. कोमळ् म. काँच्ला – सं. कोमल।। एवं रोमणी, दरद, लँहदी, आसामी, उडिया, सिंहली...।।

कोमल[2] पं. कोमलता (ते. कोमलत) – हि. बां. गु. म.ते.

कोयला कोइला, कोला ने. कोइला सि. कोइलो गु. कोयलो – सं. कोकिल।। एवं लँहदी, उडिया, बिहारी...।।

कोरा क. कोर पं. बां. म. कोंरा ने. सि. कोरो गु. कोरुँ।। एवं लँहदी, उडिया।।

कोलाहल ने. कोहोलो।। हि. बां. गु. म. ते. कोलाहल।।

कोल्हू पं. कोल्हू, कोल्हार ने. कोल् सि. कोलू गु. कोह्लू।।

कोव, कोश्ठ – हि. बां. गु. म. ते.

कोस क. क्रुड् पं. कोड़्ह ने. गु. म. कोस् सि. कोहु – सं. क्रोश।। एवं लँहदी, उडिया...।।

कोसा ने. कोसो बां. कोशा, कोशी सि. कोसु गु. कोस् – सं. कोश।। एवं आसामी...।।

कोहर पं. कुहुर् ने. कुइरो बां. कोहाड़ा।। एवं लँहदी, आसामी...।।

कोह्नी क. ख्वन् पं. कूह्णी ने. कुहुनु बां. कोणि – सं. कफोणि।। एवं रोमणी, दरद...।।

कौड़ी पं. कौड्न, कौड़ ने. कौड़ि बां. कड़ि सि. कोडु गु. कोडो, कोडी

म. कब्डी – सं. कपर्द।। एवं लँहदी, उडिया...।।

कौतुक – हि. बां. गु. म. त.

कौन पं. कौण् ने. कुन् बां. कोन् गु. म. कोण् – स. कः पुनः।। एवं रोमणी, दरद, आसामी, उडिया...।।

कौमुदी (ते. कौमुदि), कौशल – हि. बां. गु. म. ते.

क्या पं. की ने. क्या, के, किं बां. सि. कि. म. कीं – सं. किं।। एवं दरद, आसामी, उडिया...।

क्रम, क्रय, क्रान्ति, क्रिया (ते. क्रिय), क्रीडा (ते. क्रीड),

क्रूर, क्रोध, क्रोश, केल्श, क्षण, क्षत, क्षति, क्षत्रिय (ते. क्षत्रियुंडु), क्षम, क्षमता, क्षमा (ते. क्षम), क्षय, क्षात्र, क्षान्ति, क्षार, क्षालन, क्षिति, क्षिप्त, क्षिप्र, क्षीण, क्षीर, क्षुद्र, क्षुधा (ते. क्षुध), क्षुर, क्षेत्र, क्षेपण, क्षेम, क्षोभ, क्षौर, – हि. बां. गु. म. ते.

ख (ते. खंबु) – हि. बां. गु. म. ते.

खई पं. ख. ने. खिया बां. खया सि. खइ गु. खे – सं. क्षति।।

खँकार पं. कँधार् ने. खकार, सि. खङ्घ्कार गु. खँखारो, खँखाबुँ म. खँकार्णे – सं. खाट्करोति।। एवं उडिया, लँहदी...।।

खग – हि. बां. गु. म. ते.

खँगाल्ना, खँगार्ना क. खँखलुन्, पं. खँगाल्णा ने. खकाल्नु गु. खँखाळवुँ।।

खगोल, खचित – हि. बां. गु. म. ते.

खजूर् क. खजर् पं. म. खजूर् ने. गु. खजुर् बां. खाजुर् सि. खजूरि –सं. खर्जूर।। एवं लँहदी, आसामी, उडिया सिंहली...।। ते. खर्जूर।।

खजूरा पं. कनखजूरा ने. खजुरो – सं. खर्जूरक।।

खंज – हि. बां. गु. म. ते.

खटाना क. खटुन् पं. खट्टणा ने. खटाउनु बां. खाटान सि. खटणु गु. खाट म. खट्णँ।। एवं लँहदी, आसामी, उडिया...।।

खट्टा पं. खट्टा ने. खट्टो बां. खाटा सि. खटो गु. खाटुँ म. खाटी – सं. खट्ट।। एवं लँहदी, उडिया...।।

खट्पट् पं. खट्पटी ने. गु. म. खट्पट् सि. खटिखटि।।

खट्वा (हि. गु. म. खाट, ते. खट्व) – हि. बां. गु. म. ते.

खड् क. ख्वड पं खड्ड ने. खाड़ल् खइ बां. खाड़ल् सि. खड गु. म. खाड़्, खाडा।। एवं रोमणी, लँहदी...।।

खड़् हतें क. खोरु पं. बां. खड़् ने. खर् गु. म. खड् – सं. खड, खट।। एवं बिहारी, उडिया...।।

खड़ा क. खोरु पं. ने. खडा बां. खाड़ा सि. खड़ो गु. खडुँ म. खडा।।

खड़ाऊँ क. खाव् पं. खड़ाऊँ ने. खराउ बां. खड़म्।। एवं उडिया, बिहारी...।।

खड़ी पं. सि. खड़ी ने. खरि बां. खड़ि गु. म. खडी – सं. खटिका।।

खड़खड़ाना ने. खर्खराउनु बां. खड़्खड़ान गु. खड्खड्वुँ म. खड्खड्णॅं – सं. खटखटायते।। एवं उडिया...।।

खड्ग – हि. बां. गु. म. ते.

खढ़बड़ ने. खड़्वड् सि. खड़्बड़ि म. खड्बड्।।

खण्ड, खडन, खदिर – हि. बां. गु. म. ते.

खदेडत्र्न् पं. . ख्देड़्णा ने. खदेर्नु गु. खद्रुँ।।

खद्योत – हि. बां. गु. म. ते.

खनि (हि. म. खान) – हि. बां. गु. म. ते. खन्खन् ने. बां. खन्खन् गु. म. खण्खण्।।

खन्ती ने. खन्ति बां. खन्ता म. खण्तेँ – सं. खनित्र।। एवं आसामी, उडिया, बिहारी...।।

खन्ना क. खनुन् ने. खन्नु सि. खणणु गु. खण्वुँ म. खण्णेँ – सं. खनति।। एवं आसामी, सिंहली...।। खप्ना पं. खप्पणा ने. खप्नु सि. खपणु गु. खप्वुँ म. खटेणँ – सं. क्षप्पते।। एवं लँहदी, आसामी...।।

खर – हि. बां. गु. म. ते.

खरा क. खोरु पं. बां. म. खरा ने. खरो सि. खरोगु. खरुँ – सं. खर।। एवं लँहदी, आसामी, उडिया...।। खल[1] ने. बां. खल् सि. खरु. गु. म. खळ्।। एवं आसामी, उडिया...।। ते. खल।।

खल[2] क. बां. खल् पं. खल्वाड़ा ने. खलो सि. खरो गु. खळुँ म.

खँळ।। एवं लँहदी, आसामी, उडिया, सिंहली...।।

खलिहान् ने. खलियान् – सं. खलेधानी।। एवं बिहारी...।।

खली क. खल् पं. खल् ने बां. खलि म. खळ्।। एवं आसामी, उडियाप, बिहारी, लँहदी...।। खल्वल् पं. खल्हबली ने. बां. खल्वल् गु. खळ्भळ् म. खळ्वळ्णें।।

खाई क. खय् पं. गु. म. खाई ने. बां. खाइ सि. खाही – सं. खात।। एवं उडिया, बिहारी लँहदी...।। खाजा पं. खाज्जा ने. बां. खाजा सि. खाजु गु. म. खाजँ – सं. खाद्य।। एवं बिहारी, उडिया...।। खाट् पं. खट्ट ने. बां. गु. म. खाट् सि. खट – सं. खट्वा।। एवं लँहदी, आसामी, उडिया, बिहारी...।।

खाँड क. पं. खण्ड् ने. बां. खाँड् सि. खण्डु गु. म. खाँइ – सं. खण्ड।। एवं उडिया।।

खाँड़ा पं. खण्डा ने. खाँड़ो बां. खाँड़ा सि. खनो गु. खाँडुँ म. खाँडा – सं. खण्डक।। एवं रोमणी, आसामी, सिंहली...।।

खाड़ी पं. सि. ने. बां. खाड़ि गु. म. खाडी।। एवं बिहारी।।

खात् पं. ने. म. खात् सि. खाटु गु. खातर म. खातँ।। एवं लँहदी, आसामी, उड़िया, बिहारी...।।

खाता पं. खात्ता ने. बां. खाता सि. खातो गु. खातुँ म. खातें।। एवं लँहदी, आसामी, उडिया, बिहारी...।।

खाद् पं. म. खात् ने. ख्वाद् गु. खातर्।।

खादी पं. खद्द ने. बां. खादि गु. म. खादी।। एवं लँहदी...।।

खाना क. ख्योनु पं. खाणा ने. खानु बां. खाओया सि. खाइणु गु खावुँ म. खाणँ – सं. खादति।। एवं रोमणी, दरद, लँहदी, आसामी, उडिया, सिंहली...।।

खानि क. खान् पं. सि. खाणी ने. बां. खानि गु. म. खाण् खाणी।। एवं रोमणी, आसामी, सिंहली...।।

खाव्डी क. खपुरू ने. खपड़ा बां. खाप्रा गु. खाप्री म. खापर् – सं. कर्पर।। एवं आसामी, उडिया...।। खाम् पं. खम्भा ने. खामो बां. खाम्बा गु. म. खाँब – सं. स्कम्भ।। एवं उडिया, बिहारी...।।

खार क. खार पं. ने. गु. म. खार् बां. खालाड़ि लि. खारु – सं. क्षार।। एवं लँहदी, आसामी, उडिया...।। खाल् क. खल् पं. खल्ल् ने. खालो बां. गु. म. खाल् सि. खल् – सं. खल्ल।। एवं रोमणी, लँहदी...।।।

खाँसी पं. गु. म. खाँसी ने. खाँसि बां. कासि – सं. कासिका।। एवं दरद, उडिया, सिंहली...।। खिचड़ी क. ख्यचुरू पं. खिच्चड़् ने. बां. खिचड़ि सि. खिचु गु. खिच्डी म. खिची – सं. खिच्चा।। एवं आसामी, उडिया, बिहारी...।।

खिड़की क. खिरिकि ने. पं. खिड्की बां. खिड्कि गु. खड्की म. खिड्की।। एवं आसामी, उडिया, बिहारी...।।

खिन्ना, खिन्नता – हि. बां. गु. म. ते.

खिसक्ना पं. खिस्कणा ने. खस्कनु।।

खींचना का. खुन्जुन् पं. खँच् ने. खँच्नु दां. खँचा गु. खँच्वुँ म. खँच्णेँ।।

खीज्ना पं. खिझ्णा ने. खिजिनु सि. खिजणु गु. खिज्वुँ म. खिजणेँ – सं. क्षीयते।।

खीर् क. ने. बां. खिर् पं. गु. म. खीर् – सं. क्षीर।। एवं रोमणी, दरद, लँहदी, आसामी, बिहारी, सिंहली...।।

खोल् ने. बां. खिल् गु. खीलो म. खीळ् – सं. खील।। एवं आसामी, उडिया...।।

खुर् क. खोर्, खूरू पं. बां. ने. गु. खुर् सि. खुरु म. खूर् – सं. खुर।। एवं रोमणी, दरद, लँहदी, आसामी, उडिया...।।

खुर्पा पं. बां. खुर्पा सि. ने. गु. खुर्पो – सं. क्षुरप्र।। एवं उडिया...।।

खूँटा पं. खूँटा, ने. खुट्टो बां. म. खुँटा गु. खुँटो।। एवं आसामी, उड़िया...।।

खूँटी पं. खूँटी ने. खुट्टि बां. खुँटि गु. म. खुँटी।। एवं आसामी, उडिया...।।

खेत क. खीति पं. ने. बां. गु. खेत् सि. खेट्रु गु. खेतर् म. षेत – सं. क्षेत्र।। एवं रोमणी, दरद, आसामी, बिहारी, सिंहली...।।

खेती पं. गु. खेती ने. खेति म. षेती – सं. क्षेत्रिय।। एवं आसामी, बिहारी...।।

खेद – हि. बां. गु. म. ते.

खेद्ना पं. खेद्णा ने. खेदनु बां. खेदान गु. खेदो।। एवं आसामी, उडिया...।।

खेल क. सि. खेल पं. ने. बां. ग. खेल् म. खेळ।। एवं आसामी, उडिया, सिंहली...।।

खेलना क. खेलुन् पं. खेल्णा ने. खेल्नु बां. खेला गु. खेल्वुँ म. खेल्णेँ – सं. क्ष्वेलति।। एवं रोमणी, आसामी, उडिया...।।

खेलाड़ी ने. खेलाड़ि बां. खेलायाड़् गु. खेलाडी।। एवं उडिया...।।

खेव्ना पं. खेउखे ने. लियाउनु बां. खया गु. खेवट् म. खँवा – सं. क्षेपयति।। एवं आसामी, बिहारी...।।

खेस् क. बां. खश् पं. ने. गु. खेस् सि. खेसु म. खँस्।। एवं लँहदी।।

खेर् क. पं. म. खैर् ने. खयर् बां. खयेर् सि. खेरी गु. खेर् – सं. खदिर।। एवं आसामी, उडिया, बिहारी, सिंहली...।।

खोआ पं. खोआ ने. खावा बां. खोया म. खोवा।।

खोखला क. ख्वखोरु, खूखोरु पं. खोख्ला ने. खोक्रो सि. खोखो गु. खोख् म. खोक्।।

खोजना पं. खोज्णा ने. खोज्नु बां. खोजा सि. खोजणु गु. खोज्वुँ।। एवं दरद, लँहदी, आसामी, उडिया...।।

खोट् क. ख्वटु पं. गु. म. ने. खोट् बां. खोटि् सि. खोटु।। एवं दरद, लँहदी...।।

खाँड़्ला पं. खुण्ढा ने. खुँडो बां. खुँड़ा – सं. खुण्डते।। एवं लँहदी...।।

खोदना पं. खोद्णा ने. खोद्नु बां. खोदा गु. खोद्वुँ म. खोद्णेँ।। एवं उडिया...।।

खोप्डी पं. खोपर् ने. गु. म. खोप्री (ने. प्रि.)।।

खोलना क. खोलुन् पं. खोल्हणा ने. खोल्नु बां. खोला सि. खोलणु गु. खोल्वुँ म. खोल्णेँ।। एवं रोमणी, लँहदी, उडिया...।।

खोस्ना क. खसुन् पं. खोह्ना ने. खोस्नु सि. खोहणु गु खोस्वुँ म. खोस्वुँ।। एवं रोमणी, लँहदी, उडिया...।।

खौल्ना पं. खौलणा ने. खौलनु।।

ख्यात, ख्याति – हि. बां. गु. म. ते.

गगन, गज – हि. बां. गु. म. ते.

गट्ठा पं. ने. गट्ठा – सं. ग्रन्थ।।

गड़बड़ पं. गड्ड–वड्डु ने. बां. गड़्बड़् सि. गड़बड़ि गु. म. गड्बड्।। एवं उडिया...।।

गडुआ क. गुडुव ने. गडुवा बां. गाडु सि. गडू गु. गड्वो म. गडुवा – सं. गड्डुक।। एवं दरद, उडिया...।।

गढ़ी पं. गढ़् ने. गड़ि बां. गड़् सि. गढु गु. म. गढ़ी।। एवं आसामी, उडिया...।।

गण, गणक (गु. गणको, ते. गणकुंडु), गणना (ते. गणन), गणिका (ते. गणिक), गणित, गण्ड, गत, गति – हि. बां. गु. म. ते.

गदही पं. गधी ने. गदहि बां. गाधि गु. गद्धी – सं. गर्दभी। एवं लँहदी, आसामी, बिहारी...।।

गदा (ते. गद्ध□ गद्द – हि. बां. गु. म. ते.

गद्दी पं. गद्दी ने. बां. गादि सि. गडो गु. म. गादी – सं. गर्त।। एवं लँहदी, आसामी, उडिया।।

गद्य – हि. बां. गु. म. ते.

गधा पं. गधा ने. गधा, गदोहो बां. गाधा सि. गडहु गु. गधो – सं. गर्दभ।। एवं दरद, लँहदी, आसामी, उडिया, बिहारी, सिंहली...।।

गँधीला के. गान्द् पं. गु. म. गाँधी ने. गनाउनु – सं. गन्ध।। एवं रोमणी, दरद, आसामी, उडिया...।।

गंध गंधक – हि. बां. गु. म. ते.

गप् क. गफ् पं. गप्प् बां. गप्प गु. म. गप्।। एवं आसामी, उडिया...।।

गब्रू क. ग्वडुर् पं. गब्बू, गब्भ्रू ने गबडु सि. गभिरू – सं. गर्भ–रूप।। एवं लँहदी, आसामी...।।

गमन, गम्भीर – हि. बां. गु. म. ते.

गरुआ क. गोरु ने गरौं सि. गरो गु. गवुँ – सं. गुरु।। एवं दरद...।।

गर्जन, गर्दभ, गर्भ, गर्भाधान, गर्भाशय, गर्भिणी, गर्व, गर्हा – हि. बां. गु. म. ते.

गला क. गोलु पं. बां. म. गला ने. गलो सि. गरो गु. गळुँ – सं. गल।। एवं लँहदी, आसामी, उडिया, सिंहली...।।

गलाना क. गालुन् पं. गलाउणा ने. गलाउनु बां. गलान सि. गारणुँ गु. गाळवुँ – सं. गालयति।। एवं आसामी...।।

गलित – हि. बां. गु. म. ते.

गली क. गालू पं. सि. गु. गली ने. गल्लि बां. गलि म. गल्ली।। एवं उडिया...।।

गल्ना गु. गलुन् पं. गल्या ने. गल्नु बां. गला सि. गरणु गु. लळवुँ – सं. गालयति।। एवं लँहदी, आसामी, उडिया...।।

गवाक्ष – हि. बां. गु. म. ते.

गँवाना पं. गँवाउणा ने. गुमाउनु गु. गमाववुँ – सं. गमयति।।

गँवार पं. म. गँवार् ने. गमार्, गँवार् गु. गमार्।। एवं उडिया...।।

गवेशण, गहन – हि. बां. गु. म. ते.

गहना पं. गहणा ने. गहना, गहनु बां. गहना सि. गहणो म. गहिना – सं. गहना एवं उडिया...।।

गहरा पं. म. गहिरा ने. गैरो, गहिरो बां. गैरा सि. गहरो गु. घेरुँ – मं. गभीर।। एवं उडिया, सिंहली...।।

गागर, गग्रा क. गागुरू पं. गु. गागर् ने. गाग्रो बां. गाग्रि मि. घाघरि – सं. गंगर।। एवं लँहदी, आसामी, उडिया, बिहारी...।।

गाजर् पं. ने. बां. गु. म. गाजर् सि. गजर – सं. गर्जर।। एवं आसामी, उडिया, बिहारी...।।

गाँजा।. बां. ने. म. गाँजा सि. गु. गाँजो – सं. गृञ्ज।। एवं आसामी, उडिया, बिहारी...।।

गाँठ क. गन्ड् पं. गण्ढ् ने. गानु बां. गाँटि सि. गण्ढि गु. म. गाठ् – सं. ग्रन्थि।। एवं दरद, लँहदी, आसामी, उड़िया, सिंहली...।।

गाँठना क. गन्डुन् पं. गण्ढणा ने. गाँठ्नु बां. गांठान सि. गण्ढणु गु. गाँठ्वुँ म. गाँठ्णँ – सं. ग्रन्थयति।। एवं दरद, लँहदी, आसामी, उडिया, सिंहली...।।

गाड़ना पं. गड़्डणा ने. गाड्नु बां. गाड़ा गु. गाड्वुँ म. गाड्णँ।। एवं रोमणी, लँहदी, उडिया, सिंहली...।।

गाड़ी क. गाडि पं. गड्डो ने. बां. गाड़ि सि. गाड़ो गु. म. गाडी।। एवं लँहदी, आसामी, उडिया, बिहारी...।।

गाढ – हि. बां. गु. म. ते.

गाढ़ा पं. गाढ़ा, ने. गाढ़ा, गाड़ा, गारो सि. गाढ़ो गु. गाढ् म. गाढा – सं. गाढ।। एवं उडिया...।।

गात् ने. गाथ् बां. गा गु. गात् – सं. गात्र।। एवं आसामी, सिंहली...।।

गाता, गत्ता पं. भत्ता ने. गाता – सं. गात्रक।।

मात्र, गाथा (ते. गाथ), गान – हि. बां. गु. म. ते.

गाना क. ग्यवुन् पं. गाउणा ने. गाउनु बां. गाओया सि. गाइणु गु. गावुँ म. माणँ – सं. गायति।। एवं रोमणी, दरद, आसामी, उडिया, सिंहली...।।

गाभ् क. गब् पं. गब्भू ने. गाभो बां. गाब्, गाभा सि. गभु गु. गाम् , गाभो म. गाभ्, गाभा – सं. गर्भ।। एवं उडिया, सिंहली...।।

गाभन् क. गबिञ् पं. गभ्भण् ने. गाभिनि बां. गामिन् सिं. गमिणि गु. म. माभण् – सं. गर्भिणी।। एवं रोमणी, लँहदी, आसामी...।।

गाय क. गाव् पं. गाई ने. बां. गाइ सि. गाइँ गु. म. गाय् – सं. गावी।। एवं दरद, लँहदी, आसामी, उडिया, सिंहली....।।

गायक (ते. गायकुंडु), गायन – हि. बां. गु. म. ते.

गारा पं. म. गारा ने. सि. गारो गु. गार्, गारो।। एवं लँहदी...।।

गाल् क. गोलु पं. गल्ह ने. गालो बां. गु. म. गाल् सि. गलु – सं. गल्ल।। एवं रोमणी, लँहदी, आसामी, उडिया...।।

गाली क. गाल् पं. गु. म. गाली ने. बां. गालि सि. गारि – सं. गाली।। एवं दरद, लँहदी, आसामी, उडिया...।।

गाँव क. गु. गाम् पं. ग्राँ ने. सि. गाउँ बां. गाँ म. गाँव् – सं. ग्राम।। एवं रोमणी, दरद, आसामी, उडिया, बिहारी, सिहंली...।।

गास् पं. गराहृ ने. गाम् सि. गाहु – सं. ग्रास।।

गिनना क. गन्जरुन् पं. गिण्णा ने. गन्नु बां. गणा सि. गणणु गु. गण्वुँ म. गण्णँ – सं. गणयति।। एवं रोमणी, काफिरी, लँहदी, आसामी, उडिया, सिहली...।।

गिन्ती पं. गिण्ती ने. गन्ति सि. गणती गु. म. गण्ती।। एवं आसामी, उडिया...।।

गिरि, गीत – हि. बां. गु. म. ते.

गीध क. ग्रद् पं. गिद्ध ने. गिद्ध गु. म. गीध् – सं. गृध्र।।

गीला पं. गिल्ला ने. गिली म. गील्।।

गुच्छा पं. ने. गुच्छा बां. गोछ् गु. गुच्छो म. गुच्छ् – सं. गुच्छ।। एवं लँहदी, आसामी, उडिया...।। ते. गुच्छ।।

गुज्ज् पं. गूँज् ने. गुँज् – सं. गुञ्ज।। एवं लँहदी...।।

गुड़ क. गोर् पं. बां. गुड़ ने गुलियो सि. गुडु गु. गोळ् म. गूळ् – सं. गुड।। एवं रोमणी, लँहदी, आसामी, उडिया, बिहारी...।। ते. गुड।।

गुड़ियाँ पं. गुड्डा, गुड्डी ने. गुरिया सि. गुडो गु. गुडी।। एवं लँहदी और उडिया।।

गुण, गुणवान् (ते. गुणवंतुंड्डु) – हि. बां. गु. म. ते.

गुदगुदी ने. कुत्कुति बां. उडिया कुतुकुतु सि. कुतिकुति – सं. कुत्कुतायते।। एवं लँहदी...।।

गुना क. गोनु पं. गुणा ने. गुना बां. गुणा गु. म. गुण् – सं. गुण।। एवं दरद, आसामी, उडिया...।।

गुन्गुनाना ने. गन्गनांउनु गु. गण्गण्वुँ म. गण्गण्णँ।।

गुन्ना पं. गुण्णा ने. गुन्नु बां. गुणा गु. गुण्वुँ म. गुण्णँ – सं. गुणयति।। एवं आसामी, उडिया...।।

गुफा क. ग्वफ पं. ने. सि. गु. म. गुफा बां. गुफ् – सं. गुहा।। एवं लँहदी...।।

गुरु (ते. गुरुवु, गुरुंड्ड), गुरुत्व, गुहा (ते. गुह), गुह्य – हि. बां. गु. म. ते.

गू क. ग्वह पं. गूँह् ने. गुहु बां. गु. म. गू. सि. गुँहु – सं गूथ।। एवं रोमणी लँहदी, आसामी, सिंहली...।।

गूँगा पं. गुड़्गा ने. गुँगो बां. गोड़्गा सि. गुड्गो गु. गुँगो म. गुँग्।। एवं लँहदी, आसामी, उडिया...।।

गूढ – हि. बां. गु. म. ते.
गूदा पं. गुद्दा ने. गुदो।।
गृध्र, गृह, गृहस्थ (ते. गृहस्थु) – हि. बां. गु. म. ते.
गैंद क. गिन्दुन् पं. ने. गु. म. गैंद् बां. गैंडु – सं. गेन्दुक।। एवं उडिया...।।
गेरू क. गीरू पं. गेरी ने. गु. गेरु बां. गेरि सि. गेड़् म. गेरू – सं. गैरिका।। एवं आसामी, उडिया...।।
गेहूँ ने. गु. गहुँ सि. गेहूँ म. गहूँ – सं. गोधूम।। एवं रोमणी, दरद, उडिया, बिहारी, सिंहली...।।
गैंड़ा क. गौंड़् पं. गैंडा ने. गैंड़ो सि. गैंडो गु. गैंडो म. गौंडा – सं. गण्डक।।
गोआला पं. गवाला ने. ग्वालो बां. गोयाला सि. गवारु गु. गोवाळ् म. गोव्ळा – सं. गोपाल।। एवं उडिया, बिहारी...।।
गोचर – हि. बां. गु. म. ते.
गोड़् क. ग्वड़, पं. गोड्डा ने. गोड़ो बां. गोढ़् सि. गोडो।। एवं रोमणी, लँहदी, आसामी, उडिया...।।
गोड़ना पं. गोड्णा ने. गोढ़नु गु. गोड़वुँ।। एवं लहदी...।।
गोत् पं. ने. गु. म. गोत् बां. गोता सि. गोट्र – सं. गोत्र।। एवं लँहदी, आसामी...।।
गोत्र – हि. बां. गु. म. ते.
गोद पं. गोद्, गोद्दी ने. गु. गोर्{द् सि. गोडि।।
गाँद पं. गूँद् ने. गु. गुँद् बां. म. गाँद्।। एवं उडिया।।
गोपन, गोपाल (ते. गोपालुंडु), गोपी (ते. गोपि),
गोपुर, गोप्प – हि. बां. गु. म. ते.
गोबर् पं. ने. बां. गोबर् म. गोवर् – सं. गोर्वर।। एवं आसामी, उडिया, बिहारी...।।
गोभी पं. गोभी ने. गोबि – सं. गोजिह्वा।।
गोमय – हि. बां. गु. म. ते.
गोमूत्र क. ग्रिमिथ् ने. गौंत् सि. गौंट्ठु।। एवं बिहारी, सिंहली...।।

गोरस क. गुरुस् ने. बां. गु. म. गोरस्।। एवं आसामी, उडिया, बिहारी. ..।। (ते. गोरस)

गोरा पं. बां. म. गोरा ने. सि. गोरो गु. गोरुँ – सं. गौर।। एवं दरद, लँहदी, उडिया, सिंहली...।।

गोरोचन (गु. गोरुचंदन) – हि. बां. गु. म. ते.

गोल क.गूलु पं. बां. गोला ने. गोलो सि. गोरी गु. म. गोळ् सं. गोल।। एवं लँहदी, आसामी, उडिया...। ते. गोल।।

गोष्ठ क. गुठ् ने. बां. गोठ् सि. गोटु गु. गोठो म. गोठा।। एवं काफिरी, दरद, उडिया...।।

गोष्ठ, गोष्ठी (ते. गोष्ठि) – हि. बां. गु. म. ते.

गौ. गऊ ने. गु. म. गौर सि. गऊँ – सं. गव।। एवं लँहदी...।।

गौण, गौर, गौरव, ग्रन्थ, ग्रन्थकार, ग्रन्थकर्ता (ते. ग्रन्थकर्त), ग्रन्थि, ग्रसन, ग्रस्त, ग्रह, ग्रहण, ग्रहणी (ते. ग्रहणि), ग्राम, ग्राम्य, ग्रास, ग्राह, ग्राहक, ग्राह्य, ग्रीवा (ते. ग्रीव) ग्रीश्म, ग्लानि – हि. बां. गु. म. ते.

घट, घटक (ते. घटकुंडु), घटन, घटना (ते. घटन) – हि. बां. गु. म. ते.

घटना क. गदुन् पं. घट्ना ने घट्नु बां. घट्। सि. घटणु गु. घट्वुँ म. घट्णँ।। एवं दरद, लँहदी, आसामी...।।

घटा (ते. घट) – हि. बां. गु. म. ते.

घड़ा क. गड पं. बां. घड़ा सि. घड़ो गु. घडो म. घडा – सं. घट।। एवं रोमणी, लँहदी, आसामी, उडिया, बिहारी....।।

घड़ी क. गरू पं. सि. घड़ी ने बां. घड़ि गु. म. घडी – सं. घटिका।। एवं उडिया...।।

घढ़्घड़ाना क. ग्वर्ग्वर् पं. घुर्घुर् ने. घार्घुर् सि. घड़कणु म. घट्–घड्णेँ।। एवं आसामी और उडिया।।

घंटा प. घण्टा ने. घण्टा, घाँड़ो सि. घण्डो म. घाँट् – सं. घण्टा।। एवं लँहदी, उडिया...।।

घंटा (गु.ते. घंट) – हि. बां. गु. म. ते.

घन क. गन् पं. गु. म. घण् ने घन्।। एवं बिहारी...।। हि. बां. गु. म. ते. घन।।

घना क. गोनु पं. घणा ने. घनु बां. घन सि. घणो गु. घणुँ म. घण् – सं. घन।। एवं दरद, लँहदी, आसामी, सिंहली...।।

घबराना पं. घब्राउणा ने. घब्राउनु बां. घाब्रान गु. घबादुँ म. घाबर्णँ।। एवं उडिया...।।

घमण्ड् पं. म. घमण्ड् ने. घमण्ड गु. घमण्डी।।

घमौरी ने. घमौरा बां. घामाचि म. घामोळँ – सं. घर्म।। एवं आसामी और उडिया.....।।

घम्सान् पं. गु. घम्साण् ने. घम्सान् सि. घम्शानु म. घम्शान्।।

घर क. गर पं. ने. बां. गु. म. घर सि. घरु।। एवं रोमणी, लँहदी, आसामी, उडिया, बिहारी, सिहली...।।

घर्वाह पं. घर्बार् ने गु. घर्बार् सि. घर्वार् म. घर्वारी – सं. गृहद्वार।।

घर्शण – हि. बां. गु. म. ते.

घाघ्री पं. घग्गरी ने. घाग्रि बां. घाघ्रा सि. घघिरो गु. घाघ्री म.

घाग्रा – सं. घर्वरी।। एवं आसामी, उडिया, लँहदी, सिहंहली...।।

घाट क. गाठ् पं. ने. बां. गु. म. घाइ सि. घाट् – सं. घट्ट।। एवं आसामी, उडिया...।।

घाटा क. गाठ् पं. घाट्टा ने. सि. घाटो बां. घाटि।। एवं लँहदी और आसामी।।

घाटी पं. घाट् घाट्टा ने. घाटि बां. गु. म. घाट् सि. घाटु।। एवं उडिया...।।

घात, घातक (ते. घातकमु, घातकुंडु) – हि. बां. गु. म. ते. घाम क. गुंम ने बां. गु. म. घाम् – सं. घर्म।। एवं रोमणी, लँहदी, आसामी, उडिया...।।

घायल् पं. बां. घाइल् ने. घायल् गु. घायेल् म. घावाळ् – सं. घात।। एवं उडिया।।

घाव पं. घा, घाउ ने. सि. घाउ बां. घा गु. घाव् म. घाव्, घाय् – सं. घात।। एवं आसामी, उडिया...।।

घास के. गस पं. घा ने. घाँस्, घास् बां. गु. म. घास् सि. गाहु – सं. घास।। एवं रोमणी, दरद, लँहदी, आसामी, उडिया, बिहारी...।।

घिन् पं. घिण् ने. घिन् बां. घिन्‌घिन् – सं. घृणा।। एवं आसामी, उडिया...।।

घिसना क. गहुन् पं. घस्णा ने. घस्नु बां. घसा सि. गसणु गु. घास्वुँ म. घास्णँ, – सं. घर्शति।। एवं रोमणी, लँहदी, उडिया, सिंहली।।

घी क. ग्यव् पं. घेओ ने. घिउ बां. घि. सि. गिहु गु. म. घी – सं. घृत।। एवं रोमणी, काफिरी, दरद, लँहदी, आसामी, उडिया, बिहारी, सिंहली...।।

घुटक्ना पं. घुट्‌टा ने. घुङ्को सि. घुट्को गु. घुँट्डो म. घुट्‌घुट्, घुट्का।। घुटना ने. घुँड़ो गु. घुँटण् म. घुइगा – सं. घुण्ट।।

घुन पं. घुण् ने. बां घुन् सि. घुणो गु. म. घुण् – सं. घुण।। एवं लँहदी, आसामी, उडिया......।। ते. घुण।।

घुरक्ना पं. घुरक्णा ने. घुर्कनु सि. घुर्कण गु. घुरक्वुँ।।

घुर्की, घुढ़की पं. सि. घुर्की ने. घुर्कि गु घुर्कियुँ।।

घुसेढ़ना पं. घुसेड़्णा ने. घुसार्नु बां. घुस्ड़ान म. घुसड्णँ।।

घुस्ना पं. घुस्णा ने. घुस्नु बां. घुसान गु. घुस्वुँ म. घुस्णँ।।

घूँगर् पं. घुङ्गरू ने. घुङि् बां घुङुर गु. घुघ्री म. घुँघूर्।। एवं लँहदी, आसामी, उडिया.....।।

घूँघट् पं. घुङ्गट् ने. घुम्टो बां. घोम्टा सि. घूँघटु गु. घुँघट।। एवं उडिया...।।

घूमना पं. घुम्म्णा ने. घुस्नु बां. घुमा सि. घुमणु गु. घुम्वुँ म. घुम्णँ।। एवं लँहदी, आसामी, उडिया.........।।

घूस् पं. घूस् बां. घुस्।। एवं उडिया.......।।

घूसा, घुस्सा बां. घुस् ने. घुस्सा सि. घूसो गु. घुस्सो म. घुसा।।

घृणा पं. घिण् ने. घिन् ब. घिन्‌घिन्।। एवं आसामी, उडिया......।।

घृत – हि. बां. गु. म. ते.

घेरना क. गेरुन् पं. घेर्णा ने. घेर्नु बां. घेरा सि. घेरणु गु. घेवुँ म. घेर्णँ।। एवं आसामी, उडिया.....।।

घेरा पं. म. घेरा ने. सि.गु. घेरो बां. घेर्।। एवं दरद, आसामी, उडिया...।।

घेवर् पं. घेउर ने. घेवर गु. घेवर् म. घिबर् – सं. घृतपूर।।

घोट् पं. ने. घोट् बां. घोँट्।।

घोटना पं. घोट्णा ने. घोट्नु सि. घोटणु म. घोँट्णँ बां. घाँट्णा।। एवं आसामी, उडिया....।।

घोड़ा क. गुरु पं. ने. घोड़ा सि. घोड़ो गु. घोडो म. घोडा – सं. घोटक।। एवं रोमणी, दरद, लँहदी, आसामी, उडिया, बिहारी...।।

घोड़ी क. गुरू पं. सि. घोड़ी ने. घोड़ि गु. म. घोडी – सं. घोटिका।। एवं रोमणी, दरद, लँहदी, उडिया, बिहारी...।।

घोर – हि. बां. गु. म. ते.

घोल्ना पं. घेलणा ने. घोल्नु बां. घुलान सि. घोरणु गु. घोळ्वुँ म. घोळ्णँ – सं. घोलयति।। एवं लँहदी, आसामी, उडिया...।।

घोष, घोषणा (ते. घोषण) – हि. बां. गु. म. ते.

चकित – हि. बां. गु. म. ते.

चकोर पं. बां. गु. म. चकोर् ने. चाखुरो।। एवं सिहली...।। चकोर।।

चक्र. चक्रवर्ती (ते. चक्रवति) – हि. बां. गु. म. ते.

चक्वा क. चकव पं. गु. म. चक्वा ने. चखेवा सि. चकुओ – सं. चक्रवाक।। एवं आसामी, उडिया, सिंहली...।।

चक्षु (ते. चक्षुवु) – हि. बां. गु. म. ते.

चखाना पं. चखाउणा ने. चखाउनु बां. चाखान गु. चखावुँ म. चाखविणँ।। एवं आसामी, उडिया।।

चङ्गा पं. ने. चङ्गा बां. चाङा सि. चङो म. चाँग् – संच चङ्ग।। एवं लँहदी...।।

चंचल (ते. चंचलमु), चंचु (ते. चंचुवु) – हि. बां. गु म. ते. चटक् पं. ने. गु. चटक् बां. चाटक् सि. चटिको म. चट्का।।

चटनी पं. चट्नी ने. चटनि म. चाट्णी।। एवं उडिया...।।

चटाई पं. गु. चटाई ने. चटाइ म. चटई।। एवं उडिया, बिहारी...।।

चट्पट् पं. चट्पट्ट ने चट्टपट्ट गु. म. चट्पट्।। एवं उडिया...।।

चढ़ना क. चरुन् पं. चढ्ना ने. चड़्नु बां. चड़ा सि. चढ़णु गु. चढ़वुँ म. चढ्णँ।। एवं लँहदी, आसामी, उडिया...।।

चण्ड, चण्डाल (ते. चएडालुण्डु), चण्डी (ते. चंडि) चतुर, चतुरंग, चतुर्थ, चतुश्कोण (ते. चतुश्कमु) – हि. बां. गु. म. ते.

चना क. चन पं. म. चणा ने. बां. चना सि.गु. चणो – सं. चण, चणक।। एवं उडिया, बिहारी...।।

चन्दन, चन्द्र (ते चन्द्रुंडु) – हि. बां. गु. म. ते.

चन्द्वा पं. चँदूआ ने. चन्दुवा बां. चाँदोयां सि. चन्दो – सं. चन्द्रक।।

चपटा क. च्यपोटु पं. चश्टा ने. चेष्टो बां. चाश्टि गु. म. चापट्।। चपल – हि. बां. गु. म. ते.

चपाती पं. चपाती ने. चपाति बां. चापाटी गु. चपाटी – सं. चपंटी।।

चबाना पं. चब्वणा ने. चबाउनु बां. चाबान सि. चबणु गु. चाव्वुँ म. चाव्णँ – सं. चर्वयति।। एवं लँहदी, आसामी, उडिया....।।

चमकना पं. चमक्णा ने. चम्कनु बां. चम्कान सि. चमक गु. चमक्वुँ म. चमक्णँ।। एवं आसामी, उडिया...।।

चमड़ा क. चम् पं. चम्म्, चम्ड़ा ने चम्ड़ा, चाम् बां चाम्, चाम्ड़ा सि. चमु, चमिडी गु. चाम्, चाम्वुँ म. चाम्, चाम्ड़ुँ – सं. चर्म।। एवं रोमण ी, दरद, लँहदी, आसामी, उडिया, बिहारी, सिहली...।।

चमत्कार – हि. बां. गु. म.

चमार् क. चमर् पं. ने. गु. चमार् बां. चामार् सि. चामरु म. चाम्हार् – सं. चर्मकार।। एवं आसामी, उडिया, बिहारी, सिंहली...।।

चमेली पं. चम्बेली, चँबेली ने. चमेलि बां. चमेलि सि. चम्बेली गु. म. चमेली।।

चमोटी पं. चमोटा, चमोटी ने. चमोटि् सि. चमोटी – सं. चर्मपत्र।।

चम्पू चयन, चरण, चरम – हि. बां. गु. म. ते.

चरस् पं. ने. बां. गु. म. चरस् सि. चड़सु।। एवं उडिया...।

चराचर – हि. बां. गु. म. ते.

चराना पं. चराउणा ने. चराउनु बां. चरान गु. चराब्वुँ म. चरविणँ।। एवं दरद, आसामी, उडिया...।।

चरित्र, चरित – हि. बां. गु. म. ते.

चर्ना पं. चर्ना ने. चर्नु बां. चरा सि. चरणु गु. चवुँ म. चर्णे – सं. चरति।। एवं आसामी, उडिया, लँहदी, रोमणी, दरद...।।

चर्म, चर्मकार (हि. गु. चमार, ते. चर्मकारुंडु), चल, चलन– हि. बां. गु. म. ते.

चलना क. चलुन् पं. चल्णा ने. चल्नु बां. चला गु. चल्वुँ म. चल्णँ – सं. चलति।। एवं रोमणी, आसामी, उडिया, सिंहली...।।

चँवर क. चामर् पं. म. चँवर् ने बां. चमर् सि. चँवरु गु. चम्री – सं. चमर।। एवं आसामी, उडिया, सिंहली...।।

चाक क. चखुरू पं. चक्क् ने. चाको बां. चाक्, चाक्रा गु. म. चाक् – सं. चक्र।। एवं लँहदी, आसामी, उडिया, बिहारी, सिंहली...।।

चाखना पं. चक्खणा ने. चाख्नु बां. चाखा गु. चाख्वुँ म. चाख्णँ – प्राकृत चक्खइ।। एवं लँहदी, आसामी, उडिया...।।

चाट्ना पं. चष्ट्णा ने. चाट्नु बां. चाटा सि. चटणु गु. चाट्वुँ म. चाट्णँ – प्राकृत चट्टेइ।। एवं रोमणी, उडिया, लँहदी...।।

चाटु (ते. चाटुवु), चातक, चातुर्थ, चातुर्मास्य, चातुर्वर्ण्य – हि. बां. गु. म. ते.

चाँद क. चन्दर् पं. चन्द्, चन्दर् ने. बां. गु. म. चाँद् सि. चंडु – सं. चन्द्र।। एवं लँहदी, आसामी, उडिया, सिंहली...।।

चाँदी पं. सि. गु. म. चाँदी ने. बां. चाँदि – सं. चंद्रिका।। एवं उडिया...।।

चाँट्नी पं. चानणी ने. बां. चाँद्नि सि. चाण्ड्णी, चाण्ड्रिणी गु. चाँदुणे0द्द म. चाँद्णँ।। एवं लँहदी, उडिया...।।

चाप – हि. बां. गु. म. ते.

चाँप lock ofA gun ने. चाँप् सि. चपिडी lover गु. चाँपट् म. चाप्।।

चार (4) पं. ने. गु. म. चार् बां. सि. चारि – सं. चत्वारः।। एवं दरद, लँहदी, आसामी, उडिया, बिहारी, सिंहली, रोमणी...।।

चरण (ते. चारणुंडु) – हि. बां. गु. म. ते.

चारा प. म. बां. चारा ने. सि. गु. चारो – सं. चारयति।। एवं उडिया, बिहारी...।।

चारु (ते. चारुवु) – हि. बां. गु. म. ते.

चाल पं. चाल् ने. चाल्, चालो गु. चालो म. चाला – सं. चाल।।

चाल्ना ने. चाल्नु बां. चाला गु. चाळवुँ म. चाळ्णँ – सं. चालयति।। एवं रोमणी, आसामी, सिंहली...।।

चाल्नी क. चालन् ने. बां. चाल्नि गु. म. चाळ्णी – सं. चालनी।। एवं उडिया, बिहारी...।।

चावल् क. त्वमुल् पं. चौल् ने. चामल् बां. चाउल् सि. चाँउरु गु. चावल् – सं. तण्डुल।। एवं लँहदी, आसामी, उडिया, बिहारी...।।

चाहना पं. चाह्णा ने. चाहनु बां. चाहा सि. चाहणु गु. चाह्वुँ म. चाह्णँ।। एवं लँहदी, आसामी, उडिया...।।

चिकित्सक (ते. चिकित्सकुंडु), चिकित्सा (ते. चिकित्प) – हि. बां. गु. म. ते.

चिट्कनी ने. बां. छिट्कनि।।

चिट्ठी पं. गु. म. चिठ्ठी ने. चिट्ठि बां. सि. चिठी।। एवं लँहदी, आसमी, उडिया...।।

चिड़ा क. चरू पं. चिड़ा ने. चरो बां. चड़ा सि. चिड़ो गु. चिडियुँ म. चिडी – सं. चटक।। एवं रोमणी, दरद, लँहदी, आसामी, उडिया...।।

चिढ़ी क. चुरू पं. सि. चिढ़ी ने. चरि गु. चिडियुँ म. चिडी – सं. चटिका।।

चिढ़ना पं. चिड़्ना ने. चिड़्नु बां. चिड़ान सि. चिड़णु गु. चिडावुँ म. चिड़्णँ।। एवं उडिया।।

चित् पं. चित्त् ने. बां. चित् गु. म. चीत्।। एवं आसामी और उडिया।।

चिता (ते. चित), चित्त, चित्र – हि. बां. गु. म. ते.

चथ्ड़ा पं. चीथ्ड़ा ने. चिथ्रो सि. चीथड़ो गु. चिथ्डुँ म. चिथ्डा।।

चिन्तक (ते. चिन्तकुंडु), चिन्तन, चिन्ता (ते. चिन्त) चिन्तित – हि. बां. गु. म. ते.

चिन्ना पं. चिण्ना ने. चिन्नु गु. चिण्वुँ म. चिण्णँ – सं. चिनोति।।

चिमट्ना ने. चिम्टनु बां. चिम्टा म. चिमट्णँ।। एवं उडिया...।।

चिम्टा पं. ने. बां. म. चिम्टा सि. गु. चिम्टो।। एवं उडिया...।।

चिर – हि. बां. गु. म. ते.

चिह्व ने. चिनु, चिन्हु बां. चिना सि. चिन्हु. गु. चिन् म. चिन्ह्।। एवं आसामी...।। ते चिह्न।।

चीता क. चितुरु पं. चित्ता ने. चितुवा बां. चित्ता सि. चिट्रो गु. चित्रो, चित्तो म. चिता, चित्ता – सं. चित्रक।। एवं लँहदी, उडिया...।।

चीन्ह्ना क. चेनुन् ने. चिन्नु बां. चिना गु. चिन्वुँ।। एवं आसामी...।।

चीर् पं. गु. चीर् ने. चिरो बां. म. चिरा – सं. चीर।। एवं उडिया, सिहली...।।

चीर्ना पं. चीर्ना ने. चिर्नु बां. चिरा सि. चीरणु गु. चीवुँ म. चिर्णे।। एवं उडिया...।।

चील् पं. गु, चील् ने. बां. चिल् सि. चील – सं. चिल्ल।। एवं आसामी, उडिया...।।

चुकना पं. चुक्क्णा ने. चुक्नु बां. चुँग सि. चुकणु गु. चुक्वुँ म. चुक्णँ।। एवं लँहदी, उडिया...।।

चुङ्गी पं. चुङ्ग ने. चुंकि सि. चुँगी गु. चुँगी म. चुँग्।।

चुट्की पं. सि. गु. म. चुट्की ने. चुडकि बां. चुट्कि।। एवं उडिया ...।।

चुँट्ना पं. चूँड़्णा ने. चुँड़नु सि. चूँडणु गु, चुँट्वुँ – सं चुण्टति।। एवं लँहदी...।।

चुनना पं. चुण्ना ने. चुन्नु बां. चुनो सि. चुणणु गु. चुण्वुँ म. चुण्णँ – सं. चिनोति।। एवं लँहदी...।।

चुप क. छोप पं. चुप्प् ने. बां. गु. चुप् सि. चुपु म. चुप्प।। एवं आसामी, उडिया...।।

चुप् चाप् पं. चुप्प् चाप् ने. बां. गु. म. चुप् चाप्।।

चुम्बक (ते. चुम्बकुंडु),, चुम्बन – हि. बां. गु. म. ते.

चुवाना पं. चुआउणा ने. चुवाउनु बां. चुयान।। एवं उडिया...।।

चूक Acid क. च्वकु पं. चुक्का ने. चुक् बां. चुक्, चुका सि. चूको गु. चुको म. चुका – सं. चुक्र।। एवं दरद, आसामी...।।

चूची पं. चूची ने. चुचि बां. चुचि, चुँचि गु. चुँची – सं. चूचक।। एवं दरद, उडिया...।।

चूडा (ते. चूड) – हि. बां. गु. म. ते.

चूड़ी पं. चूड़ी ने. चुरि बां. चुड़ि सि. चूड़ी गु. चूडी म. चुडाँ – सं. चूडा।। एवं लँहदी, उडिया...।।

चूतड़ पं. चुत्तड़ ने. बां. चुतड़् सि. चुतड़् म. चुतड़।।

चूना[1] पं. चोणा ने. चुहुनु बां. चुया सि. चअणु गु. चुवुँ।। एवं लँहदी, उडिया...।।

चूना[2] क. चून् पं. चूना ने. चुन् बां. म. चुना सि. चुनु गु. चुनो – सं. चूर्ण।। एवं दरद, लँहदी, आसामी, उडिया, सिहली...।।

चूमना क. चुमुन् पं. चुम्मणा ने. चुम्मा बां. चुमा सि. चुमणु गु. चुम्वुँ म. चुम्णें – सं. चुम्बति।। एवं रोमणी, लँहदी, आसामी, उडिया...।।

चूर पं. गु. म. चुर् ने. बां. चुर् सि. चूरु।। एवं आसामी, उडिया ...।। चूर्ण – हि. बां. गु. म. ते.

चूल्हा पं. चुल्ल्हा ने. चुलो बां. चुला सि. चुल्हो गु. चुलो म. चुला।। एवं लँहदी, उडिया, बिहारी...।।

चूल्ही क. च्वल् पं. चुल्ल्ही ने. चुलि बां. चुल्लि, चुला सि. चुल्हि गु. चूली म. चूल् – सं. चुल्ली।। एवं लँहदी, उडिया, बिहारी...।।

चूस्ना क. चाहुन् पं. सूसणा ने. चुस्नु बां. चुसा, चोसा सि. चुहणु गु. चुस्वुँ, चोस्वुँ – सं. चूशति।। एवं दरद, आसामी, उडिया...।।

चूहा पं. चूहा ने. चुहा बां. चुया सि. चुहो गु. चुवो।। एवं लँहदी, उडिया...।।

चेतन (ते. चेतनमु), चेतना (ते. चेतन) – हि. बां. गु. म. ते. चेत्णा पं. चेत्णा ने. चेत्नु बां. चेता सिं. चेतणु गु. चेत्वुँ।।

चेला क. चेल पं. बां. म. चेला ने. सि. गु. चेलो।। एवं रोमणी, उडिया. ..।।

चेष्टा (ते. चेश्ट), चैतन्य, चैत्र – हि. बां. गु. म. ते.

चैन् पं. ने. म. चैन् सि. चैनु गु. चेन्।।

चोकर् पं. ने. चोकर् बां. चोकड़्, चोकल्।। एवं बिहारी...।।

चोखा पं. चोक्खा ने. चोखो बां. चोखा सि. चोखो गु चोख् म. चोख् चोखा – सं. चोक्ष।। एवं लँहदी, आसामी, उडिया...।।

चाँच पं. चुंज् ने. चुचो बां. चौंच् सि. चूँजि गु. चाँच् म. चूच् – सं. चञ्नु।। एवं लँहदी, सिहली...।।

चोट पं. ने. बां. गु. म. चोट सि. चोट।। एवं आसामी, उडिया...।

चोर क. चूर् पं. ने. बां. गु. म. चोर् सि. चोरु – सं. चोर।। एवं रोमणी, लँहदी, आसामी, उडिया, सिंहली...।। ते. चोरुंडु।।

चोरी क. चूरू पं. सि. गु. म. ने. चोरी बां. चुरि – सं. चौरिका।। एवं दरद, लँहदी, उडिया...।।

चोर्ना ने. चोर्नु गु. चोवुँ म. चोर्णे – सं. चोरयति।। एवं रोमणी, उडिया. ..।।

चोला, चोली क. चूलि पं. चोला, चोली ने. चोलो बां. चोल् सि. चोली, चोलो गु. चोळी, चोळो म. चोळा, चोळी – सं. चोल।। एवं लँहदी, आसामी...।।

चौक क. चोख पं. म. चौक् ने. चोक्. चौक् बां. चौका सि. चौंकु, गु. चोक् – सं. चतुष्क।। एवं लँहदी, आसामी, उडिया....।।

चौका पं. चौक्का ने. गु. चौको बां. म. चौका सि. चौंको – सं. चतुष्क।। एवं लँहदी, आसामी, उडिया....।।

चौकी पं. चौकी ने. बां. चौकि सि. चौंकी गु. चौंकी म. चौकी – सं. चतुष्किका।। एवं उडिया...।।

चौकोना पं. चौकूणा ने. चौकुना बां. चौकोना सि. म. चौकोणी – सं. चतुष्कोण।।

चौखट् पं. ने. चौखट् बां. चौकाठ् गु. चोक्ठु म. चौकट् – सं. चुतुःकाष्ठ।। एवं आसामी, उडिया...।।

चौखूँटा ने. चौखुँड़ो गु. चोखूँट् म. चौखुँट्।। एवं उडिया...।।

चौगुना क. च्वगुनु पं. चौगुणा ने. चौगुनु बां. चौगुण् गु. चोग्णुँ – सं. चतुर्गुण।।

चौड़ा पं. बां. चौड़ा ने. चौड़ो गु. चोहुँ।। एवं उडिया.....।।

चौतरा पं. चौतरा ने. चौतारो बां चौतारा गु. चोत्रो।।

चौथा क. चोठ् पं. म. चौथा ने. चौथो बां. चौठा सि. चोथो गु. चोथुँ – सं. चतुर्थ।। एवं दरद, लहदी, उडिया...।।

चौथाई प. म. चौपाई ने. चौथाइ गु. चोथाई।।

चौधरी पं. चौधरी ने. चौधरी बां. चौधुरि गु. चौध्री, चौध्रो, म. चौध्री – सं. चतुर्धर।।

चौपाई पं. चौपाई ने. चौपाइ गु. चोपाई – सं. चतुश्पादी।।

चौपाया पं. चौपइआ ने. चौपायो बां. चौपाया सि. चौपाई म. चौपायी – सं. चतुश्पाद।। एवं उडिया...।।

चाँरी प. चँवरी ने. चाँरि बां. चमरि गु. चम्रो म. चँव्री – सं. चमरी।। एवं आसामी....।।

च्युत, च्युति – हि. बां. गु. म. ते.

च्यूड़ा ने. चिउरा बां. चिढ़ा म. चिव्डा – सं. चिपिटक।। एवं आसामी, बिहारी...।।

छः क. श्यह् पं. छे ने. सि. गु. छ बां. छय् म. सहा – से शट्।। एवं दरद, लँहदी, आसामी, उडिया, सिंहली, रोमणी...।।

छज्जा पं. ने. छज्जा – सं. छाद्य।।

छटक्ना ने. छड़कनु बां. छटकान मं सटकूणँ।।

छटाँक् पं. ने. छटाँक् बां. छटाक्।। एवं आसामी, उडिया...।।

छड़्, छड़ी क. छीरू पं. ने. बां. छड़् छड़ि सि छढ़, छढी गु. छड्, छडी।। एवं उडिया...।।

छड़्ना क. छटुन् पं. छड़्ना ने. छर्नु बां छड़ान सि. छढ़णु गु. छड्वुँ म. सड्णँ।। एवं लँहदी, आसामी...।।

छत पं. छत्त् ने. गु. छत्, छात् बां. छात् सि. छति – सं. छादयति।। एवं लँहदी और उडिया।।

छत्र, छंद (ते. छंदस्सु) – हि. बां. गु. म. ते.

छप्पर् क. छपर् पं. छप्पर् ने. छाप्रो बां. छापर् सिं छपरु गु. छाप्रुं।। एवं लँहदी, उडिया....।।

छल क. पं. ने. बां. छल् सि. छलु गु. छळ् म. सळ्।। एवं दरद, आसामी, उडिया...। ते. छल।।

छलक्ना पं. छलक्णा ने. छल्कनु सि. छल्को गु. छल्कावुँ।।

छल्ना क. छलुन् पं. छल्ना ने. छल्नु बां. छला सि. छलणु गु. छल्वुँ – सं. छलयटि।। एवं आसामी...।।

छाडनी पं. छाठणी ने. बां. छाउनि गु. छावणो – प्राकृत छायणिया बंउच सं. छादन।। एवं आसामी, उडिया...।।

छाँटना पं. छण्ड्णा ने. छङ्गद्नु सि. छण्डणु – सं. छर्दयति।। एवं आसामी...।।

छाता क. छथर् पं. छात्ता ने. बां. छाता सि.. छटु – सं. छत्रक।। एवं लँहदी, आसामी, उडिया, सिंहली...।।

छाती पं. सि. गु. छाती ने. बां. छाति।। एवं उडिया...।।

छाना पं. छाउणा ने. छाउनु बां. छाओया सि. छाइँणु गु. छावुँ – सं. छादयति।। एवं रोमणी, दरद, आसामी, उडिया, सिंहली...।।

छान्ना पं. छाण्ना ने. छान्नु बां. छाना सि छाणणु गु. छाण्वुँ क. छानुन्।। एवं लँहदी, उडिया...।।

छापना पं. छाप्णा ने. छाप्नु बां. छापा सिं. छापणु गु. छाप्वुँ।। एवं आसामी, उडिया।।

छाया क. छाय् पं. छाँ ने. छाहारि सि. छाँव गु. छाँइ म. साब्ली।। एवं दरद, लँहदी, आसामी, उडिया, सिंहली...।।

छाया (ते. छाय) – हि. बां. गु. म. ते.

छार् पं. ने. बां. गु. छार् सि. छारु – सं. क्षार।। एवं रोमणी...।।

छाल् ने. छाला बां. गु. छाल् सि. छिल म. साल् – सं. छल्लि।। एवं दरद, आसामी, उडिया...।।

छिड़क्ना पं. छिड़कणा ने. छर्कनु सि. छिण्कणु गु. छडक्वुँ म. सडक्णेँ।।

छिद्र – हि. बां. गु. म. ते.

छिनार, नाल् पं. ने. छिनार पं. बां. गु. छिनाल् म. शिनळ – प्राकृत छिण्णाल।। एवं उडिया...।।

छिन्न – हि. बां. गु. म. ते.

छिपना पं. छिप्णा ने. छाप्नु बां. छापा सि. छपणु गु. छुपावुँ।।

छिलका पं. बां. छिल्का ने. छिल्को।।

छी ने. बां. सि. गु. लि – प्राकृत छि छि।। एवं आसीम, उडिया...।।

छी छी पं. गु. छी छी ने . बां. छि छि।।

छींक पं. छिक्क ने. छिँक बां. छिक्क सि. छिक गु. छीँक् म. शीक् – सं. छिक्का।। एवं रोमणी, उडिया...।।

छींकना ने. छिँक्नु गु. छिँक्वुँ।। एवं उडिया...।।

छींट् क. चिठ् पं. छींट्, छीट् ने. बां. छिट् सि. छीट् गु. छीट् म. शीट्।।

छींटा पं. छिट्ट ने. छिटो बां. छिटा सि. छिट्णु म. शिटा।। एवं आसामी, उडिया...।।

छीन्ना क. छयनुन् ने. छिन्नु बां. छिना सि. छिनणु गु. छिन्वुँ म. शिना – सं. छिन्न।। एवं रोमणी, दरद, सिंहली...।।

छील्ना पं. छिल्ल् ने. छिल्नु, बां. छिला सि. छिल, छिलु गु. छिल्वुँ म. शिलण् – सं. छल्लि।।

छुछूँदर् पं. छुछूँदर् ने. छुचुन्द्रो बां. छुछुन्द्रि, छुँछो गु. छछुँदर् म. चिचुँद्री – सं. छुच्छुन्दर।। एवं उडिया...।।

छुट्टी पं. छुट्टी ने. छुट्टि बां. छुटि सि. गु. छुटी म. सुटी।। एवं आसामी, उडिया।।

छुरा पं. ने. छुरा म. सुरा।।

छुरी क. खूरु पं. छुरा ने. बां. छुरि सि. गु. छुरी म. सुरी – सं. क्षुरिका।। एवं रोमणी, दरद, लँहदी, आसामी, उडिया, सिंहली...।।

छुहारा पं. छुहारा ने. छोहोरा बां. छोहारा सि. छुहारो।। एवं आसामी, उडिया...।।

छूछा क. तछ पं. छूछा ने. छुचो बां. छुँच, छुँचा – सं. तुच्छय।। एवं रोमणी, दरद, सिंहली...।।

छूट्ना पं. छुट्टणा ने. छुट्नु बां. छुटा सि. छुटणु गु. छुटवुँ म. सुट्णेँ।। एवं लँहदी, आसामी, उडिया...।।

छूत् पं. छूत् ने. बां. छुत्।।

छूना पं. छुहणा ने. छुनु बां. छुया सि. छुहणु गु. छूवुँ।। एवं आसामी, उडिया...।।

छंड़्ना पं. ना ने. नु सि. णु. वुँ।। एवं लँहदी...।।

छदक, छेदन – हि. बां. गु. म. ते.

छेदना पं. छेद्णा ने. छेद्नु बां छेद् गु. छेद्वुँ – सं. छिद्र।। एवं आसामी और उडिया।।

छेब्नी ने. बां. छेनि पं. सि. गु. छेणी – सं. छेदन।। एवं आसामी, उडिया...।।

छेला पं. छला ने. छयल्ल गु. छेल्।।

छोका क. छूकुर पं. बां. छोक्रा ने. छोकड़ा सि. छोकरू गु. छोक्रो म. सोक्रा।। एवं उडिया...।।

छोटा क. छोटु पं. छोट्टा ने. छोटो बां. छोट् गु. घोटुँ।। एवं रोमण ी, लँहदी, उडिया...।।।

छोड़ना क. छोरुन् ने. छोड़नु बां. छोड़ा सि. छोड़णु गु. छोड्वुँ म. सोड़णेँ।।

जकड़ना पं. जकड्णा ने. जकड़्नु गु.. जकड्वुँ म. जकड्णँ।।

जगत् – हि. बां. गु. म. ते. (जगत्तु)।।

जग्मग् पं. ने. जग्मग् बां. जग्जगा।। एवं उडिया...।।

जघन, जघन्य, जंगम – हि. बां. गु. म. ते.

जंगल क. जाँगुलु पं. ने. जंगल्।।

जंघा (ते. जघ) – हि. बां. गु. म. ते.

जञ्जाल् पं. जँजाल् ने. बां. जञ्जाल् सि. जञ्जलु गु. जँजाळ।।

जटा (ते. जट), जटिल (ते. जटिलमु), जठर, जड – हि. बां. गु. म. ते.

जड़ पं. बां. जड़् ने. जड़्, जरो सि. जडु गु. म. जड् – सं. जड।। एवं रोमणी, लँहदी, आसामी, उडिया, बिहारी...।।

जडता (ते. जडत) – हि. बां. गु. म. ते.

जड़ना क. जरुन् पं. जड़णा ने. जड़नु बां जड़ान् सि. जड़णु गु. जड्वुँ म. जड्णेँ।। एवं उडिया...।।

जताना पं. जताउणा ने. जताउनु सि. जताइणु म. जताविर्णे।।

जन क. जन् पं. जणा ने. जना बां. जन् सि. जणो गु. म. जण् – सं. जन।। एवं रोमणी, लँहदी, आसामी, उडिया, बिहारी, सिहली।।

जन, जनक, जनन, जननी (ते. जननि), जनपद – हि. बां. गु. म. ते.

जनाना पं. जणाउणा ने. जनाउनु बां. जानान सि. जणाइणु गु. जणाब्वुँ म. जाणविणेँ।। एवं रोमणी, आसामी, उडिया, सिंहली...।।

जनेऊ क. योञ्य पं. जनेऊ ने जनइ सि. जण्यो गु. जनोई म. जान्वे – सं. यज्ञोपवीत।। एवं लँहदी...।।

जन्तु (ते. जम्म्णा ने. जम्नु बां. जमा सि. जमणु गु. जाम्वुँ म. जम्णँ – सं. यम्यते।। एवं रोमणी, लँहदी, उडिया...।।

जम्बु (ते. जंवुवु), जम्बूक – हि. बां. गु. म. ते.

जम्भीर् ने. जिमिर् बां. जामिर् म. जाँभीर् – सं. जम्भीर।। एवं आसीम, उडिया...।।

जम्हाना क. जामुन् पं. जम्हाई ने. जमाइ – सं. जृम्भते।। एवं दरद. ..।।

जय – हि. बां. गु. म. ते.

जर् क. जर् ने. जरो म. जर् – सं. ज्वर।। एवं आसामी, उडिया, दरद...।।

जरठ, जरा (ते. जर), जर्जर, जर्जरित, जल, जलज, जलद, जलधि – हि. बां. गु. म. ते.

जलना क. ज़ालुन् पं. जल्णा ने. जल्नु सि. जरणु गु. जल्वुँ म. जल्णँ – सं. ज्वलति।। एवं आसामी, उडिया...।।

जला क. ज़ल् ने. बां. जला सि. जरु गु. म. जळ् – सं. जल।। एवं उडिया, सिंहली...।।

जल्पक (ते. जल्पाकुंडु), जल्पन (ते. जल्पनमु) – हि. बां. गु. म. ते.

जँवाई क. ज़ामतुरु पं. जवाई, जमाई, ने. जुवाँइ बां. जामाइ गु. जमाई म. जवाई, जाँवई सि. जाट्रो – सं. जामाता।। एवं दरद, लँहदी, आसामी, उडिया, रोपणी...।।

जस्त् पं. जस्त् ने. जस्ता सि. जस्तु गु. म. जस्त।।

जायेफल् क. जाफल् पं. जैफल् ने. जाइफल् सि. जाफरु गु. म. जाय्फळ्।। एवं उडिया, सिंहली...।।

जागना क. जागुन् पं. जागणा ने. जाग्नु बां. जागा कि. जागणु गु.

जाग्वुँ म. जाग्णँ – सं. जागर्ति।। एवं रोमणी, लँहदी, आसामी, उडिया...।।

जागरण – हि. बां. गु. म. ते.

जाँघ् क. ज़ङ्ग पं. सिं. जङघ ने गु. जाँघ म. जाँग् – सं. जङ्घा।। एवं दरद, लँहदी, आसामी, उडिया, सिंहली, रोमणी...।।

जाँघिया पं. ने. जाँघिया बां. जाङिया गु. जाँघियो।। एवं उडिया ...।।

जाँच पं. ने. जाँच् बां. जाचा सि. जाँच गु. जाचुँ म. जाच्।।

जाड़ा क. ज़ाड पं. बां. जाड़ा ने. जाड़ो सि. जाड़ गु. जाड् म. जाडा – सं. जाड्य।। एवं आसीम, उडिया...।।

जात, जातकर्म, जाति, जातीय – हि. बां. गु. म. ते.

जानना क. ज़ानुन् पं. जागणना ने. जान्नु बां. जाना सि. जाणणु गु. जाण्णुँ म. जाण्णँ – सं. जानाति।। एवं रोमणी, दरद, लँहदी, आसामी, उडिया, सिंहली...।।

जाना क. यिनु पं. जाणा ने. जानु बां. जाओया गु. जावुँ म. जाणँ – सं. याति।। एवं रोमणी, दरद, लँहदी, आसामी, उडिया, सिंहली...।।

जानु (ते. जानुवु) – हि. बां. गु. म. ते.

जाप् पं. ने. बां. गु. म. जाप् – सं. जल्प।।

जाया (ते. जाय) – हि. बां. गु. म. ते.

जार् पं. ने. बां. गु. म. जार् सि. जारु – सं. जार।। एवं रोमणी, आसामी, उडिया, दरद...।।

जार (ते. जारुंडु) – हि. बां. गु. म. ते.

जाल क. ज़ाल् पं. ने. बां. जाल् सि. जारु गु. म. जाळँ्।। एवं लँहदी, आसामी, उडिया, सिंहली...।। ते. जाल।।।

जाला पं. जाला ने. जालो सि. जारो गु. जाळुँ म. जाळैं – सं. जालक।। एवं लँहदी...।।

जाली क. ज़ाजू पं. जाली ने बां. जालि सि. जारी गु. म. जाली जाल्ना क. जालुन् पं. जालणा ने. जार्नु म. जाळणँ – सं. ज्वालयति।। एवं आसामी, उडिया, बिहारी...।।

जिज्ञासा (ते. जिज्ञास), जिज्ञासु (ते. जिज्ञासुवु), जित, जिश्णु (ते. जिश्णुवु) जिह्ना (ते. जिह्न) – हि. बां. गु . म.

जी क. ज़ीव पं. सि. जीउ ने जिउ बां. जि. गु. म. जीव् – सं. जीव।। एवं आसामी, उडिया...।।

जीत पं. जित्र् ने. जित् सि. जीत गु. म. जीत् – सं. जयति।।

जीता ने. जिउँदो बां. जियन्त गु. जिब्तुँ म. जिता – सं. जीवन्त।। एवं रोमणी, दरद, आसामी, उडिया...।।

जीत्ना क. ज़्युतु पं. जित्र्गा ने. जित्नु बां. जिता सि. जीताणु गु. जीत्वाँु म. जितँ – सं. जित।। एवं उडिया, लँहदी, आसामी, सिंहली...।।

जीना क. जुवुन् पं. जीउणा ने. जिउनु बां. जिया सि. जिअणु गु. जीम्बुँ म. जिणँ – सं. जीवति।। एवं रोमणी, लँहदी, आसामी, उडिया...।।

जीभ् क. ज़ेव् पं. गु. म. जीभ् ने. जिब्रो बां. जिभ् सि. जिभ – सं. जिह्वा।। एवं रोमणी, दरद, लँहदी, आसामी, सिंहली...।।

जीरा पं. जीरा ने. जिरो बां. जिरा सि. जीरो गु. जीरुँ म. जिरैं – सं. जीरक।। एवं आसामी, उडिया, सिंहली...।।

जीर्ण, जीव, जीवन – कि. बां. गु. म. ते.

जीवन पं. जीउण् ने. जिठनि गु. जीवण् म. जिणैं – सं. जीवन।। एवं आसामी...।।

जीविका (ते. जीविक), जीवित, जीवी (जीवुडु) – हि. बां. म. ते

जुट्ना ने. जुटनु बां. जुटा सि. जुटणु।। एवं उडिया...।।

जूँ क. ज़्वव् पं. सि. जूँ ने. जुम्रो बां. उइ गु. जू. म. ऊ ऊँ – सं. यूका।। एवं रोमणी, दरद, आसामी...।।

जूआ ने. जुवा बां. जु. सि. जुन्हरु लवाम वचिसवनही म. जूँ – सं. युग।। एवं दरद, बिहारी...।।

जूआ पं. सि. जूआ ने. म. जुवा बां. जुया गु. जूवुँ – सं. द्यूत।। एवं दरद, सिंहली...।।

जूझना पं. जुज्झ ने. जुइनु बां. जुझा गु. जुइवुँ म. जुज्णँ – सं.

युध्यते।। एवं रोमणी, आसामी...।।

जूठ पं. जूठ ने. जुठो बां. झुँटा यु. जठुँ म. झुटा – सं. जुश्ट।। एवं लँहदी, उडिया...।।

जूता पंत्र जुत्ता ने. जुतो बां. जुता सि. जुती गु. जूतु म. जुतँ – सं. युक्तक।। एवं रोमणी, उडिया, सिंहली...।।

जून् पं. जूण् ने. जुनि बां. जोनि – सं. योनि।। एवं सिंहली...।।

जूही ने. बां. जुइ गु. म. जुई – सं. यूथिका।। एवं उडिया...।।

जठ् (मासकानाम) क. जेठ् पं. ने. बां. गु. जेठ् सि. जेठु म. जेठवड् – सं. ज्येष्ठ पं. जेट्ठा ने. जेठो बां. जैठा गु. जेठ् – सं. ज्येष्ठ।। एवं लँहदी, दरद, आसामी, उडिया, सिंहली...।।

जो क. युस् पं. ने. सि. म. जो बां. गु. जे – सं.य :।। एवं लँहदी, आसामी, उडिया, सिंहली...।।

जौंक् पं. गु. जोक् ने. जुको बां. जोंक्।। एवं आसामी, उडिया...।।

जोखना पं. जोख्णा ने. जोख्नु बां. जोखा सि. जोखणु गु. जोख्वँ म. जोख्णँ।। एवं आसामी, उडिया...।।

जोखम पं. जोखौं ने. जोखिम् सि. जोखो, जोखिमु गु. जोखम् म. जोखीवूँ जोखीम् – सं. योगक्षेम।। एवं लँहदी...।।

जोड़ पं. बां. जोड़् ने. जोर् सि. जोडु गु. म. जोड्।। एवं लँहदी, आसामी, उडिया, बिहारी...।।

जोड़ना पं. जोड्णा ने. जोडुनु जोर्नु बां. जोड़ा सि. जोडणु गु. जोडवुँ म. जोड्णँ।। एवं लँहदी, आसामी, उडिया...।।

जोत् पं. गु. जोतर् ने. बां. म. जोत् सि. जोट्रो – सं. योक्त्र।। एवं आसामी, उडिया, सिंहली...।।

जोत्ना पं. जोत्णा ने. जोत्नु बां. जोता गु. जोतवुँ – सं. योक्त्रयति।। एवं उडिया, बिहारी...।।

जोधा पं. म. जोधा ने. जोधाड़ा सि. जोधां गु. जोध् – सं. योद्धा।।

जोसी पं. जोसी ने. जैसि गु. म. जोशी – सं. ज्यौतिश।।

जौ पं. ने. जौ बां. ज सि. जउ गु. म. जव् – सं. यव।। एवं रोमणी, दरद, लँहदी, आसामी, उडिया, बिहारी।।

ज्ञात ज्ञातव्य, ज्ञाता (ते. ज्ञात),ज्ञति, ज्ञान – हि, बं. गु. म. ते.

ज्ञान क. ज़ान् पं. गु. म. जाण् ने. बां. जान् सि. जाणु – सं. ज्ञान।। एवं सिहली...।।

ज्ञानी (ते. ज्ञानि), ज्ञापक, ज्ञापन, ज्ञंय, ज्या, ज्येष्ठ,

ज्योति, ज्योतिश, ज्वर,ज्वाला – हि. बां. गु. म. ते.

झक् ने झक् मक्क बां. म. झक् झक् गु. झग् झग्, झग् मग् – सं. झगझगायते।। एवं आसीम, उडिया...।।

झक्की पं. झक्की ने झक्कि।।

झगड़ना पं. झगड़ना ने. झग्ड़नु सि. झगिड़णु गु. झघड़वुँ म. झगडणँ।।

झग्डा पं. झग्ड़ा ने. झगड़ा सि. झगिड़ो गु. झग्डो म. झग्डा।। एवं उडिया...।।

झङ्कार् पं. झङ्कार् झँकार् ने. झन्कार गु. म. झण्कार् – सं. झणत्कार।।

झट पं. ने. झट्ट बां. गु. म. झट् सि झटु – सं. झटिति।। एवं लँहदी, उडिया...।।

झटका पं. बां. म. ने. झट्का सि. गु. झट्को।। एवं उडिया...।।

झपटपट पं. ने. झट्ट–पट्ट, ने. गु. म. झट् – पट् सि. झट्–पटि।।

झड़ पं. झड़ ने. झरि बां. झड़ि सि. गु. म. पं. झड़ी।। एवं लँहदी उडिया...।। ते. झडि।।

झंडा पं. ने. झण्डा सि. झँण्डो गु. झँडो म. झँडा।। एवं लँहदी...।।

झन्झनाना पं. झण्झणाउणा ने. झन्झनाउनु गु. झण्झणवुँ म. झण्झणँ – सं. झणझणायते।।

झपट्ना पं. झपट्या ने. झप्टनु गु. झपाटवुँ म. झपाट्णँ।। एवं उडिया ...।।

झरना पं. झड़्णा ने. झर्नु बां झड़ुया सि. झड़पणु गु. झडप्वुँ म. झप्डणँ।।

झल्कना पं. झलक्णा ने. झल्कनु बां. झल्का गु. झलक्वुँ।। एवं आसामी, उडिया...।।

झाऊ पं. म. झाऊ ने. बां. झाउ गु. शब्ळी – सं. झावु।। एवं आसामी, उडिया...।।

झाँझ् पं. बां. गु. म. झाँज् ने. झाँझ् सि. झाँझु – सं. झर्झर।। एवं उडिया...।।

झाड़् पं. बां. म. गु. झाड़् ने झार सि. झाडु – सं. झाट।।
एवं लँहदी, उडिया...।।

झाड़ना पं. झाड़्णा ने. झार्नु, झाड़्नु बां. झाड़ा सि. झाड़णु गु. झाड़्वुँ म. झाड़्गँ।। एवं लँहदी, आसामी, उडिया...।।

झाड़ा ने. झारि बां. झाड़ि गु. म. झाडी।। एवं लँहदी, उडिया...।।

झालर पं. ने. बां. गु. म. लर् सि. लरि – सं. झल्लरी।। एवं उडिया...।।

झिड़क्ना ने. झर्कनु गु. झडाको म. झढाका।।

झीना पं. म. झीणा ने. झिनु सि. झीणो गु. झीणुँ – सं. जीर्ण।।

झील् पं. गु. म. झील् ने. बां. झिल्।। एवं उडिया...।।

झुकना पं. झुक्णा ने. झुक्नु बां. झुँका सि. झुकणु गु. झुक्वुँ म. झुक्णेँ।। एवं उडिया।।

झुण्ड पं. म. ने. झुण्ड।।

झूठ पं. झूठ ने. म. झुट् बां. झुँठ सि. जुठि गु. जुठुँ।। एवं उडिया...।।

झूलना पं. झुल्ल्णा ने. झुल्नु बां. झुला सि. झूलणु गु. झुल्वुँ म. झुल्णेँ।। एवं उडिया...।।

झाँका पं. गु. म. झोक् ने. बां. झाँक्।।

टक्टकी ने. टक्टकि गु. म. टक्टक्।।

टकसाल ने. टक्सार् बां. टाँक्साल् म. टाक्साळ् – सं. टङ्कशाला।।
टका ने. सि. गु. टको बां. टाका म. टका – से. टक्क।। एवं आसमी और उडिया।।

टक्कर क. टकर ने बां म. गु. टक्कर।।

टंकशाला (ते. टंकपाल), टंकार–हि. बां. गु. म. ते.

टट्टू क. टोटु पं ट्टू ने ट्ट् बां टाटु सि. टट्टूँ।।

टहल क. ने. बां. टहल् सि. टहल गु. टेहेल्।। एवं उडिया....।।

टहलना ने. टहल्नु बां. टहला सि. टहलणु गु. टेहेल्वुँ म. टेहेल्णँ।।

एवं उडिया...।।

टाँक् ने. गु. म. टाँक् – सं. टङ्क।।

टाँकना ने. टाँक्नु बां. टाँका गु. टाँक्वुँ।। एवं आसामी, उडिया...।।

टाँका ने. गु. टाँको बां. टाँका, टाका।। एवं आसामी, उडिया...।।

टाँग ने. गु. म. टाँग् बां. टाङ् सि. टङ्ग – सं. टङ्ग।। एवं लँहदी...।।

टाँगना पं. टङ्गणा ने. टाङ्नु बां. टाङ्गा सि. टङ्गणु गु. टाँग्वुँ म. टाँगणँ।। एवं लँहदी, उडिया...।।

टाट क. पं. ने. टाट् बां. टाटि गु. टाटी।। एवं आसामी, उडिया...।।

टान्ना ने. टन्कनु बां. टाना सि. टाणणु।। एवं आसामी और उडिया।।

टाप् पं. ने. म. टाप् सि. टपुड।। एवं आसामी...।।

टापू पं. टाप्पू ने. बां. गु. टापु सि. म. टापू।। एवं लँहदी, उडिया...।।

टाल् पं. बां. ने. टाल् सि. टलो।। एवं बिहारी...।।

टालना क. टालुन् पं. टाल्गा ने. टार्नु बां. टाला सि. टारणु गु. टाल्वुँ म. टाल्णँ।। एवसं लँहदी, आसामी, उडिया...।।

टिकना पं. टिक्णा ने. टिक्नु बां. टिका सि. टिकणु गु. टक्वुँ म. टिकणँ।। एवं लँहदी, आसामी...।।

टिकिया पं. टिक्को ने. टिकिया बां. टिका सि. टिकी गु. टोको म. टिक्ली।। एवं लँहदी, आसामी, उडिया...।।

टिप्पण, टिप्पणी – हि. बां. गु. म. ते.

टिटीहा ने. टिटिहरि बां. टिटोरि सि. टिटिहरि गु. टिटोडो म. टिटिवरी – सं. टिट्टिमि।।

टीका (ते. टीक) – हि. बां. गु. म. ते.

टीका क. म. टिका पं. टिक्का ने. सि. टिको बां. टिका गु. टीको।।

टीप्ना ने. टिप्नु बां. टिपा सि. टिपणु गु. टीप्वुँ म. टिप्णँ।। एवं आसामी, उडिया...।।

टीवा पं. टिब्या ने. टिप्रि गु. टिंबो।। एवं लँहदी...।।

टुकड़ा क. टुकर पं. टुक्कड़ ने टुको बां टुका सि.टुकुरु गु. टुक्ड़ो म. टुक्ड़ा।। एवं लँहदी, उडिया, बिहारी...।।

टूक् क. दुख् पं. टुक्क् ने. बां. टुक् सि टुकु।। एवं लँहदी, बिहारी।।

टूटना पं. दुट्टणा ने. टुटनु बां. टुटा सि. ढूटणु गु. टुटवुँ म. टुट्णेँ – सं. त्रुट्यति।। एवं लँहदी, आसामी, उडिया...।।

टूँड़ी क. तूनु पं. तुन्नी ने. टुँड़ो सि. तुनी म. तुँड् – सं. तुण्ड।। एवं दरद, उडिया, बिहारी, सिंहली...।।

टेक् पं. गु. ने. टेक् सि. टेक।। एवं उडिया...।।

टेकना पं. टेक्णा ने. टेक्नु बां. टेंका सि. टेकणु गु. टेक्वुँ म. टेक्णेँ।। एवं आसामी, उडिया...।।

टेढ़ा पं. टेढ़ा ने. टेड़ों बां. टेड़ सि. ट्रेडो गु. तेडुँ, टेंडु म. तेढा।। एवं लँहदी, आसामी, उडिया...।।

टोकना क. टुकुन् पं. टोक्णा ने. टोक्नु बां. टोका सि. टोकणु गु. टोक्वुँ म. टोक्णँ।। एवं उडिया...।।

टोकरा क. टूकरू पं. ने. बां. म. टोक्रा सि. टोकिरो।। एवं उडिया, बिहारी...।।

टोना पं. टोणा ने. टुना सि. टोणो गु. टोणुँ।। एवं उडिया...।।

टोप क. टोप पं. ने. बां. गु. म. टोप् पं. टोप्पा।। एवं लँहदी, उडिया...।।

टोपी पं. सिं. गु. टोपी ने. बां टोपि।। एवं लँहदी, उडिया...।।

टोल् पं. टोला ने. बां. टोल् सि. टोलो गु. टोळुँ।। एवं आसामी, उडिया...।।

टोली पं. टोल्ली ने. बां. टौंलि सि. टोली गु. म. टोली।।

ठक्ठक् पं. गु. म. ठक्ठक् ने बां. ठक् सिं. ठकाउ।। एवं आसामी, उडिया...।।

ठग क. पं. ने. बां. गु. म. ठग् सि. ठगु।। एवं दरद, आसामी....।।

ठगना क. ठगुन् पं. ठग्गणा ने. ठग्नु सि. ठगणु गु. ठग्वुँ म. ठक्णँ।। एवं उडिया...।।

ठटठा पं. म. ठट्ठा ने. ठट्टा बां. ठाट्टा सि. ठठो गु. ठट्ठो।। एवं उडिया...।।

ठठेरा पं. ठठिआा ने. ठटेरो क. ठाँठुर्।।

ठंडा क. थन्ह् पं. ने. ठण्डा बां. ठाण्डा गु. टाढ़ुँ म. थण्डा।। एवं लँहदी, उडिया...।।

ठहरना क. ठहरुन् पं. ठहिर्णा ने. ठहर्नु बां. ठाउराना सि. ठहरणु म. ठार्णें।। एवं लँहदी, सिंहली...।।

ठाठ् पं. गु. ठाठ् ने. ठाँट् बां. म. ठाट् सि. ठाठु।।

ठाँव् पं. थाँ ने. ठाउँ बां. ठाम् सि. थाडँ गु. ठाम् म. ठाव् – सं. स्थाम।। एवं आसामी, उडिया...।।

ठिकाना पं. ठिकाणा ने. ठेकान् बां. ठिकाना गु. ठेकाणुँ म. ठिकाण्।। एवं आसामी, उडिया...।।

ठीक क. ठीकुन् पं. गु. म. ठीक् ने. ठिक् बां. ठिक सि. ठीकु।। एवं आसामी, उडिया...।।

ठूँगना पं. ठूँग्णा ने. ठुङ्नु सि. ठोङ्गो।।

ठूँठ ने. ठुँड़ो बां. ठुँटा सि. ठूँठु गु. ठूँठुँ म. ठुँटण् – प्राकृत ठुण्ठ।। एवं उडिया...।।

ठेका पं. ने. ठेक्का बां. ठिका।। एवं आसामी, उडिया...।।

ठेठ् पं. गु. ठेठ् ने. ठेट् म. थेट्।।

ठेलना पं. ठेहल्णा ने. ठल्नुँ बां. ठेला सि. ठेल्हणु गु. ठेल्वुँ म. ठेल्णैं।। एवं आसामी, उडिया...।।

ठोकना क. ठुकुन् पं. ठोक्णा ने. ठोक्नु बां. ठोका सि. ठोकणु गु. ठोक्वुँ म. ठोक्वैं।। एवं लँहदी...।।

ठोकर क. ठूकर पं. ने. बां. गु. म. सि. ठोकर।। एवं उडिया...।।

ठोसना क. ठूस् ने. ठोस्नु बां. ठुसा सि. ठौंसो गु. ठोसो, ठौंसो म. ठोस्त्रा।।

डकार् क. डाकुर् पं. ने. म. डकार् सि. डकारु।।

डग्मग् पं. गु. म. ने. बां. डग्मग्।। एवं आसामी...।।

डग्मगाना पं. डग्मगाउणा ने. डग्मगाउनु गु. डग्मग्वुँ म. डग्मग्णैं।। एवं उडिया...।। काफिरी डेडेक्।।

डङ्का पं. ने. बां. म. डङ्का गु. दण्को।। एवं उडिया...।।

डंडा क. दोनु पं. डण्डा, डाँड़ो बां. दाँड़ा, डाँड़ा सि. डण्डो गु. डाँडो,

दाँडो म. दाँडा – सं. दण्ड।। एवं दरद, लँहदी, उडिया...।।
डमरू ने. डमरु बां. गु. म. डम्रु – सं. डमरु।। एवं आसामी, उडिया...।। ते. डमरुवु।।
डर क. पं. ने. बां. गु. म. डर् सि. डरु – सं. दर।। एवं लँहदी, आसामी, उडिया...।।
डरना क. डरुन् पं. डर्ना ने. डर्नु बा. डरा सि. डरणु गु. डवुँम. डर्णें – सं. दरति।। एवं रोमणी, लँहदी, आसामी, उडिया...।।
डाला पं. डला ने. डल्लो गु. डलो म. डल्ला 7 सं. दल।।
डसना पं. डङ्गण ने. डस्नु सि. डङ्गणु गु. डस्वुँ म. डस्णें – सं. दशति।। एवं लँहदी...।।
डाक पं. ने. बां. गु. म. डाक्।। एवं आसामी, उडिया...।।
डाकिनी पं. डाकण् ने. डँकिनि बां. डाकिनि म. डँकीण् – सं. डाकिनी।। एवं आसामी, उडिया...।।
डाकू पं. डाक् ने. बां. डाकु।। एवं उडिया...।।
डाँटना पं. डाट्ना ने. डाँटनु बां. डाँटा सि. डटणु।।
डाँडी पं. डण्डी, डन्नी ने. बां. डाँड़ि सि. डनी गु. म. डाँडी – सं. दण्डिका।। एवं आसामी, उडिया...।।
डाला पं. म. डाल् ने. डालो बां. डाला सि. डल्हो गु. डालैं।। एवं आसामी, उडिया...।।
डाली पं. म. डाली बां. ने. डालि।। एवं आसामी, उडिया...।।
डाँस् पं. डस् ने. बां. गु. डाँस् – सं. दंश।। एवं आसामी, उडिया...।।
डाह पं. ने. डाह बां. दाह म. दाहा – सं. दाह।। एवं आसामी...।।
डिब्बी पं. ने. डिबिया बां. डिबा।। एवं उडिया...।।
डुग्डुगी पं. गु. डुग्डुगी ने. बां. डुग्डुगि।।
डुलना क. डुलुन् पं. डुल्णा ने. डुल्नु सि. डुलणु गु. डुल्वुँ म. डुल्णें – सं. दोलायते।। एवं लँहदी...।।
डुलाना क. डुलुन् ने. डोलाउनु बां. दोलान सि. डोरणु गु. डोळवुँ – सं. दोलायते।। एवं आसामी...।।

डूबना क. डुबुन् पं. डुब्बणा ने. डुब्नु बां. डुबा गु. डुब्वुँ म. डुब्णँ।। एवं दरद, आसामी, उडिया...।।

डेउढ़ो पं. सि. डेउढी ने. डेउढ़ो बां. देहुड़ि गु. देब्डी म. देब्ढी।। एवं लँहदी, उडिया....।।

डेढ् पं. डेढ् बां. डेड़ सि. डेढु क. ड्वड् – सं. द्वयर्ध।। एवं आसामी, उडिया, लँहदी, बिहारी...।।

डेरा पं. ने. बां. म. डेरा सि. देरो गु. डेरो।। एवं उडिया...।।

डँगर, डूँगर् ने. डुङगुर् सि. डूँगरु गु. डुँगर् म. डँगर् – सं. डुङ्गर।।

डोम् क. डूम्ब् ने. डुम् बां. डोम् सि. डूमु म. डाँब् – सं. डोम्व।। एवं रोमणी, लँहदी, आसामी...।।

डोमनी क. डूम्विञ पं. डूम्णी ने. डुमिनि बां. डुम्नि – सं. डोम्बिनी।। एवं रोमणी, लँहदी, आसामी...।।

डोर क. डोर पं. ढोर् ने. डोरो बां. म. डोर्, डोरा सि. डोरो गु. दोर्, दोरो।। एवं रोमणी, लँहदी, आसामी, उडिया...।।

डोरी क. डूरू पं. सि. डोरी ने. डोरि. गु. म. दोरी।। एवं रोमणी, उडिया...।।

डोल पं. ने. डोल् बां. दोल् सि. डोर गु. डोळ् – सं. दोल।। एवं आसामी, उडिया...।।

डोली पं. सि. गु. म. डोली ने. डोलि बां. दोलि – सं. दोलिका।। एवं आसामी, उडिया...।।

डौल् पं. ने. बां. म. डौल् सि. डौलु गु. डोळ्।। एवं उडिया...।।

ढकना पं. ढक्क्णा ने. ढाक्नु बां. ढाका सि. ढकणु गु. ढाँक्वुँ म. ढाँक्णँ।। एवं लँहदी, आसामी, उडिया...।।

ढङ्ग पं. गु. म. ढङ्ग् ने. ढंग बां. ढङ् सि. ढङ्गु।। एवं उडिया...।।

ढब् पं. गु. म. ढब् ने. बां. ढप् सि. ढबु।। एवं उडिया...।।

ढलना पं. ढल्णा ने. ढल्नु बां. ढला सि. ढल्न गु. ढळ्वुँ म. ढळ्णँ क. ढलुन्।। एवं आसामी, उडिया, लँहदी...।।

ढाचा पं. ने. ढाँचा।।

ढाड़स् पं. ने. ढाड़स् – सं. दाढर्य।।

ढाँपना पं. ढप्णा ने. ढाप्नु म. ढाँप्णेँ।।

ढाल क. डाल् पं. ने. बां. गु. म. ढाल् सि. ढाल – सं. ढाल।। एवं दरद, लहदी, आसामी, उडिया....।।

ढालना क. डालुन् पं. ढालणा ने. ढाल्नु बां. ढाला सि. ढारणु गु. ढाळवुँ म. ढाळ्णेँ।। एवं आसामी, उडिया...।।

ढीठ पं. ढीठ ने. ढिटो गु. म. धीट् – सं. धृश्ट।। एवं उडिया...।।

ढील क. डील् पं. ढिल्ल् ने. बां. ढिल् सि. ढिर गु. म. ढील्।।

ढीला क. ड्योलु पं. ढिल्ला ने. सि. ढिलो गु. ढीलुँ म. ढिला।। एवं लँहदी, आसामी, उडिया...।।

ढूंढना पं. ढूढ्णा ने. ढुँढ़नु बां. ढुँड़ा सि. ढूँढणु गु. ढुँढ्वुँ म. ढुँढाळ्णेँ।। एवं रोमणी, लँहदी....।।

ढेर पं. ने. गु. म. ढेर् बां. ढेरि सि. ढेरु।। एवं आसामी, लँहदी, उडिया...।।

ढेला बां. पं. ने. ढेला।। एवं उडिया...।।

ढोना पं. ढोणा ने. ढुवाउनु बां. ढोया सि. ढोइणु – सं. ढौकते।। एवं लँहदी...।।

ढोल क. डोल् पं. ने. बां. गु. म. ढोल् – सं. ढोल।। एवं लँहदी, आसामी, उडिया...।।

ढोलक पं. ने. गु. म. ढोलक् सि. ढोलक।।

ढोलकी पं. गु. ढोल्की ने. ढोलकि।। एवं लँहदी...।।

तकुआ ने. तकुवा सि. ट्रकु गु. तरःक् – सं. तर्कु।। एवं दरद, उडिया...।।

तक – हि. बां. गु. म. ते.

तखान् क. छान् पं. तखाण्, तर्खाण् – सं. तक्षन्।। एवं दरद...।

तट, तटस्थ – हि. बां. गु. म. ते.

तताना ने. तताउनु बां. तातान।। एवं उडिया...।।

तत्काल, तत्क्षण – हि. बां. गु. म. ते.

तत्ता क. तोतु पं. तत्ता ने. तातो बां. ताता सि. ततो गु. तातुँ म. तातव्णेँ – सं. तप्त।। एवं रोमणी, दरद, लँहदी, उडिया, सिंहली...।।

तत्त्व, तत्पर, तथागत (ते. तथागतुंडु), तदनन्तर – हि. बां. गु. म. ते.

तन क. तोनु पं. ने. तन् – सं. तनु।। एवं दरद, सिंहली...।।

तनु (ते. तनुवु),, तनुज (तनूजुंडु), तंतु (ते. तंतुवु), तन्त्र, तंद्रा (ते. तन्द्र), तंद्रालु, तन्वी (म. तन्वंगी, ते. तन्वि), तप (ते. तपसु), तपन, तपस्वी (ते. तपस्वि), तप्त – हि. बां. गु. म. ते.

तँबियाना to have A coppery tasto ने. तम्तमाउनु (redup.formation from Skt. rkeze) गु. तम्तमुँ sour – सं. ताम्र।।

तँबोल् ने. तमोल् बां. ताम्बुल् गु. तँबोळ् म. ताँबूळ् – सं. ताम्बूल।। एवं आसामी, उडिया, सिंहली...।।

तँबोली ने. तमोलि बां. ताम्बुलि गु. तँबोली म. ताँबोळी – सं. ताम्बूलिक।। एवं आसामी, उडिया...।।

तम (ते. तमभु), तमाल – हि. बां. गु. म. ते.

तम्बु ने. गु. तम्बु बां. ताम्बु सि. म. पं. तम्बू।। एवं आसामी, उडिया...।।

तरकारी पं. म. तर्कारी ने. बां. तर्कारि।। एवं उडिया...।।

तरंग, तरण, तरणी (ते. तरणि) – हि. बां. गु. म. ते.

तरना क. तरुन् पं. तर्ना ने. तर्नु बां. तरा सि. तरणु गु. तवुँ म. तर्णे – सं. तरति।। एवं दरद, लँहदी, आसामी, उडिया...।।

तरल, तरु (ते. तरुवु), तरुण – हि. बां. गु. म. ते.

तरुण ने. तरुनु म. तर्णा।। एवं रोमणी, सिंहली...।।

तर्क, तर्जन, तर्जनी (ते. तर्जनि), तर्पण, तल – हि. बां. गु. म. ते.

तलना क. तलुन् पं. तल्णा ने. तार्नु सि. तरणु गु. तळ्वुँ म. तळ्णेँ – सं. तलित तिपमक।। एवं बिहारी, लँहदी...।

तलवार पं. ने. तर्वार् बां. तलोयार् सि. तरारि गु. म. तर्वार् – सं. तलवारि, तरवारि।। एवं रोमणी, दरद, उडिया, काफिरी...।।

तला क. तल् पं. बां. तला ने. तलो सि. तरो गु. म. तळ् – सं. तल।। एवं रोमणी, दरद,, लँहदी, आसामी, उडिया, सिंहली...।।

तलाउ पं. ने. बां. सि. तलाउ गु. म. तळाव – सं. तडाग।। एवं सिंहली।।

तले क. तलि पं. बां. तले ने. तल गु. तळे – सं. तल।। एवं रोमणी, आसामी, उडिया, लँहदी...।।

तल्वा ने. तलुवा सि. तरी गु. तळियुँ म. तल्वा – सं. तल।। एवं आसामी, उडिया....।।

तस्कर (ते. तस्करुंडु) – हि. बां. गु. म. ते.

ताउ पं. ताउ ने. बां. सि. ताउ गु. म. ताव् – सं. ताप।। एवं लँहदी, आसीम, उडिया...।।

ताकना ने. ताक्नु बां. ताकान सि. तकणु गु. ताक्वुँ – सं. तर्कयति।। एवं दरद, लँहदी, सिंहली...।।

तागा ने. बां. तागा गु. त्राग्डो, ताग्डो।। एवं उडिया...।।

ताड़ पं. ने. बा. ताड़ सि. ताड़ी गु. म. ताड् – सं. ताल।। एवं रोमणी, आसामी, बिहारी, सिंहली...।।

ताडन – हि. बां. गु. म. ते.

ताड़ी पं. सि. ताड़ो ने. बां. ताड़ि गु. म. ताडी।। एवं उडिया, बिहारी. ..।।

ताण्डव, तात – हि. बां. गु. म. ते.

ताँत् ने. बां. गु. म. ताँत् – सं. तन्त्र।। एवं आसामी, उडिया, सिंहली...।।

ताँत् पं. तन्द् बां. गु. म. ताँत् सि. तन्दु, तन्दो ने. ताँदो – सं. तंतु।। एवं लँहदी, उडिया, सिंहली...।।

तात्कालिक, तात्पर्य – हि. बां. गु. म. ते.

तान क. ने. तान् पं. ताणी बां. ताना सि. गु. ताणो म. ताणा।। एवं लँहदी...।।

तान्ना पं. ताण्ना ने. तान्नु सि. ताणणु गु. ताण्वुँ म. ताणेँणे – सं. तनोति।। एवं लँहदी...।।

तापना क. तापुन पं. तपाउणा ने. ताप्नु सि. तपणु गु. ताप्वुँ म. ताप्णेँ – सं. तापयति।। एवं रोमणी, काफिरी, दरद, लँहदी, उडिया...।।

ताँबा क. त्राम् पं. ताम्बा ने. तामो बां. तामा सि. ट्रामो गु. ताँवुँ म. ताँवेँ – सं. ताम्र।। एवं दरद, लँहदी, आसामी, उडिया, सिंहली...।।

ताम्र, तारक, तारका (ते. तारक), तारतम्य – हि. बां. गु. म. ते.

तारना क. तारुन् पं. तार्णा नें. तार्नु सि. तारणु गु. तावुँ म. तार्णें – सं. तारयति।। एवं दरद, लँहदी, आसामी, उडिया...।।

तारा क. तार पं. बां. म. तारा ने. सि. गु. तारो – सं. तारक।। एवं दरद, आसामी, उडिया, सिंहली...।।

तारुण्य – हि. बां. गु. म. ते.

ताल क. पं. ने. बां. ताल् सि. तालु गु. ताली म. ताळ।। एवं आसामी, उडिया...।।

ताला क. तोरु पं. बां. ताला ने. ताला, तालो सि. ताड़ो गु. तालुँ – सं. तालक।। एवं उडिया...।।

ताली पं. ताली ने. बां. तालि सि. ताड़ी गु. ताळी।। एवं आसामी, उडिया...।।

तालू क. ताल् पं. तालू ने. बां. तालु सि. तारूँ गु. ताळु म. ताळ् – सं. तालु।। एवं दरद, लँहदी, आसामी, उडिया...।। ते. तालुवु।।

तितिक्षा (ने. तितिक्ष), तितिक्षु (ते. तितिक्षुवु), तिथि, तिमिर – हि. बां. गु. म. ते.

तिरछा पं. तिर्छा ने. तेर्सो गु. तिछुँ म. तिर्सा – सं. तिरश्चतः।।

तिरस्कार, तिरोधान, तिरोभाव, तिर्यक् (ते. तिर्यक्कु), – हि. बां. गु. म. ते.

तिल क. तेल् पं. ने. बां. गु. तिछ् सि. तिरु म. तीळ।। एवं आसामी, उडिया लँहदी, सिंहली...।। ते. तिललु।।

तिलक – हि. बां. गु. म. ते.

तिहाई पं. तिहाई ने. तिहाइ बां. तेहाइ सि. ट्रिहाई – सं. त्रिधा।। एवं लँहदी...।।

तीखा पं. तिक्खा ने. सि. तिखो गु. तीखुँ म. तीख – सं. तीक्ष्ण।। एवं दरद, लँहदी, आसामी, सिंहली...।।

तीतर् क. म. तितर् पं. तित्तर् ने. तित्रो बां. तितिर् सि. तितिरु गु. तीतर् – स. तित्तिरि।। एवं लँहदी, उडिया...।।

तीता पं. टीट्, तित्ता ने. तितो बां. तिता – सं. तिक्त।। एवं दरद, आसामी, सिंहली...।।

तीन् पं. तिन्न् ने बां. तिन् गु. त्रण् म. तीन् सि. ट्रे – सं. त्रीणि।। एवं रोमणी, आसामी, उडिया, सिंहली, दरद, लँहदी...।।

तर क. गु. म. तीर् ने. बां. तिर् सि. तीरु।। एवं आसामी, उडिया, सिंहली...।। तीर क. गु. म. तीर् ने. बां. तिर् सि. तीरु।। एवं आसामी, उडिया, सिंहली...।। ते. तीर।।

तीर्थ, तीव्र (ते. तीव्रमु), तीवता (ते. तीवत) – हि. बां. गु. म. ते.

तीसी पं. तीसी ने. बां. तिसि म. तिसी।। एवं आसामी, उडिया, बिहारी...।।

तुंग, तुच्छ, तुण्ड – हि. बां. गु. म. ते.

तुम क. तोहि पं. तुसी ने. तिमि बां. तुमि सि. तब्हिँ गु. तमे म. तुम्हि – सं. स्वम्।। एवं रोमणी, दरद, लँहदी, आसामी, उडिया, सिंहली...।।

तुमुल – हि. बां. गु. म. ते.

तुरई क. तुरी पं. तुर्ही ने. तुरै बां. तुरड़ि सि. गु. तुरी – सं. तूर्य।। एवं सिंहली...।।

तुरन्त् पं. ने. तुरन्त सि. तुर्तु गु. तुरत् – सं. तुरते।। एवं आसामी और उडिया।।

तुलसी (ते. तुलसि) – हि. बां. गु. म. ते.

तुला क. बां. तुल् ने. तुलो सि. तुरो गु. तुला म. तूळ् – सं. तुला।। एवं आसामी...।। ते. तुल।।

तुल्य, तुश, तुशार, तुश्ट (ते. तुश्टुंडु), तुश्टि – हि. बां. गु. म. ते.

तुसार् क. तारुन् ने. तुसारो बां. तुसार् म. तुसारा – सं. तुशार।। एवं सिंहली...।।

तूँबा क. तुम्ब पं. तुम्मा, तूम्बा ने. सि. तुम्बो बां. तुम्बा गु. तुँब्डुँ म. तुँबा – सं. तुम्बक।। एवं उडिया, बिहारी, लँहदी....।।

तूस् क. त्वह्, तोह् पं. तुह्, तोट्, ने. टुसो। बां. तुस् सि. तुहु म त्स् – सं. तुश।। एवं उडिया, सिंहली...।।

तृण, तृतीय, तृप्त, तृप्ति, तृशित (ते. तृश्ञितुंडु), तेज (ते. तेजमु) – हि. बां. गु. म. ते.

तेरा पं. तेरा ने. तेरो गु. तारो बां. तोर।। एवं रोमणी लँहदी...।।

तेल क. तील् पं. ने. बां. गु. म. तेल् सि. तेलु – सं. तैल।। एवं रोमणी, दरद, लँहदी, आसामी, उडिया, बिहारी, सिंहली...।।

तेहा पं. तेहरा ने. तेहेरो बां. तेहारा सि. ट्रिहर म. तिहरा।। एवं लँहदी. ..।।

तैल – हि. बां. गु. म. ते.

तोड़ना क. त्रूलु पं. तोड़णा ने. तोड़्नु बां. तोड़ा सि. ट्रोड़णु गु. त्रोड्वुँ, तोड्वुँ म. तोड़गँ – सं. त्रोटयति।। एवं लँहदी...।।

तोतला पं. बां. म. तोत्ला ने. तोते गु. तोत्लुँ।। एवं उडिया...।।

तोँद् पं. ने. ताँद् म. तुँद् – सं. तुन्द।।

तोय, तोरण – हि. बां. गु. म. ते.

तोलना क. तोलुन् पं. तोल्णा ने. तौलनु बां. तुला सि. तोरणु गु. तोळवुँ म. तुळ्णँ – सं. तोलयति।। एवं दरद, लँहदी, आसीम, सिंहली...।।

तोला पं. ने.0 बां. तोला सि. तोरो गु. तोलो म. तोळा – सं. तोलक।। एवं लँहदी, आसामी, उडिया...।।

त्वक्त, त्याग, स्याज्य, त्रसन. त्रस्त, त्राण, त्रास – हि. बां. गु. म. ते.

त्रास क. त्रचुन्, त्रसुन्, तर्सुन् पं. ताहणा, तराह्णा ने. तर्सनु सि. ट्राइणु गु. त्रास्वुँ।। एवं रोमणी, दरद...।।

त्रेता (ते. त्रेत), त्वक् (ते. त्वक्कु), त्वर, (ते. त्वर), त्वरित – हि. बां. गु. म. ते.

थकना क. थकुन् पं. थक्कणा ने. थाक्नु बां. थाका सि. थकणु गु. थाक्वुँ म. थाक्णँ।। एवं लँहदी, आसामी, उडिया...।।

थड़ा पं. थड़ा क. थर ने. थर् सि. थड़ो गु. थडी।।

थन क. थन् पं. थण् ने. थुन् सि. थणु – सं. स्तन।। एवं लँहदी, सिंहली....।।

थपना क. थावुन् पं. थाप्णा ने. थाप्नु बां. थुया सि. थापणु गु. थाप्वुँ म. थाप्णँ – सं. स्थाप्यते। एवं रोमणी, दरद, उडिया...।। थप्पड़ क. थापुर् पं. ने. थप्पड़ बां. थापड् सि. थपड़ गु. म. थापइ, थापट्।।

थर् बां. गु. म. ने. थर् सि. थरु – सं. स्तर।।

थर्थर ने. बां. गु. म. थर्थर्।। एवं रोमणी, आसामी, उडिया थर्थराना

क. थ्वँथरुन् पं. थर्थराउणा ने. थर्थराउणा बां. थर्थरान गु. थर्थवुँ म. थर्थणँ – सं. थरथरायते।।

थान् क. पं. ने. बा. गु. थान् सि. थानु. थाणु म. थान्, थाण्।। एवं रोमणी, दरद, आसामी, उडिया...।।

थाना पं. थाणा ने. थाना गु. थाणो – सं. स्थान।। एवं उडिया...।।

थाम्ह्वा पं. थम्म्हला ने. थाम्नु बां. थामा सि. थम्भणु गु. थँमवुँ म. थाँब्णँ – सं. स्तम्भते।। एवं उडिया, सिंहली...।।

थाल क. पं. ने. बां. थाल् सि. थारु गु. थाल म. थाला – सं. स्थाल।। एवं आसामी, उडिया, बिहारी, सिंहली...।।

थाली क. थवज् पं. थाली ने. बां. थालि सि. थारी गु. म. थाली – सं. स्थाली।। एवं आसामी, बिहारी, सिंहली.....।।

थाँव् क. थम् पं. थम्मह् ने. बां. थाम् सि. थम्भु गु. थाँम्लो – सं. स्तम्भ।। एवं दरद, लहदी, सिहली.....।।

थाह् पं. थाह् ने. थाहा बां. म. था सिंह. थाहु गु. थाग् – सं. स्ताघ shallow।। एवं आसामी...।।

थू पं. सिं. म. थू ने बां. थु गु. थु थु – सं. थूथू।। एवं दरद, आसामी, उडिया, सिंहली...।।

थूक क. थोख् पं. थुक्क ने. बां. थुक् सि. थुक गु. थुँक् म. थूक्।। एवं दरद, लँहदी, उडिया.....।।

थूकना क. थ्वकुन् पं. थुक्क्णा ने. थुक्नु बां. थुका सि. थुकणु गु. थुँक्वुँ म. थुक्णँ, थुक्णँ।। एवं लँहदी...।।

थैला क. ठेल पं. बां. म. थला ने. थैलो सि. गु. थेलो।। एवं आसामी, उडिया, बिहारी...।।

थैली क. ठीलि पं. म. थैलली ने बां. थैलि सि. गु. थेली।। एवं उडिया...।।

थोक् पं. ने. बां. गु. म. थोक् सि. थोकु – सं. स्तोक्य।। एवं दरद्, लँहदी, आसामी, उडिया, सिंहली....।।

थोड़ा पं. बां. थोड़ा ने. थोर् सि. थोरो गु. थोहुँ म. थोडा।। एवं लँहदी, उडिया...।।

दंश, दक्ष (ते. दक्षुंडुड), दक्षता (ते. दक्षत), दक्षिण (ते. दक्षिणमु) – हि. बां. गु. म. ते.

दक्षिण क. दछयुनु पं. दक्खण् ने. दक्खिन् सि. दखिणु।। एवं दरद, लँहदी, सिहली...।।

दक्षिणा (ते. दक्षिण), दग्ध – हि. बां. गु. म. ते.

दङ्गा पं. ने. बां. म. दङ्गा गु. दङ्गों।। एवं उडिया...।।

दण्ड पं. डन्न् ने. डाँड् बां. दाँड़ सि. डण्डु गु. दाँडो म. दाँड्।। एवं रोमणी, दरद, आसामी, उडिया, सिंहली...।। ते. दण्ड।।

दण्ड, दण्डनीति, दण्डी (ते. दण्डि), दत्त, दत्तक (ते. दत्तकुंडु) दधि, दन्त, दन्तधावन, दन्त्य – हि. बां. गु. म. ते.

दबना क. दबुन् पं. दब्णा ने. दाब्नु गु. दाब्वुँ म. दाब्णँ।। एवं रोमणी लँहदी, आसामी...।।

दबाना क. दबावुन् पं. उबाउणा ने. दबाउनु गु. दबाब्वुँ म. दबाविणँ।। एवं आसामी, उडिया...।।

दम, दमन, दम्पती (ते. दंपतुलु), दंभ, दया (ते. दय), दयालु, दयित (ते. दयितुंडु), दयिता (ते. दयित) हि. बां. गु. म. ते.

दर् क. पं. ने. बां. गु. म. दर् सि. दर।। एवं आसामी, उडिया....।।

दरिद्र (ते. दरिद्रुडु) – हि. बां. गु. म. ते.

दरी पं. दरी ने. बां. दरि सि. डरी – सं. दर।। एवं उडिया...।। दर्प, दर्पण, दर्भ, दर्शक, दर्शन, दर्शनीय – हि. बां. गु. म. ते.

दल् क. पं. ने. बां. दल् सि. डरु गु. म. दळ् – सं. दल।। एवं लँहदी, आसामी, सिंहली...।।ते. दल।।

दलना क. दलुन् पं. दल्णा ने. दल्नु बां. दला सि. डरणु गु. दळवुँ म. दळ्णँ – सं. दलति।। एवं आसामी, उडिया...।।

दल्दल् ने. बां. म. दल्दल्।। एवं उडिया...।।

दशन, दशम, दशा (ते. दश) – हि. बां. गु. म. ते.

दस (10) क. दह पं. दहा. दस् ने. बां. गु. म. दस् सि. डह – सं. दश।। एवं रोमणी, दरद, आसामी, उडिया, बिहारी, लँहदी, सिंहली...।।

दसावीँ क. दहन् ने. दसैँ बां. दसइ सि. दसँइँ गु. दसम् – सं. दशमी।।

दसहा ने. बां. दसहरा सि. दसहडु गु. दसेरा म. दशाहरा।। एवं उडिया....।।

दसौंध् पं. दसाँध्, दस्वन्ध् गु. दसुँद् – सं. दशबन्ध।।

दहन (ते. दहनमु) – हि. बां. गु. म. ते.

दहना क. दझुन् पं. दहिणा ने. डहनु बां. दहा सि. डहणु गु. दहवुँ म. दाहणैँ – दहति।। एवं आसामी, उडिया, दरद, सिंहली, रोमणी...।।

दही पं. गु. म. सि. दही ने. दहि बां. दइ – सं. दधि।। एवं लँहदी, आसामी, उडिया, बिहारी, सिंहली...।।

दाएँ क. गु. दोमु पं. दाउँ, दौण् ने. दाइँ वे. दाइँ बां.. दाम्, दामा सि. डाइणु गु. दाम् म. दावैँ – सं. दाम।। एवं दरद, सिंहली...।।

दाख् क. दछ् पं. ने दाख् सि. ड्राख् गु. दराख् – सं. द्राक्षा।। एवं रोमणी, दरद, लँहदी, काफिरी...।।

दाड़िम्ब, दाड़िम्, दालिम् ने. दारिम् बां. दाड़िम्, डालिम् सि. डाढूँ गु. दाडम् म. दाळिँब्, दाळम् – सं. दारडिम।। एवं आसामी, उडिया, सिंहली...।। ते. दाडिम।।

दाढ़ा पं. दाह्ड़ा ने. दारो बां. दाड् सि. डाढ़् गु. म. दाढ – सं. दाढा।। एवं रोमणी, लँहदी, आसामी, सिंहली...।।

दाढ़ी क. दारू पं. सि. दाढ़ी ने. दारि, दाढ़ी बां. दाड़ि गु. म. दाढी – सं. दाढिका।। एवं दरद, काफिरी, लँहदी, उडिया, सिंहली...।।

दाँत क. पं. दन्द् ने. बां. गु. म. दाँत् सि. दन्दु – सं. दन्त।। एवं रोमणी, दरद, लँहदी, आसामी, उडिया, सिंहली...।।

दाँतन् क. दाँतुन् पं. गु, दातण् ने. दतिउन् बां. दाँतन् सि. डन्दणु म. दाँत्वण् – सं. दन्तधावन।।

दाता (ते. दात) – हि. बां. गु. म. ते.

दाद् क. ददरू पं. दड्ड, दहरी ने. बां. म. दाद् सि. डढु गु. दादर् – सं. दद्रू।। एवं लँहदी, आसामी...।।

दादा पं. द्दा ने. म. दादा सि. डाडो गु. दादो।। एवं लँहदी, आसामी, उडिया, सिंहली...।।

दाधना क. दोदु पं. दद्ध्णा ने. उड़नु सि. डधो गु. डाढु – सं. दग्ध।। एवं रोमणी, दरद, सिंहली...।।

दान, दानव (ते. दानवुंडु) – हि. बां. गु. म. ते.

दाम् पं. दम्म् ने. गु. म. दाम् – सं. द्रम्भ।। एवं उडिया, आसामी....।।

दाय (ते. दायमु), दारुण – हि. बां. गु. म. ते.

दाल क. पं. ने. दाल् बां. डाल् सि. डारि गु. म. दाळ् – सं. दाल।। एवं लँहदी, उडिया, बिहारी...।।

दाव् क. गु. दाव् पं. ने. बां. सि. दाउ।।

दावन् पं. दाउणी ने. दाउनि बां दाम्नि सि. डाणु गु. दाम्णी म. दावण् – सं. दाभनी।। एवं लँहदी, उडिया, बिहारी...।।

दास (ते. दासुंडु), दासी (ते. दासि), दास्य, दाह, दाहक (ते. दाहकुंडु) – हि. बां. गु. म. ते.

दाहिना पं. दाहिणाँ ने. दाइनु – प्राकृत दाहिण सं. दक्षिण।। दिक् (ते. दिक्कु) – हि. बां. गु. म. ते.

दिखाना पं. दिखाउणा ने. देखाउनु बां. देखान।। एवं आसामी, उडिया...।।

दिन क. दय्न् पं. ने. बां. गु. म. दिन् सि. दिणु।। एवं आसामी, उडिया...ते. दिन।।

दिया पं. दीवा ने. दियो बां. दिया सि. डिओ गु. दीवो म. दिवा – सं. दीप।। एवं सिंहली...।।

दिवस क. द्वह् पं. दिँह्, देह् ने. दिउँसो सि. डिहुँ गु. दिवस्, दीस् म. दीस्।। एवं रोमणी, दरद, लँहदी, सिंहली...।।

दिवस, दिव्य, दिशा (ते. दिश), दीक्षा (ते. दीक्ष), दीक्षित (ते. दीक्षितुंडु), दीन (ते. दीनमु), दीप, दीपक, दीस, दीप्ति – हि. बां. गु. म. ते.

दीर्घ ने. दिधो बां. दिधि सि. ड्धिो।। एवं रोमणी, दरद, आसामी, उडिया, सिंहली...।। हि. बां. गु. म. ते. दीर्घ।।

दीवट् पं. दीवट् ने. दिवट् बां. दिउटि सि. डिआटी गु. दिवेट् म. दिव्टी – सं. दीपवर्ति।। एवं उडिया...।।

दुःख क. दोख पं. दुक्ख ने. दुख सि. दुखु।। एवं रोमणी, लँहदी, आसामी, सिंहली...।। हि. बां. गु. म. ते. दुःख।।

दुकूल – हि. बां. गु. म. ते.

दुखना पं. दुख्णा ने. दुख्नु सि. डुखणु गु. दुख्वुँ म. दुख्णें – सं. दुःखति।।एवं रोमणी, लँहदी...।।

दुगना पं. दुगुणा ने. दुगुनु बां. दुगुण।। शिणा–दुगुनु।।

दुंदुभि – हि. बा. गु. म. ते.

दुबला पं. बां. दुब्ला ने. दुब्लो सि. डुबिरो गु. दुब्ळुँ म. दुब्ळा – सं. दुर्बल।। एवं दरद, सिंहली...।।

दुराग्रह, दुराचार, दुरात्मा (ते. दुरात्मुंडु), दुर्ग, दुर्गति, दुर्गन्ध, दुर्गम, दुर्गुण, दुर्घट, दुर्जन (ते. दुर्जनुंडु), दुर्जय, दुर्दशा (ते. दुर्दश), द दुर्दिन दुर्बल, दुर्बुद्धि, दुर्भाय (ते. दुर्भाग्युंडु), दुर्भापण (ते. दुर्भाश), दुर्भिक्ष, दुर्मति, दुर्लभ – हि. बां. गु. म. ते.

दुलकी पं. दुल्की ने. दुल्कि।।

दुलहा पं. दूलो ने. दुलोहो – सं. दुर्लभ।।

दुश्कर, दुश्कर्म, दुश्कृत्य, दुश्ट, दुश्टता – हि. बां. गु. म. ते.

दुहना पं. दुह्णा ने. दुहुनु बां. दुहा सि. डुहणु म. दुह्णें – सं. दुहे।। एवं काफिरी, लँहदी, उडिया, सिंहली...।।

दुहाई पं. दुहाई ने. बां. दोहाइ।। एवं आसामी, उडिया....।।

दुहिता (ते. दुहित), दूत, दूती (ते. दूति) – हि. बां. गु. म. ते.

दूध क. द्वद् पं. दुद्ध, ने. दुध्, दुद् बां. दुध् सि. दुधु गु. म. द्ध् – सं. दुगध।। एवं रोमणी, दरद, लँहदी, आसामी, उडिया, बिहारी, सिंहली...।।

दूब पं. दूब ने. दुबरे – सं. दूर्वा।। एवं उडिया...।।

दूर क. दूरु पं. गु. म. दूर् ने. बां. दुर् सि. दूरि।। एवं रोमणी, दरद, आसामी, उडिया, सिंहली...।।ते. दूर।।

दूशक (ते. दूशकुंडु), दूशण, दूशित – हि. बां. गु. म. ते. दूसरा पं. दूसरा ने. दोस्रो बां. दोस्रा गु. दुस्रुँ म.0 दुस्रा।।एवं उडिया...।।

दृक् (म. नहीं, ते. दृक्कु), दृढ – हि. बां. गु. म. ते.

दृढ क. दोरु पं. दिढ़ ने. दरो बां. दढ़ गु. दड़्वुँ म. दड़्णैं।। एवं उडिया, सिंहली...।।

दृश्य, दृश्ट, दृश्टान्त, दृष्टि – हि. बां. गु. म. ते.

दृष्टि क. द्रैंठ् ने. डिठ् सि. डिठो गु. दीठुँ म. दीठ्।। एवं दरद, आसामी, सिंहली...।।

देखना पं. देख्णा ने. देखनु बां. देखा सि. देखणु गु. देख्वुँ म. देख्णैं – सं. द्रक्ष्यति।। एवं रोमणी, लँहदी, उडिया, सिंहली...।।

देन् (ऋण) पं. गु. देण् ने. बां. देन्।। एवं उडिया...।।

देन् पं. गु. देण् ने. दिन् बां. देन् सि. डिअणु म. देणैं – सं. दान।। एवं काफिरी, लँहदी...।।

देना (ऋण) बां. ने. देना गु. देणुँ म. देणैं।।एवं उडिया...।।

देना क. द्युनु पं. देणा ने. दिनु बां. देउया सि. दिअणु गु. देवुँ म. देणैं – सं. ददाति।। एवं रोमणी, दरद, लँहदी, आसामी, उडिया, सिंहली...।।

देव (ते. देवुंडु), देवता (ते. देवत), देवर (देवरुंडु) – हि. बां. गु. म. ते.

देवर क. य्युयु पं. ने. गु. देवर् बां. देउर् सि. डेरु म. देर, दीर्।। एवं काफिरी, दरद, लँहदी, आसामी, उडिया...।।

देवी (ते. देवि) – हि. बां. गु. म. ते.

देव्रानी पं. देउराणी ने. देउरानि सि. डेराणी – प्राकृत देवराणी।। एवं लँहदी...।।

देश क. दीश् पं. ने. बां. गु. म. देस् सि. डेसु।।एवं रोमणी, का फिरी, दरद, लँहदी, उडिया, सिंहली...।।ते.देश।।

देसी पं. देसी ने बां. देसि सि. डेसी गु. म. देशी – सं. देशीय।।एवं लँहदी, उडिया...।।

देह – हि. बां. गु. म. ते.

देहली पं. देहल् ने. दैलो बां. देहिल।।

देही (ते. देहि), दैत्य (ते. दैत्युंडु), दैन्य, दैव, दैवज्ञ (ते. दैवज्ञुंडु) – हि. बां. गु. म. ते.

दो (2) क. द्वयि पं. दो ने. बां. दुई सि. गु. बे. म. दोन् – सं. द्वे.

द्वौ।। एवं रोमणी, दरद, आसामी, उडिया, बिहारी, सिंहली, काफिरी. ..।।

दोना क. डूना ने. दुनु बां. दुनि म. डोन् पं. डूणा – सं. द्रोण।। एवं दरद, आसामी, सिंहली, काफिरी...।।

दोश, दोशी (ते. दोशि) – हि. बां. गु. म. ते.

दोस् पं. दोह् ने. बां. दोस् सि. डोहु – सं. दोश।।एवं रोमणी, उडिया, लँहदी, सिंहली...।।

दोहद, दोहन – हि. बां. गु. म. ते.

दोहा पं. ने. बां दोहा।। एवं उडिया।।

दौड़ना क. दोरुन् पं. दौड़णा ने. दौड़नु, दुगुर्नु बां. दौड़ा सि. ड्रोड़णु गु. दोडवुँ म. दौड्णेँ।।एवं लँहदी...।।।

दौर्भाग्य, दौहित्र (गु. दोहित्र, ते. दौहित्रुंडु), दौहित्री (ते. दौहित्रि), द्यूत, द्रव, द्रव्य, द्राक्षा (गु. म. ते. द्राक्ष), द्रुम, द्रोण, द्रोह, द्वन्द्व, द्वादश (ते. द्वादशमु), द्वादशी (ते. द्वादशि), द्वापर – हि. बां. गु. म. ते.

द्वार पं. गु. बार् ने. दुवार् बां. दुयार् सि. बारी।।एवं रोमणी, दरद, आसामी, लँहदी, उडिया, सिहली...।।

द्वि (ते. नहीं), द्विज (ते. द्विजुंडु), द्विजन्मा (ते. द्वि जन्मुंडु), द्वितीय, द्वीप, द्वेश, द्वैत – हि. बां. गु. म. ते. धकेलना पं. धकेल्णा ने. धकेल्नु गु. धकेल्वुँ।।

धक्का क. दक पं. ने. बां. धक्का सि. धकु. गु. धक्को म. धक्का, धका।। एवं लँहदी, उडिया...।।

धक्धकना ने. धधक्नु गु. धग्धग्वुँ म. धगधण्णेँ।।

धक्धकाना बां. धक्धकान ने. धकाउनु सि. धक्धकि गु. धग्धग्वुँ म. धक्धक्णेँ।।एवं उडिया...।।

धज पं. गु. ने. म. धज सि. धजु क. दज़ – सं. ध्वजा।।

धड़ पं. ने. बां. गु. म. धड़् सि. धडु – प्राकृत धड।।एवं उडिया...।।

धड़क्ना पं. धड़्क्णा ने. धड़कनु सि. धड़्कणु गु. धडक्वुँ म. धडक्णेँ।।

धतूरा क. दतुरु पं. धतूरा ने. धतुरो बां. धुतुरा गु, धतूरो म. धुत्रा – सं. धत्तूर।। एवं दरद, आसामी, उडिया...।।

धन क. दन पं. धण् ने. बां. गु. म. धन् सि. धणु।। एवं आसामी, उडिया, सिंहली...।।ते. धन।।

धनिया पं. ने. बां. धनिया सि. धाणो गु. धाणा – सं. धानेय।।एवं आसीम, उडिया...।।

धनी पं. सि. गु. म. धणी ने. बां. धनि।।एवं आसामी, उडिया...।। ते. धनि।।

धनु (ते. धनुवु) – हि. बां. गु. म. ते.

धन्धा पं. धन्धा ने. म. धन्दा बां. धाँदा सि. गु. धन्धो।।एवं रोमणी, आसामी, उडिया...।।

धन्य (ते. धन्यमु) – हि. बां. गु. म. ते.

धब्बा पं. ने. धब्बा गु. धावुँ।।

धमकाना पं. धम्काउणा ने. धम्काउनु बां. धम्कान गु. धम्काव्वुँ म. धम्काविणेँ।। एवं उडिया...।।

धमकी पं. गु. म. धम्की ने. धम्कि बां. धमक् सि. धम्कणु।। एवं आसामी, उडिया...।।

धमनी (ते. धमनि), धरणी (ते. धरणि), धरणीधर (ते. धरणीधरमु) – हि. बां. गु. म. ते.

धरती पं. ने. सि. गु. म. धर्ती – सं. धरित्री।।

धरना क. दरुन् पं. धर्ना ने. धर्नु बां. धरा सि. धरणु गु. धवुँ म. धर्णे – सं. धरित।। एवं रोमणी, आसामी, उडिया, सिंहली...।।

धरित्री (ते. धरित्रि), धर्म, धव (ते. धवुंडु), धवल (ते. धवलमु) – हि. बां. गु. म. ते.

धसना ने. धस्नु बां. धसा पं. धस्णा गु. धस्वुँ म. धस्णेँ।।

धाई क. दाय् ने. बां. धाइ गु. धाव् – सं. धातृका।।एवं आसामी, उडिया....।।

धाक् पं. ने. म. गु. सि. धाक्।

धागा पं. धाग्गा ने. धागो सि. गु. धागो म. धागा।।एवं लँहदी...।।

धाता (ते. धात), धातु (ते. धातुवु), धात्री (ते. धात्रि) – हि. बां. गु. म. ते.

धान् क. धाञ्‌ँ पं. धाण् ने गु. म. धान् सि. धाञु – सं. धान्य।।एवं रोमणी, लँहदी, आसामी, सिंहली...।।

धान्य क. दार् पं. ने. बां. गु. म. धार् सि. धार – सं. धारा।।एवं लँहदी, आसामी, उडिया, सिंहली...।।

धारक, धारण, धारा (ते. धार), धार्मिक (ते. धार्मिकमु) – हि. बां. गु. म. ते.

धावन पं. धाउणी ने. धाउनि म. धाव्णी।।

धावना क. दवुन पं. धाउणा ने. धाउनु बां. धाउया गु. धावुँ म. धाव्णँ – सं. धावति।।एवं रोमणी, आसामी, उडिया, सिंहली...।।

धावा पं. ने. धावा बां. धाउया म. धाव – सं. धावक।।

धिकार पं. ने. बां. गु. म. धिक्कार् सि. धिकारु।।एवं आसामी, उडिया...।। ते. धिक्कार।।

धी – हि. बां. गु. म. ते.

धीमा पं. धीमा ने. बां. धिमा गु. धीमुँ म. धिमा, धिम्मा।।एवं आसामी, उडिया...।।

धीमान् (ते. धीमंतुंडु) – हि. बां. गु. म. ते.

धीर पं. धीरा ने. धिरो बां. धिर सि. धीरु गु. धीरुँ म. धिरा।। एवं आसामी, उडिया...।। ते. धीरुहुं हि. बां. गु. म. धीर।।

धीरज् पं. गु. धीरज् ने. धिर्ज सि. धीर्जु।।

धीरे पं. सि. गु. धीरे ने बां. म. धिरे – सं. धीर।।एवं आसामी, उडिया...।।

धीवर (ते. धीवरुंडु) – हि. बां. गु. म. ते.

धुआ क. दह पं. धूआँ ने. धुवाँ बां. धुँया सि. दूँहाँ गु. धूम् म. धूर् – सं. धूम।। एवं रोमणी, दरद, लँहदी, आसामी, उडिया, सिंहली...।।

धुन् पं. ने. धुन् सि. धूण गु. धून् – स. धूनि।।

धुन्ध्ला पं. धुन्द्ला ने. धुन्धला गु. धुँध्ळुँ।।

धुन्ना क. दनुन् पं. धुणक्णा ने. धुन्नु बां. धुना सि. धूणणु गु. धूण्वुँ म. धुणक्णँ, धुन्कणँ – सं. धूनोति।। एवं आसामी....।।

धुमला, धुमैला ने धमिलो बां. धुमल गु. धुमर् म. धुम्रा – सं. धूम्र।।

एवं उडिया, सिंहली...।।

धुरी पं. म. धुरी ने. धुरि।।

धुस्सा पं. धुस्सा ने. धुसो बां. धुसा सि. धुसो गु. धुसो म. धुसा, धुशा– सं. दूर्श।।एवं लँहदी, उडिया...।।

धूतना ने. धुत्नु सि. धुतणु गु. धूत्वुँ म. धुतारा – सं. धूर्त।।एवं दरद, लँहदी, सिंहली...।।

धूप पं. धुप्प् ने. बां. धुप् सि. धुप गु. म. धूप्।।एवं लँहदी, आसामी...।। ते. धूप।।

धूम, धूमकेतु (ते. धूमकेतुंडु) – हि. बां. गु. म. ते.

धूमधाम् पं. धूम्धाम् ने. बां. गु. म. धुम् धाम्।। एवं लँहदी, उडिया ...।।

धूर्त (ते. धूर्तुडु) – हि. बां. गु. म. ते.

धूल पं. धृड़ ने. धुलो बां. धुला सि. धूड़ि गु. म. धूळ् – सं. धूलि।। एवं रोमणी, काफिरी, दरद, लँहदी, आसामी, उडिया...।।

धूलि (गु. धूल) – हि. बां. गु. म. ते.

धूसर ने. धुस्रो बां. धुसर् गु. म. धूसर्।। एवं आसामी, उडिया...।। ते. धूसर।।

धृति, धेनु (ते. धेनुवु), धैर्य – हि. बां. गु. म. ते.

धोका पं. धोक्खा ने. बां. म. धोका गु. धोको – सं. द्रोध।। एवं उडिया...।।

धोती क. दूति पं. धोत्ती ने. धोति बां. धुति सि गु. धोती म. धोतर्।। एवं उडिया...।।

धोना पं. धोणा ने. धुनु बां. धोया सि. धुअणु गु. धोवुँ म. धुणेँ – सं. धावति।। एवं रोमणी, काफिरी, लँहदी आसामी, उडिया, सिंहली...।।

धोबी पं. सि. गु. म. धोबी ने. धोबि।। एवं आसामी, उडिया...।।

ध्यात (ते. ध्यातमु), ध्रुव, ध्वंस, ध्वज, ध्वनि – हि. बां. गु. म. ते.

ध्वनि पं. धुण्, धुन् ने. सि. धुनि. गु. म. धून्।।

न. क. पं. ने. बां. सि. गु. म. न . – सं. न।। एवं रोमणी, काफिरी, दरद, लँहदी, आसामी, उडिया, सिंहली....।।

नक्षत्र, नख – हि. बां. गु. म. ते.

नख पं. नौंह ने. नङ् सि. नँहुँ गु. नहियुँ।। एवं रोमणी, काफिरी, लँहदी, उडिया, सिंहली...।।

नग, नगर (ते. नगरमु), नगरी (ते. नगरि), नम्र–हि. बां. गु. म. ते.

नंगा क. नोनु. नङ्ग पं. नङ्गा ने. गाँगो बां. नाङ् सि. नङ्गो गु. नागुँ म. नागा – सं. नग्न।। एवं रोमणी, दरद, लँहदी, उडिया, सिंहली....।।

नट (ते. नटुंडु), नटी (ते. नटि) – हि. बां. गु. म. ते. नट्खट् ने. गु. म. बां. नट्खट्।। एवं उडिया...।।

लड़, नल्, क. नरि, नल् पं. बां. नड़ा नल्, ने नल् सि. नडु, नरी गु. म. नळ् – सं. नल।। एवं लँहदी, आसामी, उडिया, सिंहली...।।

नद (ते. नदमु), नदी (ते. नदि) – हि. बां. गु. म. ते.

ननद पं. नणान् ने. नन्द बां. नन्दा सिं. निणुन गु. म. नणँद् – सं. ननान्दा।। एवं आसामी, उडिया, सिंहली...।। ते. ननद।। नन्दन (ते. नन्दनुडु) – हि. बां. गु. म. ते.

नन्हा पं. नन्हा ने. नानि गु. नाह्नुँ म. लहान् – सं. ष्लक्ष्ण।।

नपुंसक (ते. नपुंसकुंडु), नभ (ते. नभमु), नमस्कार, नम्र, नयन, नर (ते. नरुंडु), नरक, नर्तक (ते. नर्तकुंडु) नर्तकी (ते. नर्तकि), नर्तन, नलिन (ते. नलिनमु), नलिनी (ते. नलिनि) – हि. बां. गु. म. ते.

नली पं. नली ने. बां. नलि सि. नरी गु. म. नळी – सं. नलिका।। एवं आसामी, उडिया...।।

नव, नवनीत – हि. बां. गु. म. ते.

नवा क. नोवु पं. नवाँ ने. नौलो, नया बां. नै सि. नँआँ गु. नवुँ म. नवा – सं. नव।। एवं रोमणी, काफिरी, दरद, लँहदी, आसामी, सिंहली...।।

नवाना क. नमरुन् पं. निवाउणा ने. नुवाउनु बां. नामान सिंह. निँवाइणु गु. नमाब्वुँ – सं. नमयति।। एवं लँहदी, उडिया...।।

नवीन, नश्ट – हि. बां. गु. म. ते.

नस पं. गु. म. नस् ने. नसो सि. नस – सं. स्नसा।।

नहाना क. नावुन् पं. न्हाउणा ने. नुवाउनु गु. नाह्वुँ म. नाह्णँ – सं. स्नाति।। एंव लँहदी, सिंहली...।।

नहीँ पं. नहीँ ने. नहिं बां. नय् गु. नहि म. नाहीं – सं. नहि।।एवं लँहदी, उडिया...।।

नाई क नायिद् पं. सि. नाई ने. नाउ बां. नाइ, नाउ गु. नाइ म. न्हावी, नाउ – सं. नापित।। एवं लँहदी...।।

नाक क. नाख्, नक पं. नक्क् ने. बां. गु. म. नाक् सि. नकु – सं. नक्रा।। एवं रोमणी, लँहदी, आसामी, उडिया, सिंहली...।।

नाक, नाम, नागर – हि. बां. गु. म. ते.

नाचना क. नचुन् पं. नच्च्णा ने. नाच्नु बां. नाचा सि. नचणु गु. नाच्वुँ म. नाच्णँ – सं. नृत्यति।।एवं रोमणी, काफिरी, दरद, लँहदी, आसामी, उडिया, सिंहली...।।

नाटक – हि. बां. गु. म. ते.

नाटा क. नठ् पं. नाटा न. नटुवा सि. नटु बां नाटुया – सं. नर्तक।। एवं उडिया, लँहदी, सिंहली...।।

नाव्च – हि. बां. गु. म. ते.

नाठ् क. नौँठु पं. नट्ठणा ने नाठो बां. नाटुया गु. नाठु म. नाट् – सं. नष्ट।। एवं रोमणी, लँहदी, आसामी, सिंहली...।।

नाड़ा पं. नाड़ा ने. नारो सि. नाड़ो – सं. नाडी।।एवं लँहदी...।।

नाड़ी क. न्वरु पं. नाड़ी ने. नारि ब. सि. नाड़ि गु. म. नाडी – सं. नाडी।। एवं काफिरी, लँहदी, आसामी...।।ते. नाडि।।

नाता पं. नात्ता ने. नातो सि. नात्तो गु. नातुँ म. नातँ – सं. ज्ञातित्व।।

नाती पं. नात्ती ने. बां. नाति म. नात् – सं. नप्ती।।एवं काफिरी, दरद, आसामी, उडिया...।।

नाथ् (नाक का आभूशण) पं. नत्थ ने. बां. गु. म. नाथ – सं. नस्तक।। एवं दरद, लँहदी, उडिया...।।

नाथ (ते. नाथुंड्डु), नाद, नाना, नान्दी – हि. बां. गु. म. ते.

नापना पं. नाप्णा ने. नाप्नु – सं. ज्ञाप्यते।।

नापित (ते. नापितुंड्डु), नाभि – हि. बां. गु. म. ते.

नाम क. बां. गु. नाम् पं. नाँ ने. नाउ सि. नाँउँ म. नाँव् – सं. नाम।। एवं रोमणी, काफिरी, दरद, लँहदी, आसामी, उडिया, सिंहली...।। ते. नाम।।

नामकरण, नायक (ते. नायकुंडु), नायिका (ते. नायिक), नारायण (ते. नारायणुंडु) – हि. बां. गु. म. ते.

नारियल् क. नारिल पं. नारेल् बां. नाड़िकेल् सि. नारेलु गु. नारियल म. नारेळ – सं. नारिकेल।। एवं उडिया, सिंहली...।।

नारी (ते. नारि) – हि. बां. गु. म. ते.

नाव क. गु. म. नाव् पं. ने नाउ सि. नाउक – सं. नावा।। एवं आसामी, उडिया, बिहारी, सिंहली...।।

नाविक (ते. नाविकुंडु), नाश – हि. बां. गु. म. ते.

नास् snuff क. बां. म. नास् ने. नस् सि. नास – सं. नास्य।।एवं उडिया...।।

नास् क. नाश् पं. ने. बां. म. नास् सि. नासु – सं. नाश।।एवं उडिया...।।

नासना क. नशुन् ने. नास्नु बां. नासा गु. नास्वुँ म. नास्णेँ – सं. नश्यति।। एवं रोमणी, दरद, लँहदी, सिंहली...।।

नासा (ते. नास), नासिका (ते. नासिक), नास्तिक (ते. नास्तिकुंडु) – हि. बां. गु. म. ते.

नाहर् पं. नाहर् ने. नङ्रो गु. नहोर् – सं. नखर।।

निकट – हि. बां. गु. म. ते.

निकलना पं. निक्कल्णा ने. निक्लनु सि. निकिरणु गु. निकळ्वुँ।। एवं रेामणी, लँहदी, उडिया....।।

निकसना पं. निक्सणा ने. – सं. निश्कासयति।।

निकामा क. न्यकम पं. निकम्मा ने. निकामि सि. निकमो म. निकामी – सं. निश्कर्मा।। एवं उडिया, सिंहली...।।

निकालना पं. निकाल्णा ने. निकाल्नु सि. निकारणु गु. निकळवुँ म. निखळ्णेँ – सं. निश्कालय।। एवं रोमणी, दरद, लँहदी, उडिया....।।

निकास पं. ने. बां. गु. निकास् – सं. निश्कास।। एवं उडिया...।।

निकासना पं. निकास्णा ने. निकास्नु (ने. निकास्–पत्र passport) – सं. निश्कासयति।।

निकेतन, निक्षिप्त, निक्षेप–हि. बां. गु. म. ते.

निखार्ना पं. निखार्णा ने. निखार्नु गु. निखवुँ म. निखार्णें – सं. निक्षालन।।

निखिल – हि. बां. गु. म. ते.

निगड ने. नेल् सि. नेरु, नेलु गु. नेवल्।।

निगूढ, निग्रह – हि. बां. गु. म. ते.

निचला पं. निच्चल् ने. चिनाल् म. निचल् – सं. निश्चल।। एवं सिंहली...।।

निचोड़ना पं. निचोड़्णा ने. निचोर्नु सि. निचोड़णु।।

निज – हि. बां. गु. म. ते.

निठुर ने. बां. निठुर् सि. निठरु म. निठूर् – सं. निश्ठुर।। एवं उडिया. ..।।

नितम्ब, नित्य – हि. बां. गु. म. ते.

निथार्ना पं. नितार्णा ने. नितार्नु गु. नितावुँ – सं. निस्तारयति।।

निद्रा (ते. निद्र), निधन, निधान, निधि, निन्दक, निन्दा (ते. निन्द), निद्य – हि. बां. गु. म. ते.

निपट् पं. निप्ट् ने. निस्पट्ट बां. गु. म. निपट् सि निपटु।। एवं उडिया...।।

निपात, निपुण (ते. निपुणमु) – हि. बां. गु. म. ते.

निपूता क. न्यप्वतुरु पं. निपुत्ता ने. निपुत्रि सि. निपुट्रो म. निपुत्री – सं. निश्पुत्र।।

निंबध – हि. बां. गु. म. ते.

निबाहना क. निबुन्, निबावुन् पं. निबाहुणा, निम्णा ने. निभाउनु सि. निभाइणु, निबहणु गु. निम्वुँ म. निम्णँ – सं. निर्वहति।। एवं उडिया....।।

निमंत्रण, निमित्त, निमेश, निम्न निम्ब (म. नहीं, ते. निम्म) – हि. बां. गु. म. ते.

निम्बु पं. निम्बू ने. निबु बां. तेबु सि. निमु गु. लिंबु म. निबुँ – सं. निम्बूक।।एवं आसामी, उडिया...।।

नियत नियन्ता (ते. नियंत), नियम, नियमन, नियमित, नियामक (ते. नियामकुंडु), नियोग, निरंकुश, निरंजन, (ते. निरंजनुंडु), निरपराध, निरर्थक, निरर्थ, निरहंकार, निराकरण, निराकार, निराधार, निरामय, निरालम्ब – हि. बां. गु. म. ते.

निराला पं. बां. निराला ने. निरालो गु. निराळुँ म. निराळा।।

निराश, निराश्रय (ते. निराश्रयुंडु) – हि. बां. गु. म. ते.

निरास् क. न्यराश् पं. ने. गु. म. निरास् बां. निरास सि. निरासु – सं निराशा।। एवं उडिया...।।

निराहार, निरीक्षक, निरीक्षण, निरुपद्रव, निरुपम, निरूपण, निरोध, निर्गत, निर्गम, निर्गुण (ते. निर्गुणुंडु), निजल, निर्जीव, निझर्र, निर्णय, निर्दय (ते. निर्दयुडु) निर्देश, निर्दोश, निर्धन (ते. निर्धनुंडु), निर्बन्ध, निर्भण, निर्भर, निर्मल, निर्माण, निर्मित, निर्मूल, निर्यास, निर्लज्ज (ते. निर्लर्जमु), निर्वचन, निर्वाह, निर्विकार (ते. निर्विकारमु), विर्विघ्र, निर्वेद, निवारण, निवास, निवृत्त, निवृत्ति, निवेदन, निवेश, निशा (ते. निश), निश्चय, निश्चल, निश्चित, निश्चिन्त, निश्चास, निशिद्ध, निशेध, निश्कपट, निश्कलक, निश्ठा (ते. निश्ठ), निश्ठुर, निश्फल – हि. बां. गु. म. ते.

निसाम् ने निसास्नु गु. निमासो म. नियास् – सं. निश्वास।।

निस्पृह – हि. बा. गु. म. ते.

निहार्ना पं. निहार्णा ने. नियाल्नु बां. निहारा सि निहारणु गु. निहाळवुँ म. निहाळ्णँ – सं. निभालयति।।एवं आसामी...।।

निहाल् पं. गु. निहाल् ने. नियाल् बां. नेयाल् सि. निहालु – सं. निधि।। एवं उडिया...।।

नीच क. न्यूचु पं. ने. गु. म. नीच् बां निच सि. नीचु।।एवं आसामी, उडिया, सिंहली...।। ते. नीच्।।

नीति – हि. बां. गु. म. ते.

नींद क. न्यन्दर् पं. नीँद्, नीँदर ने. निद्, निन् बां. निद् सि. निण्ड्

गु. नींद, नीदर्, म. नीद् – सं. निद्रा।।एवं रोमणी, दरद, लँहदी, उडिया, सिंहली....।।

नीर – हि. बां. गु. म. ते.

नील् पं. नील् ने. बां. निल् सि. नीरु गु. म. नीळ् – सं. नीली।।एवं आसामी, उडिया....।। ते. नील।।

नीला क. न्यूलु पं. नीला ने. निलो बां. निल सि नीरो गु. लीलुँ म. नीळ – सं. नील।।एवं काफिरी, दरद, लँहदी, आसामी, उडिया, सिंहली...।।

नीवी (ते. नीवि), नूतन, नृत्य, नृप (ते. नृपुंडु), नृपति – हि. बां. गु. म. ते.

नेउला क. नूल् पं. नौल् ने. न्योरि, न्यौलो बां. नेउल् सि. नोरो गु. नोळियो – सं नकुल।।एवं आसामी, उडिया...।।

नेड़े क. न्यूरु पं. नेड़ ने. निर गु. नेडे म. नेटी – सं. निकट।। एवं दरद, लँहदी...।।

नेता (ते. नेति) – हि. बां. गु. म. ते.

नेती पं. नेत्रा ने. नेति गु. नेत्रुँ – सं. नेत्र।। एवं लँदी, उडिया, सिंहली...।।

नेत्र, नेपथ्य – हि. बां. गु. म. ते.

नेवंतना ने. निम्तनु गु. नोतवुँ – सं. निमन्त्रयते।।

नैन पं. नैण् ने. नैनु गु. नेण् – सं. नयन।। एवं सिंहली...।।

नैमित्तिक, नैयायिक (ते. नैयायकुंडु), नैवेद्य, नैश्टिक,

नैसर्गिक – हि. बां. गु. म. ते.

नोनि पं. नौणी ने. नौनि बां. ननि म. लोणी – सं. नवनीत।।

एवं रोमणी, आसामी...।।

नौ (9) क. नव्, नम् पं. नौँ ने. नौ बां. न. सि. नँवँ गु. म. नव् – सं. नव।। एवं दरद, लँहदी, आसामी उडिया, बिहारी, सिंहली, काफिरी...।।

नौका (ते. नौक) – हि. बां. गु. म. ते.

नौना क. नमुन् पं. नेउणा ने. नुहुनु बां. नमा सि. निचणु गु. नम्वुँ म. लब्णँ – सं. नमति।। एवं लँहदी, उडिया, सिंहली...।।

न्याय, न्यास, न्यून – हि. बां. गु. म. ते.

पकड़ना क. पकुन् पं. पकड़नु बां0. पाकड़ा गु. पकड़वुँ म. पकड्णँ।।

पकाना क. पाकवुन् पं. पकाउणा ने. पकाउनु बां. पाकान गु. पकब्वुँ म. पिकविणँ।। एवं रोमणी, लँहदी, आसामी.....।।

पक्का क. पोकु पं. पक्का ने. पक्का, पाको बां. पाका सि. पंको गु. पकुँ म. पिका – सं. पक्च।। एवं रोमणी, लँहदी, उडिया, सिंहली...।।

पक. पक्ष, पक्षपात, पक्षी (ते. पक्षि) – हि. बां. गु. म. ते.

पक्षी क. पछिन् पं. पक्खी ने. पङ्खि बां. पाखि सि. पखी।। एवं लँहदी....।।

पखाल् ने. पं. गु. म. सिं. पखाल्।।

पखालना पं. पखाल्णा ने. पखाल्नु बां. पाखलान गु. पखाळ्वुँ म. पाखळ्णँ – सं. प्रक्षालयति।। एवं आसामी, उडिया...।।

पगड़ी क. पगरू पं. पग्ड़ी ने. पगरि बां. पाग्ड़ि सिं. पगिड़ी गु. पाघडी।। एवं लँहदी और उडिया।।

पंक, पंकज, पंक्ति – हि. बां. गु. म. ते.

पंख पं. पंख् ने. प्वाँख् गु. म. पाँख् – सं. पक्ष।। एवं लँहदी...।।

पंखा पं. पक्खा ने. पङ्खा, पाखो बां पाख सि. पखो गु. पाँख – सं. पक्ष।। एवं रोमणी, दरद, लँहदी, आसामी, उडिया, सिंहली...।।

पंगु (ते. पंगुवु), पचन – हि. बां. गु. म. ते.

पचना ने. पच्नु बां. पचा सि. पचणु गु. पच्वुँ म. पच्णँ – सं. पच्यते।। एवं काफिरी, दरद, आसामी, उडिया, सिंहली...।।

पचाना पं. पचाउणा ने. पचाउनु बां. पचान सि. पचाइणु गु. पचाव्वुँ म. पचविणँ।। एवं उडिया और सिंहली।।

पछताना पं. पछोताँणो. पछिताउनु बां. पस्तान सि. पछोताइणु गु. पस्तावुँ म. पस्ताब्णे।। एवं उडिया...।।

पछतावा पं. पछोतावा ने. पछिताउ सि. पछोताउ गु. पस्तावो म. 'पस्तावा।। एवं सिंहली।।

पछड़ना पं. पछाड़्णा ने. पछार्नु बां. पाछ्ड़ान सि. पछाड़णु गु. पछाड्वुँ।।

पछाड़ी प. पछझड़ा ने पछाड़ि गु. पछाडुँ।।

पंच, पंचम, पंचामृत, पट – जिह. बां. गु. म. ते.

पटकना पं. पट्कणा ने. पड्कणु बां. पट्कान गु. पटाको म. पटक्णँ।।

पटरानी पं. गु. पट्राणी ने. पटरानि बां. पाट्रानि सिं. पटराणी।। एवं उडिया...।।

पटल – हि. बां. गु. म. ते.

पटवारी क. पं. म. पट्वारी ने. पट्वारि बां. पाटारि सि. पटेवारु गु. पाटावालो।।

पटाका पं. पटाका ने. पट्का। toy bomb बां. पट्का गु. पटाको म. पटकणँ।।

पटु (ते. पटुवु) – हि. बां. गु. म. ते.

पट्ट क. पोटु पं. पट्ट ने. बां. पाट सि. पटु गु. पाटो – सं. पट्ट।। एवं रोमणी, लँहदी, आसामी, उडिया, सिंहली...।।

पठन – हि. बां. गु. म. ते.

पठाना पं. पठाणा ने. पठाउनु बां. पाठान सि. पठणु गु. पठाब्वुं म. पाठविणँ – सं. प्रस्थापयति।। एवं आसामी, उडिया, सिंहली, लँहदी, काफिरी...।।

पड़ना क. प्योनु पं. पैणा, पौणा ने. पर्नु, पड़्नु बां. पड़ा सि. पड़नु–पवणु गु पड़्वुँ म. पड़्णँ – सं. पतति।। एवं रोमणी, दरद, लँहदी, आसामी, उडिया...।।

पड़ोसी पं. सि. पड़ोसी ने. पड़ोसि बां. पड़्सि. स. पडोशी – सं. प्रतिवेशी।। एवं उडिया...।।

पढ़ना क. परुन् पं. पढ़्णा ने. पर्नु बां. पड़ा सि. पढ़णु गु. पढ़वुँ म. पढ़्णँ – सं. पठति।। एवं दरद, लहदी, आसामी, उडिया...।।

पंड़ित (ते. पंडितुंडु), पतंग, पतन – हि. बां. गु. म. ते.

पतला पं. पत्ला ने. पातलो बां. पातल् सि. पतिलो गु. पात्ळुँ म. पातळ् – सं. पत्त्रल।। एवं लँहदी, आसामी, सिंहली...।।

पता पं. पता ने. पत्तो सि. पतो म. पत्ता।। एवं उडिया...।।
पताका (ते. पताक) – हि. बां. गु. म. ते.
पति ने. पोइ सि. पइ।। एवं रोमणी, आसामी, सिहली...।। हि. बां. गु. म. ते.।।
पतित (ते. पतितमु, पतितुंडु) – हि. बां. गु. म. ते.
पतियाा ने. पत्यारो गु. पतियार् – सं. प्रत्ययकार।। एवं उडिया...।।
पत्तन क. पटन् पं. पत्तण् ने. पाटन् सि. पतणु म. पाटण्।। एवं लँहदी, उडिया, सिंहली...।। हि. बां. गु. म. ते. पत्तन।।
पत्थर क. पथुर् पं. ने. पत्थर् बां. म. पाथर् सि. पथरु गु. पाथ्रो – सं. प्रस्तर।। एवं आसामी, उडिया, सिंहली...।।
पत्नी (ते. पत्नि) – हि. बां. गु. म. ते.
पत्याना कं. पचुन् पं. पतिआउणा ने. पत्याउनु गु, पतियार म. पात्यविविर्णँ – सं. प्रत्यय।। एवं रोमणी, उडिया, सिंहली...।।
पत्र, पत्रिका (ते. पत्रिक), पथ, पथिक (ते. पथिकुंडु), पथ्य, पद – हि. बां. गु. म. ते.
पद्, पं. गु. म. पत् ने. पद्, पत् सिं. पति।। एवं लँहदी...।।
पद्‌वी (ते. पदवि), पदाति, पदार्थ, पद्धति, पद्म, पद्मिनी (ते. पद्मिनि), पथ – हि. बां. गु. म. ते.
पनसारी पं. पन्सारी ने. पन्सारि बां. पसारि सि. म. पसारी – सं. प्रसारी।। एवं आसामी, उडिया...।।
पनसेरी पं. पसेरी ने. पसेरि बां. पसारि।। एवं उडिया।।
पन्था पं. पन्ध सि. पन्धु।। एवं रोमणी, दरद, लँहदी...।।
पन्नग – हि. बां. गु. म. ते.
पन्ना पं. पन्ना ने. पन्ना, पानु सि. पनो गु. पानुँ – सं. पर्ण।। एवं लँहदी...।।
पपैया, पपीता पं. पीता ने. पपिता गु. पपाँ म. पपैया।। एवं उडिया।।
पय (ते. पयस्सु), पयोधर, पर – हि. बां. गु. म. ते.
पर पं. उप्पर् ने. बां. गु. म. उपर् – सं. उपरि।। एवं रोमणी, आसामी, उडियां...।।

परकीय – हि. बां. गु. म. ते.

परख क. पर्खावुन् पं. ने. बां. गु. परख् सि. पर्ख – सं. परीक्षा।। एवं लँहदी, उडिया...।।

परतन्त्र, परदेश, परम, परमहंस, परमाणु (ते. परमाणुवु), परमात्मा (ते. परमात्म), परमार्थ, परम्परा (ते. परंपर), परलोक, परवश, परशु (ते. परशुवु) – हि. बां. गु. म. ते. परसों ने. पर्सि बां. पर्सु सि. परहिँ – सं. परश्वः।। एवं आसामी।।

प्ररस्पर, परा, पराक्रम, पराग, पराङ्मुख, पराजय (ते. पराजयमु), पराजित (ते. पराजितमु), पराधीन, पराभव, परायण – हि. बां. गु. म ते.

पराया पं. म. पराया ने. परायो – सं. परागत।।

परार क. प्रोरु पं. गु. ने. परार् बां. परारि – सं. परारि।। एवं दरद, लँहदी...।।

पराल पं. ने. गु. पराल् सि. परारु म. पराळ् – सं. पलाल।।
एवं लँहदी, सिंहली...।।

परास पं. पलट् ने. पलाँस् बां. पलास् सि. पलासु म. पळस् – सं. पलाश।। एवं आसामी, उडिया, बिहारी, सिंहली...।।

परिग्रह, परिचय, परिचारक (ते. परिचारकुंडु) परिचित (ते. परिचितमु, परिचितुंडु) परिच्छिन्न परिछेद, परिजन, परिणय, परिणाम, परितोश, परित्याग,परिधान, परिधि, परिपक्व, परिपाक, परिपूर्ण, परिभव, परिभाषा (ते. परिभाश), परिभ्रमण, परिमल, परिमाण, परिमित (ते. परिमितमु), परिमिति, परिवर्तन, परिवाद, परिवार, परिवेश्टन, परिशिष्ट, परिशुद्ध, परिशुद्धि, परिश्रम, परिहार, परीक्षक (ते. परीक्षकुंडु) परीक्षा (ते. परीक्षा), परुप – हि. बां. गु. म. ते.

परेवा ने. परेवा गु. पारेवो म. पार्वा – सं. पारावत।। एवं उडिया, सिंहली...।।

परोक्ष, पर्जन्य, पर्ण, पर्णशाला (ते. पर्णशाल), पर्यङ्क, पर्यटन, पर्यन्त, पर्यवसान, पर्याप्त, पर्यासि, पर्याय, पर्व, पर्वत, पल – हि. बां. गु. म. ते.

पल क. पं. ने. बां. पल्, गु. म. पळ् – सं. पल।।
एवं आसामी, उडिया, सिंहली...।।
पलंग क. पलङ्ग, प्रङ्ग पं. पलङ्ग ने. पलङ् बां. पालड़् सि. पलङ्गु गु. म. पलँग् – सं. पर्यङ्क।। एवं लँहदी, आसामी, उडिया, सिंहली...।।
पलटना क. पलटुन् पं. पल्टणा ने. पल्टनु बां. पाल्टान सि. पल्टणु गु. पलटवुँ म. पलाटण्।। एवं आसामी, उडिया...।।
पलायन, पलाश, पलित, पल्लव – हि. बां. गु. म. ते.
पल्ला पं. पल्ल ने. पल्लो सि. पलउ गु. पल्लव म. पालव, पल्ला – सं. पल्लव।
पल्ली (ते. पल्लि), पवन, पवित्र, पशु (ते. पशुवु), पश्चात्ताप, पश्चिम – हि. बां. गु. म. ते.
पसरना पं. पसर्णा ने. पस्त्रितु सि. पहरणु गु, प्रसवुँ म. पसर्णें – सं. प्रसरति।।
पसारना पं. पसार्णा ने. पसार्नु बां. पसारा सि. पसारणु गु. प्रसावुँ म. पसवेँ – सं. प्रसारयति।। एवं उडिया.....।।
पसारा पं. पसारा ने. बां. पसार् सि. पसारो गु. प्रसार्, प्रसारो म. पसारा।।
पसीना ने. पसिना गु. पसीनो पं. पसीणा – सं. प्रस्विन्न
पसुली पं. पस्सली ने. पाँसुलो गु. पाँस्ळी म. पाँसोळी – सं. पर्शु।। एवं दरद, काफिरी, लँहदी...।।
पहचानना क. पचानुन् पं. पचाण्ना ने. पैचान्नु – सं. प्रत्यभि जानाति।।
पहनना क. पैरुन् पं. पहिण्ना ने. पैरनु सि. पहरणु गु, पहेवुँ म. पेह्राव – सं. परिदधाति।। एवं पाली....।।
पहर पं. ने. बां. पहर् सि. पहरु गु. पहोर् म. पहार् – सं. प्रहर।। एवं लँहदी, उडिया...।।
पहरा पं. ने. बां. पहरा सि. पहरो गु. पोहोरो म. पहारा – सं. प्रहर।।
पहाड़ँ पं. गु. म. पहाड् ने. पहाड़् पहरो बां. पाहाड् सि. पहणु।। एवं लँहदी, उडिया, सिंहली...।।

पहिया पं. पहीआ ने. पैया – सं. प्रधि।। एवं उडिया...।।

पहिराना क. पैरावुन् पं. पहिराउणा ने. पैराउनु सि. पहराइणु गु. पहेराब्वुँ – सं. परिधापयति।।

पहिला पं. म. पहिला ने. पैलो गु. पहेलुँ।।

पहुँचना पं. पहुँच्णा ने. पौंच्नु बां. पहुँचा गु. पहोँच्वुँ म. पोहँच्णेँ।। एवं उडिया...।।

पाउ क. गु. म. पाव् पं. ने. सि. पाउ बां. पा – सं. पाद।। एवं रोमणी, दरद, लँहदी, उडिया, सिंहली...।।

पाक – हि. बां. गु. म. ते.

पाग पं. पग्ग् ने. बां. पाग् सिं. पग गु. पाघ् म. पागोटँ क. पग्।। एवं लँहदी, आसामी, उडिया।।

पागल पं. ने. बां. पागल्।। एवं आसामी, उडिया...।।

पाँच क. पान्च् पं. पञ्ज् ने. बां. गु. म. पाँच् सि. पञ्च – सं. पञ्च।। एवं रोमणी, दरद, लँहदी, उडिया, आसामी, सिंहली, काफिरी...।।

पाचक (ने. पाचकुंडु) – हि. बां. गु. म. ते.

पाँजना पं. पँजाउणा ने. पाँज्नु गु, पाँज्नु गु. पाँजण् म. पाँज्णँ।।

पाटल – हि. बां. गु. म. ते.

पाटा क. पटु पं. पट्टा ने. पाटो बां. म. पाटा सि. पटो – सं. पट्टक।। एवं लँहदी...।।

पाठ, पाठक (ते. पाठकुंडु), पाणि, पाणिग्रहण, पाण्डित्य

पात – हि. बां. गु. म. ते.

पात क. पथर् पं. पत्त् ने. बां. म. पात् गु. पात्रुँ – सं. पत्र।। एवं रोमणी, लँहदी, आसामी, उडिया, बिहारी, सिंहली, काफिरी...।।

पाँत ने. बां. पाँति गु. म. पाँत् – सं. पंक्ति।। एवं आसामी, सिंहली...।।

पाती पं. पत्ती, पत्री ने. बां. पाति गु. पात्री म. पाती – सं. पत्रिका।। एवं रोमणी, सिंहली...।।

पात्र, पाथेय, पाद – हि. बां. गु. म. ते.

पाद क. पद् पं. पद्द ने. बां. गु. म. पाद् – सं. पर्द।। एवं आसामी, उडिया, सिंहली...।।

पादना क. पदुन् पं. पहूणा ने. पाद्रु बां. पादा सि. पडणु गु. पाहुँ म. पाद्णें – सं. पर्दते।। एवं आसामी, उडिया, सिंहली...।।

पादप, पादपूरक्, पादपूर्ण, पादका (ते. पादुक), पाथ,

पान – हि. बां. गु. म. ते.

पान क. पन् ने. बां. गु. म. पान् – सं. पर्ण।। एवं दरद, आसामी, उडिया, लँहदी, सिंहली, काफिरी...।।

पाना क. प्रावुन् पं. पाउणा ने. पाउनु बां. पाओया सि. पाइणु गु. पावुँ म. पाव्णें सं. प्रापयति।। एवं रोमणी, दरद, आसामी, उडिया...।।

पानी क. पोञ्ज पं. सि. गु. म. पाणी ने. बां. पानि – सं. पानीय।। एवं रोमणी, आसामी, उडिया, सिंहली...।।

पान्थ (ते. पांथुंडु), पाप – हि. बां. गु. म. ते.

पापड़ पं. पप्ड़ी ने. पाप्रो बां. पाप्ड़ि सि. पापड़ु म. पापड़ – सं. पर्पट।।

पापिश्ठ (ते. पापिश्ठुंडु), पापी (ते. पापि), पामर (ते. पामरमु, पामरुंडु) – हि. बां. गु. म. ते.

पार क. पं. ने. बां. गु. म. पार् सि. पारु – सं. पार।। एवं दरद, लँहदी, आसामी, उडिया...।।ते. पार।।

पारण, पारणा (ते. पारण), पारद – हि. बां. गु. म. ते.

पारना क. पारुन् ने. पार्नु बां. पारा सि. पारणु – सं. पारयति।। एवं रोमणी, आसामी, उडिया...।।

पारा पं. बां. म. पारा ने. सि. गु. पारो – सं. पारद।। एवं उडिया...।।

पारावार पारिजात, पारितोशिक, पार्थिव (ते. पार्थिवुंडु), पार्श्व, पालक (ते. पालकुंडु) – हि. बां. गु. म. ते.

पालकी पं. सि. म. पाल्की ने. बां. पाल्कि गु. पाल्खी – सं. पल्यङ्क।। एवं आसामी, उडिया....।।

पालन (ते. पालनमु) – हि. बां. गु. म. ते.

पालना क. पालुन् पं. पाल्णा ने. पाल्नु बां. पाला सि. पारणु गु. पाळ्वुँ म. पाळणँ – सं. पालयति।। एवं लँहदी, आसामी, उडिया.....।।

पाला (टहनी) ने. पालुवा बां. पाला सि. पलो गु. पालव म. पालव, पाला – म. पल्लव।। एवं सिंहली...।।

पाली lino, edge बां. ने. पालि क. पलियार् पं. पाल् गु. म. पाळ् – सं. पालि।।

पाँव क. पाव् पं. पावा ने. पाउ बां. पा सि. पाओ गु. पाब्लुँ – सं. पाद।। एवं रोमणी, दरद, लँहदी, उडिया...।।

पावक (ते. पावकुंडु), पावन, पाश, पाशाण – हि. बां. गु. म. ते.

पासा कपबम पं. बां. पासा ने. गु. पासो – सं. पाश।।

पाहुना पं. पाहुणा ने. पाहुनु गु. परोणो म. पाहुणा – सं. प्राहुण।। एवं लँहदी...।।

पिचकारी पं. सि. गु. म. पिच्कारी ने. पिच्कारि।। एवं उडिया...।।

पिज्जरा क. पन्जुर् ने. पिज्ज्रा पं. बां. म. पिंज्रा सि. पिञिरो गु. पिंज्रुँ – सं. पिञ्जर।। एवं लँहदी, उडिया, सिंहली...।।

पिटारा पं. पिटारा ने. पेटारो बां. म. पेटारा – सं. पिटक।। एवं आसामी, उडिया...।।

पिण्ड – हि. बां. गु. म. ते.

पिण्डली पं. पिन्नी ने. पिंडुलो गु. पिण्डी म. पिंडो – सं. पिण्ड।। एवं रोमणी, उडिया, लँहदी, काफिरी......।।

पिण्डा क. प्यन्ड् पं. पिन्नी ने. पिंड़ो सि. पिनु गु. पाँडो म. पिंडा – सं. पिण्ड।। एवं रोमणी, दरद, लँहदी, उडिया, बिहारी सिंहली, काफिरी...।।

पिता (ते. पित), पित्त – हि. बां. गु. म. ते.

पित्ता पं. पित्त, पित्ता ने. सि. पितो क. प्यथ गु. पित्तो – सं. पित्त।।एवं आसामी, उडिया, सिंहली...।।

पिपासा (ते. पिपास), पिपासु (ते. पिपासुवु), पिपीलिका, पिशाच, पिशुन (ते. पिंशुनुंडु) – हि. बां. गु. म. ते.

पींघ पं. सि. पींघ ने. पिङ्ग गु. पिंग्उुँ – सं. प्रेङ्खा।। एवं लँहदी...।।

पीछे पं. पिच्छे ने. पछि बां. पाछे सि. पछोड़ु गु. पाछुँ म. पासोडी – सं. पश्चा।। एवं रोमणी, आसामी, उडिया, सिंहली....।।

पीटना क. पिटुन् पं. पिटाउणा ने. पिटनु बां. पिटा सि. पिटणु गु. पीट्वुँ म. पिट्णें।। एवं लँहदी, आसामी, उडिया...।।

पीठ पं. पिट्ठ ने. बां. पिठ् सि. पुठि गु. पूठ् म. पाठ् बां पिँड़ा – सं. पृष्ठ।। एवं रोमणी, काफिरी, दरद, आसामी, उडिया, सिंहली...।। हि. बां. गु. म. ते. पीठ।।

पीठा पं. पीठी ने. पिठो बां. पिठा सि. पीठो गु. म. पीठ् – सं. पिश्ट।। एवं लँहदी, आसामी, उडिया, सिंहली...।।

पीड़् पं. पीड़् ने. पिर् सि. पीड़ गु. पीड् – सं. पीडा।। एवं लँहदी, सिंहली...।।

पीडा (ते. पीड) – हि. बां. गु. म. ते.

पीड़ाना पं. पीड़्णा ने. पिराउनु बां. पिड़ा सि. पीड़णु गु. पीड़्वुँ म. पीड़्णँ – सं. पीडयति।। एवं आसामी, सिंहली...।।

पीढ़ा क. पीरू पं. पीह्ड़ा ने. पिरा सि. पीढ़ी म. पिढ़ँ – सं. पीठ।। एवं लँहदी, आसामी, उडिया, सिंहली...।।

पीढ़ी क. पीर् पं. पीह्ड़ी ने. पिड़ि सि. पीढ़ी म. पिढी।। एवं लँहदी...।। पीत – हि. बां. गु. म. ते.

पीतल पं. पित्तल् ने. बां. पितल् सि. पितलु गु. पीतल् म. पितळ् – सं. पित्तल।। एवं आसामी...।।

पीन – हि. बां. गु. म. ते.

पीना क्. पिवुन् ने. पिउनु बां. पिया सि. पिअणु गु. पीवुँ म. पिणँ – सं. पिवति।। एवं रोमणी, दरद, लँहदी, आसामी, उडिया, सिंहली...।।

पीपल पं. पिप्पल् ने. पिपल् बां. पिप्ल सि. पिपिरु गु. पीपळ् म. पिंप – सं. पिप्ल।। एवं लँहदी, उडिया...।।

पीब पं. पीप् ने. पिप्।।

पीयूश – हि. बां. गु. म. ते.

पीला पं. पीला ने. पहँलो, पएँलो बां. पिला सि. पिअरो गु, पीळुँ म. पिव्ळा – सं. पीतल।। एवं दरद, लँहदी....।।

पीसना क. पिहुन् पं. पीह्णा ने. पिस्नु बां. पिसा सि. पीहणु गु. पिस्वुँ म. पिस्णँ – सं. पिनश्टि।। एवं रोमणी, लँहदी, आसामी दरद...।।

पुकारना पं. पुकार्ना ने. पुकार्नु सि. पुकारणु. गु. पुकावुँ, पोकावुँ म. पुकार्णँ।।

पुच्छ पुज्ज, पुट – हि. बां. गु. म. ते.

पुड़ा पं. बां. पुड़ा ने. पुरा सि. पुड़ो गु. पुडो म. पुडा।।

पुण्य – हि. बां. गु. म. ते.

पुतली पं. पुत्ली ने. पुतलि बां. पुत्लि सि. पुतिली गु. म. पुत्ळी – सं. पुत्तलिका।।एवं आसामी, उडिया, बिहारी...।।

पुत्तलिका (ते. पुत्तलिक), पुत्र (ते. पुत्रकुंड्डु) – हि. बां. गु. म. ते.

पुत्र क. प्वथर् पं. पुत्तर् ने. पुत्, पुत्र बां. पुत् सि. पुट्टु गु. पुत्र, पूत् म. पूत्।। एवं रोमणी, काफिरी, दरद, लँहदी, उडिया, सिंहली...।।

पुनः – हि. बां. गु. म. ते.

पुनि ने. पनि सिं. पुणि, पिणि, पण गु. म. पण् – सं. पुनर्।। एवं सिंहली...।।

पुर, पुरस्, पुराण – हि. बां. गु. म. ते.

पुराना क. प्रोनु पं. पुराना ने. पुरानु बां. पुरान सि. पुराणो गु. पुराणुँ म. पुराणा – सं. पुराण।। एवं रोमणी, दरद, लँहदी, आसामी, उडिया, सिंहली...।।

पुरी (ते. पुरि), पुरीष, पुरुष, पुरुषत्व (ते. पुरुपकारमु), पुरुषार्थ, पुरोहित (ते. पुरोहितुंड्डु) – हि. बां. गु. म. ते.

पुर्सा ने. पुर्सा (= 4 हात्) सि. पुरिहु measure ofA man's height – सं. पुरुष।। एवं दरद, सिंहली...।।

पुलिन, ष्ट. पुष्टि, पुष्प, पुष्पित पुष्य, पुस्तक – हि. बां. गु. म. ते.

पुस्तक क. पूथि पं. सि. गु. म. पोथी ने. पोथि बां. पुथि।। एवं आसामी, उडिया, सिंहली....।।

पूआ ने. म. पुवा – सं. पूप।। एवं सिंहली...।।

पूँछ क. प्वछुरु, प्वंछु पं. पूछ ने. पुछर् सि. पुछड्डु, पुछु गु. पुछ्डँ – सं. पुच्छ।। एवं रोमणी, दरद, लँहदी...।।

पूछना क. प्रिछुन् पं. पुच्छ्णा ने. पुछ्नु बां. पुछा सि. पुछणु गु. पूछवुँ म. पुस्णेँ – सं. पृच्छति।। एवं रोमणी, दरद, आसामी, उडिया...।।

पूजक (ते. पूजकुंड्डु), पूजन (ते. पूजनमु), पूजा (ते. पूज) – हि. बां. गु. म. ते.

पूँजी पं. पूँजी ने. बां. पुँजि गु. म. पुँजी – सं. पुक्ष।। एवं उडिया...।।

पूज्य, पूत – हि. बां. गु. म. ते.

पूत पं. पुत्त बां. गु. म. पूत् सि. पुटु –सं. पुत्र।। एवं रोमणी, दरद, आसामी, उडिया, लँहदी, सिंहली...।।

पूनी, पोनी तवसस पं. सि. गु. पूणी ने. उरि।। एवं लँहदी...।।

पूनौं पं. पुन्निआँ ने. पुन्याँ सि. पूनँइ गु. पुनम् म. पुनव् – सं. पूर्णिमा।। एवं दरद...।।

पूर – हि. बां. गु. म. ते.

पूरना क. पूरुन् पं. पूर्ना ने. पुर्नु सि. पूरणु गु. पूवुँ म. पुर्णें – सं. पूरयति।। एवं दरद, सिंहली, लँहदी, आसामी, काफिरी...।।

पूरा क. पूरु पं. पूरा ने. पुरो बां. म. पुरा सि. पूरो गु. पूरुँ – सं. पूरक।। एवं रोमणी, लँहदी, आसामी, उडिया, सिंहली...।।

पूरित – हि. बां. गु. म. ते.

पूरी पं. सि. पूरी ने. बां. पुरि गु. म. पुरी – सं. पूर।। एवं बिहारी...।।

पूर्ण, पूर्णिमा (ते. पूर्णिमा), पूर्व (ते. पूर्तमु), पूर्ति, पूर्व – हि. बां. गु. म. ते.

पूला पं. पूला ने. पुलो बां. पुला गु. पूळो – सं. पूल।। एवं उडिया...।।

पूस क. 'प्वह्, पुह् पं. पोह् ने. पुस् सि. पोहु गु. पोस् म. पूस् – सं पुण्य।। एवं लँहदी, आसामी, उडिया, सिंहली...।।

पृच्छा (ते. पृच्छ), पृथक्, पृथिवी (ते. पृथिवि), पृथ्वी (ते. पृथ्वि), पृष्ठ – हि. बां. गु. म. ते.

पेट पं. ने. बां. गु. म. पेट् सि. पेटु।। एवं रोमणी, आसामी, उडिया.....।।

पेटी पं. सि. गु. म. पेटी ने. पेटि।।

पेलना पं. पेल्गा ने. पेल्नु म. पेल्णँ।। एवं दरद, आसामी, उडिया...।।

पैठना ने. पैठारि (import opp. to निकासि export) बां. म. पैठा सि. पेठो, पेठि गु. पेठुँ – सं. प्रविष्ट।। एवं उडिया, सिंहली...।।

पैदल पं. ने. पैदल् गु. पेदळ्।।

पैर् क. पैर्, पूरु, पं. पैर् ने पयर् सि. पेरु – सं. पाद।। एवं लँहदी...।।

पैशुन्य (गु. पैशुन) – हि. बां. गु. म. ते.

पैसना ने. पस्नु बां. पसा सि. पेहणु गु. पेस्वुँ – सं. प्रविशति।। एवं रोमणी, आसामी, उडिया...।।

पैसा पं. ने. म. पैसा सि. गु. पैसो।। एवं लँहदी, उडिया...।।

पोखर (तालाब) क. प्वखुर् irrigation basin roundA tree प्वखरू brick well पं. म. पोखर् ने. पोखरि बां. पुखुर् – सं. पौश्कर।। उडिया, बिहारी, सिंहली...।

पाँछना ने. पुछ्नु बां. पुँछा पं. पूँणा गु. पुँछ्वुँ म. पुस्णँ – सं. प्रोच्छति।। एवं लँहदी, उडिया, सिंहली...।।

पोट पं. पोट् ने. पोटि बां पेट्लि सि. पोटिड़ो गु. म. पोट् – सं. पुट।।

पोता ने. पोतो सि. पोती गु. पोतुँ म. पोट्रँ – सं. पोत।।

पोर पं. पोर्, पोरा ने. पोरो सि. पोरु, पोरो – सं. पर्व।

पोल क. प्वलु, प्वलुरु पं. पोल, पोल्ला ने. प्वाळ् गु. म. पोल्।। एवं आसामी, उडिया....।।

पोश (ते. पोशकुंडु), पोशण (ते. पोशणमु), पोश्य – हि. बां. गु. म. ते.

पोसना पं. पोस्णा ने. पोस्नु बां. पोसा गु. पोस्वुँ म. पोस्णँ – सं. पोशयति।। एवं आसामी, उडिया...।।

पौ पं. पौ ने. पौवा – सं. प्रपा।।

पौत्र (ते. पौत्रुडु), पौरुश, पौरुशेय, पौश – हि. बां. गु. म. ते.

प्यार क. गु. म. प्यार् पं. पिआर् ने. प्यार्, पियार् सि. पिओरु – सं. प्रियकार।।

प्यास क. गु. म. प्यास् पं. पिआस् ने. पियास्, प्यास् बां. पियास् सि. पिआस – सं पिपासा।। एवं आसामी, सिंहली...।।

प्रकट, प्रकाण्ड, प्रकार, प्रकाश, प्रकृत, प्रकृति, प्रक्रिया (ते. प्रक्रिय), प्रक्षालन, प्रख्यात (ते. प्रख्यातमु), प्रख्याति, प्रगल्भ, प्रचण्ड, प्रचार, प्रचुर, प्रच्छन्न, प्रच्छादन, प्रजा, प्रज्ञा (ते. प्रज्ञ), प्रणत (ते. प्रणतुंडु), प्रणति, प्रणय, प्रणव, प्रणाम, प्रणाली, प्रणिपात, प्रताप, प्रतारक (ते. प्रतारकुंडु), प्रतिकूल, प्रतिकृति, प्रतिक्रिया (ते. प्रतिक्रिय), प्रतिग्रह, प्रतिज्ञा, (ते. प्रतिज्ञ), प्रतिदिन, प्रतिनिधि, प्रतिपक्ष (ते. प्रतिपक्षमु,

प्रतिपझुंडु), प्रतिपद (ते. प्रतिपदमु), प्रतिपादक, प्रतिपादन, प्रतिपाल (ते. प्रतिपालमु), प्रतिपालक (ते. प्रतिपालकुंडु), प्रतिपालन (ते. प्रतिपालनमु), प्रतिफल, प्रतिबन्ध, प्रतिबिम्ब, प्रतिमा (ते. प्रतिम), प्रतिशब्द, प्रतिशेध (ते. प्रतिशेधमु), प्रतिश्ठा, प्रतीक्षा (ते. प्रतीक्षणमु), प्रतीति, प्रत्यक्ष, प्रत्यय, प्रत्याहार, प्रत्युत्तर, प्रत्युपकार, प्रत्येक, प्रथम, प्रथ (ते. प्रथ), प्रदक्षिण, प्रदर्शक (ते. प्रदर्शकुंडु), प्रदर्शन (ते. प्रदर्शनमु), प्रदान, प्रदेश, प्रदोश, प्रधान, प्रपंच, प्रपितामह (ते. प्रपितामहुंडु), प्रपितामही (ते. प्रपितामहि), प्रफुल्ल, प्रबन्ध, प्रबल, प्रबोध, प्रभा (ते. प्रभ), प्रभाकर (ते. प्रभाकरुंडु), प्रभात, प्रभाव, प्रभु (ते. प्रभुवु), प्रभृति, प्रमदा (ते. प्रमद), प्रमाण,प्रमाद, प्रमुख, प्रमोद, प्रयत्न, प्रयाण, प्रयास, प्रयुक्त (ते. प्रयुक्तमु), प्रयोग, प्रयोजक (ते. प्रयोजुकुंडु), प्रयोजन, प्रलाप, प्रवर्तक (प्रवर्तकमु, प्रवर्तकुडु), प्रवर्तन (ते. प्रवर्तनमु), प्रवास (ते. प्रवासमु), प्रवाह, प्रविष्ट (ते. प्रविश्टमु, प्रविश्टुंडु), प्रवीण, प्रवृत्त (ते. प्रवृत्तंडु), प्रवृत्ति, प्रवेश, प्रवेशक, प्रवेशन, प्रशंसा (ते. प्रशंस), प्रशंसनीय (ते. प्रशंसनींयमु), प्रशस्त (ते. प्रदास्तमु), प्रशस्ति, प्रश्न, प्रसक्ति, प्रसंग, प्रसन्न, प्रसर, प्रसरण, प्रसव – हि. बां. गु. म. ते.

प्रसव क. प्रसुन् ने. पसाउनु गु. प्रसब्वुँ म. पसविर्णँ – सं. प्रसूयते।।

प्रसाद, प्रसारं, प्रसिद्ध (ते. प्रसिद्धमु), प्रसिद्धि, प्रसूत (ते. प्रस्तमु), प्रसूति, प्रस्ताव, प्रस्तुत, प्रस्थान, प्रहर, प्रहार, प्राकृत, प्राचीन, प्राण, प्राणायाम, प्राणी (ते. प्राणि), प्रातः, प्रातःकाल, प्रादुर्भाव, प्राधान्य, प्रान्त, प्राप्त (ते. प्राप्तमु), प्राप्ति, प्राबल्य, प्रारब्ध, प्रारम्भ, प्रार्थना (ते. प्राप्तमु), प्राप्ति, प्राबल्य, प्रारब्ध, प्रारम्भ, प्रार्थना (ते. प्रार्थन), प्राशन, प्रासाद, प्रिय (ते. प्रियमु), प्रिया (ते. प्रिय), प्रियंवद (ते. प्रियंवदुंडु), प्रीति, प्रेक्षक (ते. प्रेक्षणिकुंडु), प्रेक्षण (ते. प्रेक्षणमु), प्रेत, प्रेम, प्रेरक (ते. प्रेरकुंडु), प्रेरण (ते. प्रेरणमु), प्रेरित (ते. प्रेरितमु), प्रौढ (ते. प्रौढमु), प्रौढा (ते. प्रौढ), प्लुत – हि. बां. गु. म. ते.

क्कड् पं. बां. ने. फक्कड़ सि. फकिड़ी गु. म. फक्कड्।।

फटकना पं. फटक्णा ने. फड़्कनु बां. फट्का सि. फटाको गु. फटक्वुँ

म. फटक्णँ।। एवं काफिरी, आसामी, उडिया...।।

फटकरी पं. फट्करी ने. फड़्किरि बां. फटिकारि गु. फट्कडी म. फट्की – सं. स्फटिकारी।।

फटना क. फटुन् पं. फाट्णा ने. फाट्नु बां. फाटा सि. फाटणु गु. फाट्वुँ म. फाट्णँ।। एवं लहदी, आसामी, उडिया...।।

फण (ते. फणमु), फणा (ते. फण), फणी – हि. बां. गु. म. ते.

फन बां. फन् पं. फण् ने. फनि सि. फणि गु. फेण्, फणी म. फणी – सं. फण।। एवं लँहदी, आसामी, उडिया, सिंहली...।।

फबना पं. फब्णा ने. फाप्नु सि. फबणु गु. फाब्वुँ म. फाब्णँ।। एवं आसामी...।।

फर्सा बां. ने. फर्सा गु. फर्शी म. फरस् – सं. परशु।। एवं सिंहली...।।

फल क. पं. ने. बां. फल सि. फरु गु. म. फळ्।। एवं काफिरी, दरद, लँहदी, आसामी, उडिया, बिहारी, सिंहली...।। ते. फल।।

फलित, फलितार्थ – हि. बां. गु. म. ते.

फली क. फळ् पं. फल्हा ने. फलियों बां. फला सि. फरहो गु. फळ् म. फळा – सं. फलक।। एवं काफिरी, आसामी, उडिया...।।

फसकना क. फास् ने. फस्को बा. फस्का।।

फँसना पं. फाह्णा ने. फाँस्नु बां. फाँसा सि. फासणु गु फाँस्वुँ म. फाँस्णँ – सं. स्पाशयति।। एवं लँहदी...।।

फाँक् फाक् पं. फक्का ने. फाँक् सि. फकु गु. फाको म. फाका।। एवं लँहदी...।।

फाँकना पं. फक्क्णा ने. फकनु बां. फाँक म. फाक्णँ।।

फागुन क. ने. फागुन् पं. फग्गण् सि. फगुणु गु. म. फागण् – सं. फाल्गुन।। एवं लँहदी, आसामी, उडिया, बिहारी...।।

फाटक पं. ने. बां. म. फाटक्।। एवं उडिया, बिहारी...।।

फाड़ना क. फालवुन् पं. फाड़णा ने. फार्नु बां. फाड़ा सि. फाड़णु गु. फाडवुँ म. फाड्णँ – सं. स्फाटयति।। एवं रोमणी, उडिया, सिंहली, आसामी...।।

फाँदना ने. फाँद्नु बां. फाँदा म. फाँद्णँ – सं. स्पन्दते।।

फाल क. बां. फाल् पं. फाला ने. फालि सि. फारु म. फाळ – सं. फाल।। एवं लँहदी, आसामी, दरद, बिहारी...।।

फालसा पं. फलूहा ने. फाल्सो बां. फाल्सा सि. फारुओ गु. फाळ्सुँ – सं. पारूपक।। एवं उडिया...।।

फाल्गुन – हि. बां. गु. म. ते.

फाँसी पं. सि. फाही ने. बां. फाँसि गु. फाँसी म. फाशी – सं. पाश।। एवं लँहदी, आसामी, उडिया...।।

फिर पं. बां. गु. म. फेर् ने. फेरि।। एवं लँहदी, उडिया, बिहारी...।।

फिर्ना क. फिरुन् पं. फिर्ना ने. फिर्नु बां. फिरा सि. फिरणु गु. फवुँ म. फिर्णें।। एवं रोमणी, दरद...।।

फीका पं. फिक्का ने. सि. फिको बां. म. फिका गु. फीकुँ।। एवं उडिया...।।

फुरती क. फोरुन् फुरथ प. फुर्ती ने. फुर्नु, फुर्ति सि. फुरणु गु. फुवुँ म. फुर्णें – सं. स्फुरति।। एवं सिंहली...।।

फुसलाना ने. फस्ल्याउनु गु. फोस्लाब्वुँ म. फस्लाविणें।। एवं उडिया. ..।।

फूक, फूँक क. फ्वख् पं. फुक्क् ने. फुक् सि. फूका गु. म. फुँक्।। एवं उडिया...।।

फूँकना क. फुकुन् पं. फूक्णा ने. फुक्नु बां. फुँका सि. फुकणु गु. फुँक्वुँ. फुँकावुँ म. फुँक्णें – सं फूत्करोति।। एवं रोमणी, दरद, आसामी, उडिया...।।

फूटना क. फुटुन् पं. फुट्णा ने. फुट्नु बां. फुआ सि. फुटणु गु. फुटवुँ म. फुट्णें – सं. स्फुट्यते।। एवं रोमणी, दरद, लँहदी, आसामी, उडिया...।।

फूफा पं. फुप्फा ने. फुपाजु सि. फुफड़ गु. फुवो।। एवं लँहदी...।।

फूफू क. फ्वफ् पं. फुप्फी ने. फुपु सि. फुफी गु. फोई म. फुई।। एवं दरद, लँहदी, काफिरी...।।

फूल पं. फुल्ल् ने. बां. फुल् सि. फुलु गु. म. फूल् – सं. फुल्ल।। एवं लँहदी, आसामी, उडिया, बिहारी, सिंहली...।।

फूलना क. फ्वलुन् पं. फुल्ल्णा ने. फुल्नु बां. फुला सि. फुलणु गु. फुल्वुँ म. फुल्णेँ – सं. फुल्लति।। एवं आसामी, उडिया, सिंहली...।।

फूली white speck in eye पं. फुल्ल् ने. सि. फुलो बां. फुळ् गु. फूलुँ म. फूल् – सं. फुल्ल।। एवं उडिया, सिंहली...।।

फँकना ने. फ्वाँक्नु, फँक्नु बां. फेका, गु. फँक्वुँ म. फेक्णेँ, फँक्णें।। फेन – हि. बां. गु. म. ते.

फेना क. फीन ने. बां. फेन् सि. फीणु गु. म. फेण् – सं. फेन।। एवं दरद, आसामी, उडिया, बिहारी, सिंहली, काफिरी...।।

फेरना क. फेरुन् पं. फेर्णा ने. फेर्नु बां. फेरा सि. फेरणु गु. फेरेब्वुँ म. फेर्णें।। एवं दरद, उडिया...।।

फेरा पं. म. फेरा ने. सि. गु. फेरो।। एवं लँहदी, उडिया...।।

फैलना पं. फैलाउणा ने. फैलनु बां. फेला सि. फेलाउ गु. फेल्वुँ म. फैलाव्णें।।

फोका क. फ्वक पं. फोका ने. फोको बां. फोकर् सि. फोकु गु. फोक्।। फोड़ना क. फोरुन् पं. फोड़्णा ने. फोर्नु बां. फौंड़ा सि. फोड़णु गु. फोड़्वुँ म. फोड़्णँ – सं. स्फोटयति।। एवं रोमणी, दरद, आसामी, उडिया, सिंहली...।।

फोड़ा पं. बां. फोड़ा ने. फोरो सि. फोड़्लो म. फोड़् – सं. स्फोट।। एवं रोमणी, दरद, उडिया, सिंहली...।

बक – हि. बां. गु. म. ते.

बकना क. बकुन् पं. बक्णा ने. बक्नु बां. बका सि. बकणु गु. बक्वुँ म. बक्णें।। एवं आसामी और उडिया।

बकबक ने. गु. म. बक्बक् सि. बक्बकि।। एवं उडिया...।।

बकरा क. कर् पं. बक्का गे. बाखो बां. म. बक्रा सि. बकिरो गु. बक्रो – सं. बर्कर।। एवं रोमणी, दरद, लँहदी, उडिया, बिहारी...।।

बकरी पं. बक्क्री ने. बाखि सि. बकिरी गु. म. बक्री।। एवं रोमणी, उडिया, बिहारी, लँहदी...।।

बखान्ना क. बखनुन् पं. बखाण्ना ने. बखान्नु सि. बाखाणणु गु. बखाण्वुँ म. बाखाण्णें – सं. व्याख्सान।। एवं आसामी, उडिया...।।

बखेड़ा पं. ने. बां. बखेड़ा गु. बखोड़्वुँ म. बखेडा।।

बगना क. बगुन् पं. बग्णा ने. बग्नु गु. बाग्वुँ म. वाग्णँ।।

बगला पं. बग्ला ने. बकुल्लो बां. वक् सि. बगुलो गु. म. बग् – सं. बक।। एवं आसामी और उडिया।।

बघार क. बगार पं. ने बघार् सि. बघारु गु. वघार्।। एवं बिहारी... ।। बचाना क. बचावुन् पं. बचाउणा ने. बचउनु बां. बाँचाना सि. बचाइणु गु. बचाब्वुँ

म. बचाविणँ।।

बछेड़ा क. बछोरु पं. बछेरा ने. बछेड़ो सि. गु. बछेरी – सं. बत्सतर।। एवं बिहारी...।।

बजाना क. बजुन् पं. बज्ज्णा ने बज्नु बां. बाजा सि. बजणु गु. बाज्वुँ म. बाज्णँ – सं. बाद्यते।। एवं दरद, आसामी उडिया ।।

बझना पं. बज्झड़्णा ने. बाझनु सि. बझणु गु. बाड़्वुँ म. बाड़्णँ – सं. बध्यते एवं दरद, लँहदी, सिंहली...।।

बटना क. बटुन् पं. बट्टणा, वट्टणा ने. बाट्नु बां. बाट्ना सि. बटणु गु. बाव्वुँ – सं. वर्तयति।। एवं लँहदी, आसामी, उडिया, सिंहली...।।

बटलोही ने. बट्लोइ बां. बाट्लहि पं. बट्लोहा – सं. बर्तलोह।। एवं बिहारी...।।

बटेर क. बाटुरु पं. बटेर् ने. ब्ट्टाइ बां. बटुया सि. बटेरो।।

एवं काफिरी, सिंहली...।।

बटोरना पं. बटोल्ना ने. बटुल्नु।।

बड़ प. बां. बड् ने. बर् सि. बडु गु. म. बड् – सं. बट।।

एवं आसामी, उडिया...।।

बड़बड़ाना पं. बड़्बड़ाउणा ने. बर्बराउनुं वां. बड़बड़िया सि. बड़् बड़ाइणु गु. बड्बड़्वुँ म. बड्वड्णँ।। एवं उडिया...।।

बड़ा क. बोडु पं. बड्डा ने. बड़ो बां. बड़ सि. बड़ो गु. वडुँ म. बाड् – सं. बड्।। एवं रोमणी, दरद, लँहदी, आसामी, उडिया, बिहारी...।।

बड़ी क. बरू पं. बडी ने. बरि बां. बड़ि सि. बड़ो गु. म. बडी – सं. वटिका।। एवं आसामी, उडिया, बिहारी...।।

बढ़ पं. बाड़्ढी ने. बड़इ बां बाड़इ बाढाया – सं. बर्धकि।। एवं आसामी, उडिया, सिंहली...।।

बढ़ना के. बडुन् पं. बद्धणा ने. बड़नु बां. बाड़ा सि. वधणु गु. वाध्वुँ म. बाढ्णेँ – सं. बर्धते।। एवं रोमणी, लँहदी, आसामी, उडिया, सिंहली...।।

बत्ती पं. बत्ती ने. बत्ति, बाति सि. वटि गु. वाट म. वात् – सं. बर्ति।। एवं दरद, आसामी, उडिया, बिहारी, सिंहली...।।

बद्ध – हि. बां. गु. म. ते.

बधाई पं. सि.गु. बधाई ने. बड़ाइँ बां. बड़ाइ।। एवं आसामी...।। बधिर – हि. बां. गु. म. ते.

बन क. वन् पं. बण ने. बां. बन् सि. बणु (वृक्ष) – सं. वन।। एवं लँहदी, आसामी, उडिया, बिहारी, सिंहली...।।

बनना क. बनुन् पं. बण्ना ने. बन्नु बां. बानाना सि. बणणु गु. बन्वुँ म. बन्णेँ।। एवं लँहदी, उडिया...।।

बनिया क. बोञु पं. बां. बानिया सि. वाण्यो गु. वाणियो म. वाणी – सं. वाणिज।। एवं आसामी, उडिया, बिहारी, सिंहली, काफिरी...।।

बंदर क. बाँदुर् पं. ने. बन्दर् बां. पं. बाँदर सि. वानरु म. बाँदर – सं. वानर्।। एवं दरद, आसामी, सिंहली....।।

बन्ध पं. बन्न्हण् ने. बां. बाँधन् सि. बन्धणु गु म. बाँधण् – सं. बन्धन।। एवं आसामी...।

बन्ध, बंधक, बंधन, बंधु (ते. बंधुंडु, बंधुवु) – हि. बां. गु. म. ते.

बबूल क. बबरू ने. बबुल् बां. बाब्ला सि. बबुरु गु. बावळ् म. बाभूळ् – सं. बब्बूल।।

बब्री curl ने. बाबरि गु. म. बाबी – सं. बर्बर।।

बर suitor पं. वर् ने. बां. बर् सि. वरु गु. म. वर् – सं. वर।। एवं दरद, लँहदी, आसामी, उडिया, बिहारी...।।

बर boon क. गु. म. पं. वर् ने. बां. वर् सि. बरु – सं. बर।। एवं आसामी, उडिया, सिंहली...।।

बरछा पं. बर्ला ने. बर्छो बां. बर्छि, सि. गु. बर्छी म. बर्ची, बर्शी।। एवं आसामी, उडिया।।

बरस क. बहर् पं. बरह् ने. बर्स बां. बरिस् सि. बह्र्यु गु. वरस् – सं. वर्ष।। एवं रोमणी, दरद, आसामी, उडिया...।।

बरसना क. बशुन् पं. बह्र्णा ने. बर्सनु सि. वसणु गु. बरस्वुँ म. वरस्णँ – सं. वर्शति।। एवं रोमणी, लँहदी, आसामी, उडिया, सिंहली...।।

बरसात क. वहराथ् ने. बर्सात् बां. बर्साति – सं. वर्शा–ऋृतु।।

बरात पं. बरात्, बरात् ने. बरियात गु. म. बरात् – सं. बरयात्रा।। एवं बिहारी...।।

बर्मा पं. ने. म. बर्मा सि. बर्मो।। एवं बिहारी।।

बल क. पं. ने. बां. बँल् सि. बलु गु. म. बळ्।। एवं दरद, आसामी, उडिया, सिंहली...।। ते. बल।।

बलद पं. बल्द् ने. बरद् बां. बलद् सि. बलेदो – सं. बलिवर्द।। एवं बिहारी, लँहदी, आसामी, उडिया...।।

बलना पं. बल्णा ने. बल्पु सि. बरणु गु. बळ्वुँ।। एवं लँहदी...।।

बलात्कार, बलि – हि. बां. गु. म. ते.

बलि क. बल् पं. बली ने. बां. सि. बलि गु. बली म. बल्।। एवं आसामी, उडिया, सिंहली...।।

बलिदान – हि. बां. गु. म. ते.

बली पं. सि. बली ने. बलियो बां. बलिं गु. बळियुँ म. बळी।। एवं आसामी, उडिया...।।

बल्ला पं. बला, वला ने. बलो सि. वरो गु. बळी – सं. बलक।। वसना क. वसुन् पं. वस्सणा ने. बस्नु बां. बसा गु. बस्वुँ म. वस्णें – सं. वसति।। एवं दरद, लँहदी, आसामी, उडिया, सिंहली...।।

बसह ने. बसाहा – सं. वृशभ।। एवं बिहारी, सिंहली...।।

बसाना ने. बसाउनु – सं. वासयति चमतनिउमे।।

बसूला ने. बसुलो सिं. वाहोलो गु. वाँस्लो।। एवं बिहारी...।।

बस्ती ने. बां. बस्ति गु. वस्ती – सं. वसति।। एवं आसामी उडिया...।।

बहकाना पं. बहिकाउणा ने. बहकाउनु।।

बहन पं. भैण् ने. बैनि सि. भेणु गु. बहेन् म. बहीण् – सं. भगिनी।। एवं रोमणी, दरद, लँहदी, आसामी, उडिया, सिंहली...।।

बहना पं. वहिणा ने बहनु बां. बहा सि. वहणु गु. बहेवु म. वाहणेँ – सं. वहति।। एवं लँहदी, उडिया, सिंहली...।।

बहिरंग – हि. बां. गु. म. ते.

बहिरा ने. बैरो गु. बेहेरुँ म. बहिरा – सं. बधिर।। एवं दरद, सिंहली...।।

बहिश्कार (ते. बहिश्कारमु), बहिप्कृत (ते. बहिश्कृतमु) – हि. बां. गु. म. ते.

बही पं. सि. गु. म. बही ने. बां. बहि।। एवं लँहदी, आसामी, उडिया...।।

बहु – हि. बां. गु. म. ते.

बहुत पं.ने. बां. गु. म. बहुत् सि. बहूँ – सं. बहुत्व।। एवं रोमणी, दरद, लँहदी, आसामी, उडिया, सिंहली.........।।

बहुल – हि.बां.गु. म.ते.

बहू पं. बहू ने. बहु बां. बउ सि. वहू म. गु. बहु – सं. वधू।। एवं रोमणी, दरद, आसामी, उडिया, बिहारी, काफिरी...।।

बाँका क. वकर्, वुकरावुन् पं. विङ्गा ने. बाङ्गो बां. बाँका सि. बिङ्गों गु. वाँकुं म. बाँका – सं. वक्र।। एवं रोमणी, आसामी, उडिया, बिहारी, सिंहली...।।

बाग क. वग् पं. गु. बाग् ने. बां. बाग् सि. बाग – सं. बल्गा।। एवं उडिया...।।

बाघ पं. ने. बां. बाघ्ङ् सि. वाघु गु. म. वाघ् – सं. व्याघ्र।। एवं दरद, आसामी, उडिया, सिंहली...।।

बाछा क. वोछु पं. वच्छा ने. बाछो बां. बाछा सि. वछ – सं. वत्स।। एवं दरद, लँहदी, बिहारी, सिंहली, काफिरी, उडिया...।।

बाजरा पं. बां. म. बाज्रा ने. बाजुरो गु. बाज्रो।। एवं उडिया, बिहारी।।

बाजा पं. वाज्जा ने. बां. बाजा सि. वाजो गु. वाजुँ – सं. वाद्य।। एवं उडिया, बिहारी, सिंहली...।।

बाँझ पं. बज्झ ने. बाझो बां. बाँझा सि. गु. वाँझ म. वाँझा – सं. वन्ध्य।। एवं बिहारी, सिंहली...।।

बाट क. वथ् पं. गु. म. वाट् ने.. बाटो बां. बाट् सि. वाट – सं. वर्त्म।। एवं दरद, लँहदी, आसामी, उडिया, सिंहली...।।

बाँट पं. वण्ड् ने. बाँड़ बां. बाँटा सि. वण्ड गु. वाँट् – सं. वण्ट।। एवं लँहदी, उडिया...।।

बाँटना पं. वण्ड्णा ने. बाट्नु बां. बाँटा सि. वण्डणु गु. बाँट्वुँ म. बाँट्णँ – सं. वण्टति।। एवं काफिरी, दरद, लँहदी, आसामी, उडिया...।।

बाड़ क. वार् पं. गु. म. वाड् ने. बार् बां. बाड़् सि. वाड़ो – सं. वाट।। एवं रोमणी, आसामी, उडिया, बिहारी, सिंहली...।।

बाड़ी क. वारु पं. सि. वाड़ी ने बारि बां. बाड़ि गु. म. बाडी – सं. वाटिका।। एवं रोमणी, लँहदी, आसामी, उडिया, बिहारी...।।

बाढ़ी क. वड् पं. वड्ढ ने बां. बाड़ि म. वाढी।। एवं आसामी, उडिया, बिहारी लँहदी, सिंहली...।।

बाण पं. वाण् ने. बां. बान् सि. बाणु गु. म. बाण्।। एवं लँहदी, आसामी, उडिया, सिंहली...।।ते. बाण।।

बात क. बाथ् पं. ने. बात् सि. वातु गु. वात् – सं. वार्त्ता।। एवं दरद, लँहदी, सिंहली...।।

बादल पं. बद्दल् ने. बां. बादल् सि बदलु गु. म. वादळ् – सं. वार्दल।। एवं आसामी, उडिया, बिहारी...।।

बाधक – हि. बां. गु. म. ते.

बाँधना पं. वन्न्हणा ने. बाँध्नु बां. बाँधा सि. बन्धणु गु. बाँध्वुँ म. बाँध्णँ – सं. बन्धति।। एवं रोमणी, दरद, आसामी, उडिया, बिहारी, सिंहली...।।

बाध्णँ – सं. बन्धति।। एवं रोमणी, दरद, आसामी, उडिया, बिहारी, सिंहली...।।

बाधा (ते. बाध) – हि. बां. गु. म. ते.

बानगी पं. वन्नगी ने. बान्कि सि. वनिक गु. म. वान्गी।। एवं लँहदी...।।

बाप पं. ने. बां. म. बाप् गु. बापा।। एवं रोमणी, दरद, लँहदी, आसामी, उडिया, सिंहली.....।। मलाया – बाप।।

बाबू ने. बां. गु. म. बाबू।। एवं दरद, उडिया...।।

बाम्हनी पं. म. बाम्हणी ने. बाउनि बां. बामनि सि. बाँभिणी गु. बाम्णी – सं. ब्राह्मणी।। एवं सिंहली...।।

बायां ने. बाउँ बां. बाँ गु. वाम् – सं. वाम।। एवं आसामी, उडिया, सिंहली...।।

बार (सप्ताह का दिन) ने. बां. बार् सि. चारु गु. म. वार् – सं. बार।। एवं लँहदी, आसामी, उडिया, सिंहली...।।

बार. क. गु. म. पं. वार् ने. बां. बार् सि. बार – सं. वार।। एवं रोमणी, आसामी, उडिया, सिंहली...।।

बारी ने. बारि पं. सि. गु. म. वारी।। एवं लँहदी...।।

बाल् क. वाल् पं. वाल् , बाल् ने. बां. म. बाल् सि. वारु गु. वाळ् – सं. वाल।। एवं रोमणी, दरद, आसामी, उडिया...।। ते. बालुंडु।।

बालक क. बालुख् ने. बालख बां. गु. म. बालक।। ते. बालकुंडु।।

बालना (जलाना) पं. बाख्णा ने. बाल्नु सि. बारणु गु. बाळ्वुँ।। एवं लँहदी...।।

बाली तपदह पं. बाली ने. बां. बालि गु, म. भली – सं. वालिका।। एवं लँहदी, बिहारी, सिंहली...।।

बालु पं. बालू ने. बालुवा बां. बालि सि. वारी गु. वाळु म. वाळ – सं. वालुका।। एवं आसामी, उडिया, सिंहली...।।

बाव, बाई पं. वा. ने. बा. बां. बाइ सि. वाउ गु. वा म. वाव् – सं. बात, वायु।। एवं रोमणी, लँहदी, आसामी, उडिया, सिंहली...।।

बावना क. वामुन् पं. बौणा ने. बाउने बां. बाँउन् गु. वाम्णुँ – सं. वामन।। एवं लँहदी, आसामी...।।

बावला क. वूलु ने. बौलाहा सि. बाँविरो गु. बाव्रूँ।।

वाष्प – हि. बां. गु. म. ते.

बास् क. गु. म. पं. वास् ने. वास् बां. बासा – सं. वास।। एवं दरद, आसामी, उडिया, बिहारी, सिंहली...।।

बाँस क. वैंस पं. वञ्झ ने. बाँस् सि. वञ्झु गु. बाँस म. बाँसा – सं. वंश।। एवं दरद, लँहदी, आसामी, सिंहली...।।

बासी क. ने. बां. बासि पं. बास्सी सि. वासु गु. म. वासी – सं. वासित।। एवं आसामी, उडिया...।।

बाँसुरी पं. बज्झुली ने. बाँसुरी गु. वाँस्ळी।

बाहन ने. बाहान् बां. बाहन् पं. गु. म. वाहन् – सं. वाहन।। एवं लँहदी, आसामी, उडिया...।।

बाहर क. बहार ने. बाइर बां. बाहिर् सि. बाहरि गु. बाहेर, बहार् – सं. बहिर्।। एवं आसामी, उडिया, सिंहली...।।

बाहु क. बाऊ पं. बाँह् ने. बाँहाँ बां. गु. बाहु सि. बाँह म. बाही – सं. बाहु।। एवं रोमणी, दरद, लँहदी, उडिया, सिंहली...।। ते. बाहु।।

बाह्य – हि. बां. गु. म. ते.

बिकना पं. विक्णा ने. बिक्नु बां. बिका सि. विकणु म. विक्णँ – सं. विक्रीयते।। एवं दरद, लँहदी, आसामी, उडिया, रोमणी, सिंहली...।।

बिकाना पं. विकाउणा ने. विकाउनु बां. बिकान।। एवं आसामी...।।

बिक्री पं. विक्री ने. बिक्रो ने. बिक्री सि. विकिरो, विकिरी गु. वक्रो म. विक्रा, विक्री।। एवं उडिया...।।

बिगड़ना क. बिगरुन् पं. बिगड़्णा ने. विग्रनु बां. बिग्ड़ा सि. बिगिड़णु गु. बगड़्वुँ म. बिगड़्णे।। एवं लँहदी, आसामी, उडिया...।।

बिगाड़ना क. बिगारुन् पं. बिगाड़्णा ने. विगार्नु सि. बिगाड़णु गु. बगाड़्वुँ म. बिगड़्णँ।। एवं उडिया...।।

बिच्छू, बिच्छी क. ब्युचु, पं. बिच्छू ने. बिच्छि बां. बिछा सि. विछूँ गु. बीछी, वीछु म. विंचु – सं. वृश्चिक, वृश्चुक।। एवं दरद, आसामी, उडिया, लँहदी...।।

बिछाना पं. बिछाउणा ने. बिछयाउनु बां. बिछान सि. बिछाँइणु – सं. विच्छादयति।। एवं उडिया और बिहारी।।

बिजली पं. विज्ली ने. बिजुलि बां. बिज्लि सि. बिजु गु. विज्ळी म. बीज् –सं. विद्युत्।। एवं दरद, लँहदी, आसामी, उडिया, सिंहली...।।

बिनती क. विनत् पं. बिर्णती ने. बिन्ति बां. बिनति सि. म. बिनती गु. बिनति – सं. विज्ञप्ति।। एवं आसामी, उडिया...।।

बिना पं. बिण् ने. बिना, बिनु गु. विण् म. वीण्, विणँ – सं. विना।। एवं आसामी, उडिया...।।

ब्निास पं. बणाह् ने. बिनास् सि. बिणाहु – सं. विनाश।।

बिन्दु (ते. बिंदुवु), बिम्ब – हि. बां. गु. म. ते.

बिलार क. ब्रोरु ने. बिरालो बां. बिड़ाल्, बिलाल् गु. बिलाडो – सं. विडाल।। एवं दरद, आसामी, उडिया, सिंहली...।।

बिलोड़ना ने. बिरल्नु सि. विलोड़णु – सं. लोडयति।।

बिल्लाना ने. बिलना म. विळशणँ – सं. विलपन।। एवं आसामी...।।

बिल्ली पं. बिल्ली ने. बिल्ली, बिरालो सि. बिलो – सं. विडाल।। एवं लँहदी...।।

बिसरना पं. विस्सर्णा ने. बिर्सनु सि. विसिरणु गु. विसवुँ म. विसर्णें – सं. बिस्मरति।। एवं रोमणी, लँहदी...।।

बिहान् (प्रातः) ने. बियान् बां. बिहान् सि. विहाणी गु. वहाणुं – सं. विभानु।। एवं आसामी, बिहारी...।।

बीघा क. बिग पं. विग्धा ने. बां. म. बिघा गु. बिघुं।। एवं आसामी, उडिया, बिहारी, लँहदी...।।

बीच पं. विच्च् ने. बिच् सि. विचु।। एवं लँहदी...।।

बीज क. ब्योलु पं. बी. ने. बिउ बां. बीज सि. बीहणु गु. बी, बीज म. वियाणँ, बीज – सं. बीज।। एवं दरद, लँहदीख बिहारी...।। ते. बीज।।

बीड़ roll of betel क. बीर hookey ball पं. बीड़ा बीड़ा ने. बिरो सि. बीड़ो गु. बीडुं म. बिडा – सं. विटिका।। एवं आसामी, उडिया, बिहारी...।।

बीतना ने. बित्नु गु. बीत्वुँ।। एवं उडिया...।।

बीता पं. वित्थ ने. बित्ता सि. विर्थि गु. वैंत् म. वीत् – सं. वितस्ति।। एवं पश्तो, अलबिरूनी, लँहदी, सिंहली...।।

बीन् पं. बीण् ने. बां. बिन् – सं. वीणा।। एवं आसामी, बिहारी...।।

बीनना क. व्यञरन् ने. बिन्नु गु. बिण्वुं – सं. विचिनोति।।

बीभत्स – हि. बां. गु. म. ते.

बीर पं. गु. वीर् ने. बां. बिर् सि. वीरु – स. वी.।। एवं आसामी और उडिया।।

बीरा क. वीर् पं. वीरा ने. बिर् सि. वीरु demon गु. वीरो म. विरी (=वीर्य, शक्ति) – सं. वीर।। एवं दरद, लँहदी, आसामी, सिंहली...।।

बुझना ने. बुझनु बां. बुजा सि. उबुक्नाणु गु. बुझावुँ।। एवं दरद, उडिया...।।

बुझाना ने. बुझाउनु बां. बुझाना म. वुजविणेँ।। एवं लँहदी, आसामी, उडिया...।।

बुद्ध (ते. बुद्धुंडु), बुद्धि, बुध (ते. बुधुंडु), बुधवार – हि. बां. गु. म. ते.

बुनना क. बोनुन् पं. बुण्ना ने. बुन्नु बां. बुना सि. उणणु।। एवं दरद, लँहदी, उडिया...।।

बुभुक्षा (ते. बुभुक्ष), बुभुक्षु – हि. बां. गु. म. ते.

बुरा पं. म. बुरा ने. सि. बुरो गु. बूरुँ।। एवं उडिया...।।

बुलाना ने. बोलाउनु बां. बोलान गु. बोलाव्वुँ म. बोलविणेँ।। एवं आसामी...।।

बूकना क. व्वकु पं. बुक्का ने. बुकाउनु सि. बुकु गु. बूक्, बुक्वुँ म. बुकी।। एवं लँहदी, सिंहली...।।

बूका powder पं. बुक्का ने. बुको बां. बुक्नि सि. बुकी म. बुक्टी।। एवं उडिया...।।

बूझ ने. बां. बुझ् गु. म. बूज्।। एवं आसामी...।।

बूझना क. बोजुन् ने. बुझ्नु बां. बुझा सि. बुझणु गु. बुज्वुँ म. बुज्णँ – सं. बुध्यते।। एवं दरद, लँहदी, आसामी, उडिया...।।

बूटा क. बूत पं. बूटा ने. बुटो बां. म. बुटा सि. बूटो गु. बुट्टो।। एवं लँहदी, आसामी, उडिया...।।

बूटी पं. सि. बूटी ने. बुटि गु. बुट्टी म. बुटी।। एवं लँहदी...।।

बूड़ना क. ब्वडुन् पं. बुड्डणा ने. बुड़नु सि बुडणु गु. बुड्वुँ म. बुड्णेँ।। एवं लँहदी, आसामी, उडिया...।।

बूढ़ा क. बुडु पं. बुड्ढा ने. बुडो बां. बुड़ा सि. बुढ़ो गु. बूढ् – सं. बृद्ध।। एवं दरद, लँहदी, आसामी, उडिया, सिंहली....।।

बूँद क. बन्द पं. बुन्द ने. म बुँद् बां. बुँदिया सि. बिन्दु, बुन्दो गु. बुन्द, बिंदु – सं. बिन्दुँ।। एवं लँहदी....।।

वृहत् (ते. बृहत्तु), बृहस्पति – हि. बां. गु. म. ते.

बेचना पं. बेच्णा ने. बेच्नु बां. बेचा गु. वेच्वुँ म. वेच्णेँ।। एवं लँहदी, आसामी...।।

बेटा पं. बां. म. बेटा ने. सि. गु. बेटो।। एवं आसामी...।।

बेटी पं. सि. गु. म. बेटी ने. बां. बेटि।। एवं लँहदी, आसामी...।।

बेड़ा पं. ने. बेड़ा सि. बेड़ो गु. बेडो म. बेडा – सं. बेडा।। एवं रोमणी, लँहदी...।।

बेत पं. ने. बां. बेत् म. वेत् – सं. वेत्र।। एवं आसामी, उडिया, सिंहली...।

बेनी (नदी संगम) ने बां. बेनि गु. म. वेणी – सं. वेणि।। एवं उडिया...।।

बेर क. वेल पं. ने. बेर् सि. वेर, वेरो गु. म. वेळ् – सं. वेला।। एवं दरद, आसामी, उडिया, लँहदी, सिंहली, काफिरी...।।

बेर कं. ब्रय पं. बेर् ने. बयर् बैर बां. बैर सि. बेरु गु. म. बोर् – सं. बदर।। एवं बिहारी....।।

बेल क. ब्यल् ने. बां. म. बेल् – सं. बैल्व।। एवं आसामी, उडिया, सिंहली...।।

बेलना पं. बेल्णा ने. बेल्नु बां. बेलन, बेल्ना सि. वेलणु गु वेलण् – सं. वेल्लन।। एवं लँहदी, उडिया...।।

बेसन पं. गु. बेसण् ने. बां. बेसन्।।

बेगुँन् , बैगन क. वाँगुन् पं. बैंगण् ने. बेगुन् बां. बँगन् सि. वाङणु गु वँगण् – सं. वङ्गन।। एवं बिहारी...।।

बैठ्ना क. ब्यूठु पं. बैठणा ने. बैठनु सि. बेठो गु. बठुँ – सं. उपविष्ट।। एवं रोमणी, दरद, लँहदी...।।

बोक्ला पं. बक्क् ने. बोक्रो बां. बाकल् गु. म. वाक् – सं. वल्क।। एवं दरद, आसामी...।।

बोझ पं. बोज्झा ने. बोझा बां. म. बोझा सि. गु. बोझो – सं. वह्य।। एवं लँहदी, आसामी, उडिया...।।

बोध, बोधक (ते. बोधकुंडु), बोधन (ते. बोधनमु) – हि. बां. गु. म. ते.

बोना क. ववुन्, वावुन्, वापुन् ने. उबाउनु बां. बोना गु. वाव्णी – सं. वपति।। एवं दरद, आसामी, सिंहली...।।

बोरा पं. बां. म. बोरा ने. सि. गु. बोरो।। एवं दरद, लँहदी, उडिया।।

बोलना क. बोलुन् पं. बोल्णा ने. बोल्नु बां. बोला सि. बोलणु गु. बोल्वुँ म. बोल्णँ।। एवं आसामी, उडिया...।।

बोली क. बूलि पं. बोल्ली ने बां. बोलि सि. गु. म. बोली।। एवं उडिया...।।

ब्याना ने. बियाउनु बां. बिया सि. बिअमु गु. विआवुँ म. बिणेँ – सं. विजायते।। एवं आसामी, उडिया, लँहदी, सिंहली...।।

ब्यालू, ब्यारी ने. बियाँलो म. वीळ – सं. विकाल।। एवं दरद, आसामी...।।

ब्याह पं. विआह् ने. बिए, बिहे, ब्याहा बां. बिहा सि. दिहाँड गु. म. विवाह् – सं विवाह।। एवं रोमणी, आसामी, सिंहली...।।

ब्रह्म, ब्रह्मचर्य (ते. बह्मचर्यमु), ब्रह्मचारी (ते. ब्रह्मचारि), ब्राह्मण – हि. बां. गु. म. ते.

भक्ति, भक्षक (ते. भक्षकुंडु), भक्षण (ते. भक्षणमु), भक्ष्य (ते. भक्ष्यमु), भग, भगंदर (म. भगेन्द्र), भगवत् (ते. भगवतुडुं), भगवती (ते. भगवति), भगिनी (ते. भगिनि), भग्न – हि. बां. गु. म. ते.

भंग पं. भङ्ग ने. भाङ्. बां. भाङ्गा सि. भङ्गु गु. भाँग्वुँ म. भाँग्णँ – सं. भङ्ग।। एवं रोमणी, आसामी, उडिया...।।

भंगुर, भजन, भंजफ, भंजन, भट्ट (ते. भट्टुडु) – हि. बां. गु. म. ते.

भट्ठा क. बठू पं. भट्ठा ने. बां. भाटि सि. बठु गु. म. भाड़ – सं. भ्राश्ट्र।। एवं लँहदी, उडिया...।।

भड़क पं. भड़्क् ने. बां. भड़क् सि. भड़्क गु. भड़्कु म. भडक्।। एवं आसामी, उडिया।।

भड़कना पं. भड़्क्णा ने. भर्कनु बां. भड़्कान सि. भड़्कणु गु. भडक्वुँ, भड़्कुँ म. भडक्णँ।। एवं आसामी उडिया...।।

भड़काना पंत्र. भड़्काउना ने. भर्काउनु बां. भड़्कान गु. भड़्काब्वुँ म. भड़काविणेँ।।

भण्डार पं. गु. भँडार् ने. भँड़ार् ने. भँड़ार् बां. भाँड़ार् सि. भँडारु म. भाँडार् – सं. भाण्डागार।। एवं लँहदी, आसामी, उडिया...।।

भण्डारी पं. भण्डारी ने. भँड़ारि बां. भाँड़ारि गु. भँडारी म. भाँडारी –

सं. भाण्डागारिक।। एवं आसामी, उडिया, बिहारी, सिंहली...।।

भतीजा पं. भतीजा ने. भतिजो सि. भाइट्रयो गु. भत्रीजो – सं. भ्रात्रीय।। एवं लँहदी, आसामी....।।

भद्र – हि. बां. गु. म. ते.

भनक, भिनक ने. भन्कनु गु. भण्को म. भण्का।।

भनना ने. भन्नु गु. भण्वुँ – सं. भणति।। एवं रोमणी, दरद, आसामी, उडिया, सिंहली...।।

भनभनाना ने. भन्भनाउनु बां. भन्भन् म. भण्भण्णेँ।। एंव आसामी, उडिया...।।

भय, भयंकर (ते. भयंकरमु, भयंकरुंडु), भयानक, भरण – हि. बां. गु म. ते.

भरती पं. गु. म. भर्ती ने. भर्ति सि. भर्थी।।

भरना क. बरुन् पं. भर्ना ने. भर्नु बां. भरा सि. भरणु गु. भवुँ म. भर्णें – सं. भरति।। एवं रोमणी, लँहदी, आसामी, उडिया...।।

भरपूर पं. भर्पूर् ने. बां. गु. भर्पुर् सि. भरपूरि म. भर्पूर्।। एवं उडिया...।।

भरोसा पं. भरोस्सा ने. भरोसा, भरोस् बां. भरसा सि. भरोंसो, भर्वसो गु. भरोंसो म. भर्वसा।। एवं उडिया....।।

भर्ता (ते. भर्त) – हि. बां. गु. म. ते.

भला पं. म. भला ने. सि. भलो बां. भाल गु. भलुँ – सं. भल्ल।। एवं लँहदी, आसामी, उडिया...।।

भलाई पं. सि. गु. म. भलाई ने. भलाइ।।

भव, भवन, भविष्य, भव्य, भस्म (ते. भस्ममु) – हि. बां. गु. म. ते.

भत्म क. बस् ने. भास् सि. भसु म. भाँस्।।

भाई क. बोयु पं. भ्राने बां. गु. भाइ सि. भाई, भाउ म. भाई, भाऊ – सं. भ्राता।। एवं रोमणी, दरद, लँहदी, आसामी, उडिया, सिंहली...।।

भाउज पं. भर्जाई ने. भाउजु बां0 भाउज्, भाइज् सि. भाजाई गु. भोजाई म. भाब्जई – सं. भ्रातुर्जाया।। एवं लँहदी, दरद, काफिरी, उडिया...।।

भाउना क. ब्रमुन् पं. भौंणा ने. भयाउनु सि. भँवणु गु. भम्वुँ म. भौंबणें

– सं. भ्रमति।। एवं लँहदी, सिंहली...।।

भाँग क. बङ्ग पं. भङ्ग ने. बां. भाङ् सि. भङ्ग गु. म. भाँग् – सं. भंग।। एवं आसामी, उडिया, बिहारी, सिंहली...।।

भाग क. ब्वगु पं. ने. बां. गु. म. भाग् सि. भागु – सं. भाग।। एवं रोमणी, दरद, लँहदी, आसामी, उडिया, सिंहली...।। ते. भाग।।

भागना पं. भगेल ने. भाग्नु बां. भागा सि. भगो गु. भाग्वुँ म. भाग्णँ – सं. भग्न।। एवं रोमणी, आसामी...।।

भाग्य, भाजन (ते. भाजनमु, भाजनुंडु) – हि. बां. गु. म. ते. भरुँसो क. बजुन् पं. भज्ज्णा ने. भजाउनु सि. भजणु।।

भाँजना पं. भन्णा ने. भाँब्नु बां. भाँजा सि. भञणु गु. भाँज्वुँ म. भाँज्णँ – सं. भनक्ति।। एवं लँहदी, आसामी....।।

भाँजा पं. भाण्जा ने. भानिज् सि. भाणिजु, भाणेजो गु. भाणेज् म. भाषा–सं. भागिनेय।। एवं लँहदी, उडिया, सिंहली...।।

भाजी ने. बां. भाजि सि. गु. म. भाजी – सं. भर्जित।। एवं आसामी, उडिया...।।

भाँजी पं. भाण्जी ने. भान्जि गु. भणेजी म. भाची – सं. भागिनेयी।। एवं लँहदी, उडिया...।।

भाज्य – हि. बां. गु. म. ते.

भाट क. बाठ् पं. भट्ट ने. बां. गु. म. भाट् सि. भटु – सं. भट्ट।। एवं उडिया..।।

भाँड़ क. बाँड् पं. भण्ड् ने. बां. भाँड् सि. भानु गु. म. भाँड् – सं. भण्ड।। एवं उडिया...।।

भाँडना पं. भण्ड्णा ने. भाँड् बां. भाँड़ान सि. भनणु गु. भाँडवुँ म. भाँड्णँ – सं. भण्डते।। एवं आसामी...।।

भाड़ा पं. बां. भाड़ा ने. भारा सि. भाड़ो गु. म. भाड् – सं. भाट।। एवं सिंहली...।।

भाण्ड क. बान पं. भाडा ने. भाँड़ो बां. भाँड़ सि. भानी, भाँडुँ म. भाँड्।। एवं दरद, उडिया...।। ते. भाण्ड।।

भात क. बत पं. भत्ता ने. बां. गु. म. भात् सि. भतु – सं. भक्त।। एवं

दरद, आसामी, उडिया, बिहारी, सिंहली...।।

भाँति पं. म. भाँत् ने. भाँति सि. भति, भाँति गु. भात् – सं. भक्ति।।

भाथी क. बस्त ने. भाँटि सि बधी गु. भाथो म. भाता – सं. भस्त्रा।। एवं आसामी, उडिया...।।

भादाँ पं. भादौं, भाद्रौं ने. भदौ गु. भादर्वो म. भाद्वा – सं. भाद्रपद्।। एवं बिहारी, लँहदी, आसामी....।।

भानु (ते. भानुवु) – हि. बां. गु. म. ते.

भाप क. बाह पं. भाफ ने. भाप्, बाफ् बां. भाप् सि. बाफ गु. म. बाफ् – सं. बाश्प।। एवं आसामी, उडिया, सिंहली...।।

भार क. बार् पं. ने. बां. गु. म. भार्।। एवं रोमणी, काफिरी, दरद, लँहदी, आसामी, उडिया, सिंहली...।। ते. भार।।

भारा ने. बां. भारा गु. भारो।।

भारी पं. गु. म. भारी ने. बां. भारि। सं. भारिन्।। एवं उडिया।।

भारी (भारवाही) ने. भरिया बां. भारि – सं. भारी, भारिक।। एवं आसामी...।।

भार्या (ते. भार्य) – हि. बां. गु. म. ते.

भाल क. बाल् ने. बां. भाल् गु. म. भाळ्।। एवं आसामी, उडिया...।।

भाल पं. भाल्णा ने. भाल् गु. भाळवुँ म. भाळणँ – सं. भलते।। एवं लँहदी, आसामी, उडिया, सिंहली...।।

भाला क. बाल पं. भाल्ला ने. सि. भालो गु. भालुँ म. भाला – सं. भल्ल।।

भालू ने. भालु बां. भालुक् म. भालू भालूक् – सं. भाल्लुक।। एवं आसामी, उडिया, बिहारी...।।

भाव क. बाव् पं. ने. सि. भाउ बां. भाउ, भाव गु. म. भाव।। एवं दरद, सिंहली...।। ते. भाव।।

भावना (ते. भावन), भावार्थ, भावी (ते. भावि), भाशण – हि. बां. गु. म. ते.

भाषा ने. बां. गु. म. ते. भाषा।। एवं दरद, सिंहली...।।

भाष्य (ते. भाश्यमु), भाष्कार (ते. वरुड्डु), भास, भासमान, भास्कर (ते.

भास्करुडु), भिक्षा – (ते. भिक्ष, भिक्षमु), भिक्षु (ते. भिक्षुवु), भिक्षुक (ते. भिक्षुकुंडु) – हि. बां. गु. म. ते.

भिखारी पं. गु. भिखारी ने. भिखारि बां. भिकारि म. भिकारी – सं. विभक्षाचर।। एवं आसामी, उडिया...।।

भिजाना पं. भिजाउणा ने. भिजाउनु बां. भिजान सि. भिजाइणु म. भिविणुँ गु. भिँजवुँ।। एवं आसामी, उडिया...।।

भिड़ना पं. भिड़्णा ने. भिर्नु बां. भिड़ा सि. भिड़णु गु. भिड्वुँ म. भिड्णँ।। एवं लँहदी, आसामी, उडिया,.....।।

भित्ति पं. भीत् ने. भित्, भित्तो बां. भित्, भित्ति सि. भिति गु. म. भींत् – सं. भित्ति।। एवं दरद, बिहारी, सिंहली...।। ते. भित्ति।।

भिनोई पं. भणोई ने. भिनाजु सि. भेणीविओ – सं. भगिनीपति।। एवं आसामी, उडिया, लँहदी.....।।

भिन्न – हि. बां. गु. म. ते.

भिलावाँ पं. भिलावा ने. भलायो सि. भलाओ गु. भिलाभुँ म. भिलावा – सं.मल्लातक।। एवं आसामी, सिंहली...।।

भीख क. बेछ पं. भिक्ख ने. बां. भिक् सि. बिख्या गु. भीख् म. भीक् – सं. भिक्षा।। एवं आसामी, उडिया, सिंहली...। भीगना पं. भिग्गणा ने. भिन्नु।।

भीजना क. बज़वुन् पं. भिज्जणा ने. भिज्नु बां. भिजा सि. भिजणु गु. भिज्वुँ म. भिज्णँ – सं. अभ्यज्यते।। एवं आसीमभ, उडिया, बिहारी...।।

भीड़ क. बीर् पं. गु. म. भीड् ने. बां. भीड् सि. भीड़।। एवं आसामी, उडिया...।।

भीतर् ने. भिन्न बां. गु. म. भितर् – सं अभ्यन्तर।। एवं आसामी, उडिया...।।

भीति, भीरु (ते. भीरुवु), भीशण, भुक्त (ते. भुक्तमु), भुक्ति, भुज, भुजंग – हि. बां. गु. म. ते.

भुट्टा ने. भुट्टा बां. म. भुटा गु. भुट्ठो।।

भुवन – हि. बां. गु. म. ते.

भुस्, भूँस् क. ब्वसु पं. भोह्, भुस्सी ने. भुस् बां. भुसि सि. बुहु गु. भुँसुँ म. भूँस् – सं. बुस।। एवं रोमणी, दरद, उडिया, बिहारी, लँहदी, सिंहली, काफिरी...।।

भू– हि. बां. गु. म. ते.

भूँ भूड़ँ क. बुम् पं. भूँ ने. भुइँ, बां. भुइ सि. भुँ गु. भोँ, भो. भौंय् म. भुइँ – सं. भूमि।। एवं रोमणी, दरद, आसामी, उडिया, लँहदी, सिंहली, काफिरी...।।

भूकम्प – हि. बां. गु. म. ते.

भूख क. बोछ पं. भुक्ख् ने. भोक् बां. भुख् सि. भुख गु. भूख म. भूक – सं. बुभुक्षा।। एवं रोमणी, दरद, लँहदी, आसामी, उडिया...।।

भूत, भूति, भूदेव (ते. भूद्रेवुडु), भूधर, भूप (ते. भूपुंडु), भूपति, भूपाल (ते. भूपालमु), भूमि – हि. बां. गु. म. ते.

भूरा क. बुरो पं. भूरा ने. भुरो बां म. भुरा सि. भूरो गु. भूरुँ – सं. बभ्रु।। एवं लँहदी, उडिया...।।

भूल क. बूल पं. भुल्ल् ने. बां. भुल् सि. भुल गु. म. भूल् – प्राकृत भुल्ल।। एवं लँहदी, आसामी, उडिया...।।

भूल–चूक पं. भुल्ल् चुक्क् ने. गु. भूल्–चुक् सि. भुल–चुक।।

भूलना क. बुलुन् पं. भुल्ल्णा ने. मुल्नु बां. भुला सि. भूलणु गु. भुल्वुँ म. भुल्णेँ।। एवं लँहदी, आसामी, उडिया...।।

भूशण – हि. बां. गु. म. ते.

भूसा क. ब्वसु ने. भुसो बां. भुसा गु. भुँसुँ।। एवं बिहारी...।।

भृंग, भृत्य (ते. भृत्युंडु), भेक – हि. बां. गु. म. ते. भेजना पं. भेज्णा बां. भेजा।।

भेट पं. ने. बां. गु. म. भेद सि. भेट।। एवं उडिया...।।

भेटना पं. भेटण् ने. भेट्नु बां. भेटा सि. भटणु गु. भेट्वुँ म. भेट्णेँ।। एवं आसामी, उडिया...।।

भेड़ पं. गु. भेड़ ने. भेड़ो बां. भेड़ा – सं. भेड्र।। एवं लँहदी, आसामी, उडिया...।।

भेद (ते. भेदमु), भेदक (ते. भेदकुंडु), भेदन (ते. भेदनमु), भेशज – हि. बां. गु. म. ते.

भेस पं. भेस्, भेख ने. म. भेस्।।

भैंस पं. मैंह ने. भैंसि. बां. भैंस् बां. भैंहि सि. मेहि गु भैंस् म. म्हैस् – सं. महिशी।। एवं दरद, लँहदी, बिहारी, सिंहली...।।

भोक्ता (ते. भोक्त), भोग, भोज – हि बां. गु. म. ते.

भोज पं. ने. बां. भोज् – सं. भोज्य।। एवं आसामी, उडिया...।।

भोज पं. गु. म. भोज् सि. भाँज ने. भुज् – सं. भूर्ज।। एवं दरद...।।

भोजन (ते. भोजनमु) – हि. बां. गु. म. ते.

भोर पं. ने. बां. गु. भोर्।। एवं उडिया...।।

भोला पं. भोला ने. सि. भोलो गु. भोळुँ म. भोळा।। एवं आसामी, उडिया...।।

भौं क. बुम् पं. भौंह ने. आँखि–भुइँ बां. भोमा गु. भवुँ म. भँवई – सं. भ्रू।। एवं सिंहली...।।

भौंकना क. बकुन् ने. भुक्नु सि. भौंफणु गु, भुक्वुँ, भौंक्वुँ म. भुक्णें।। एवं रोमणी, आसामी...।।

भौतिक – हि. बां. गु. म. ते.

भौंरा क. बोम्बुर पं. भैंवर् ने. भुमरो बां. भोमर् सि. भौंरु गु. भमर म. भौंवर् – सं. भ्रमर।। एवं आसामी, उडिया, सिंहली, काफिरी...।।

भ्रंश, भ्रम, भ्रमण, भ्रमर, भ्रश्ट, भ्राता (ते. भ्रात), भ्रान्त (ते. भ्रान्तमु), भ्रान्ति, भ्रू (ते. भ्रुवु), भ्रूकुटी (ते. भ्रूकुटि), भ्रूण – हि. बां. गु. म. ते.

मकड़ा पं. मक्कड्, मक्क्ड़ी ने. माकुरो बां. माकड़् सि. मकडु गु. माकवुँ, माक्ड़ी म. माकड़ – सं. मर्कट, मर्कटक।। एवं दरद, आसामी, उडिया, बिहारी, लँहदी, सिंहली...।।

मकर, मकरन्द – हि. बां. गु. म. ते.

मकाई क. मकायू पं. मकई ने. बां. मकै सि. मकी, मकाई गु. मकाई म. मका।। एवं उडिया, बिहारी...।।

मक्खन पं. मक्खण् ने. मक्खन् बां. माखन् सि. मखणु गु, म. माखण्।। एवं रोमणी, दरद, लँहदी, आसामी, उडिया...।।

मक्खी क. मछि पं. मक्खी ने. माखो बां. माछि सि. मखि, मखो गु. माखी म. माशी – सं. मक्षिका।। एवं रोमणी, काफिरी, दरद,

लँहदी, उडिया, सिंहली...।।

मक्षिका (ते. मक्षिक, मक्षिकमु) – हि. बां. गु. म. ते.

मँगसिर ने. मुङ्सिर् गु. माग्सर् – सं. मार्गशिर।।

मग्न, मंगल – हि. बां. गु. म. ते.

मचाना ने. मचाउनु पं. मचाउणा सि. मचणुं गु. मचाब्वुँ म. मचविणँ।।

मच्छर पं. ने. मच्छर सि. मछरु – सं. मत्सर।। एवं लँहदी...।।

मछली क. मछ् पं. मच्छ् ने. माछो बां. माछ् सि. मछु गु. माछ्ली म. मासा – सं. मत्स्य।। एवं रोमणी, काफिरी, दरद, आसामी, उडिया, बिहारी, सिंहली...।।

मँजीठ क. मज़ेठ् पं. मँजीठ् ने. मजिठो सि. मजुठ – सं. मञ्जिशट।। एवं सिंहली...।।

मँजीरा पं. मँजीरा ने. मजिरा गु. मँजिरा गु. मँजिरा म. मँजिरी – सं. मञ्जीर।। मज्जन, मज्जा (ते. मज्ज), मंच (ते. मंचमु), मंजरी (ते. मंजरि), मंजु (ते. मंजुवु), मंजुल (ते. मंजुलमु) – हि. बां. गु. म. ते.

मटर पं. ने. बां. मटर् सि. मटरु।। एवं आसामी और उडिया।।

मठ – हि. बां. गु. म. ते.

मँडली क. पं. मण्डल् ने. माड़ो म. माँडल् – सं. मण्डल।। एवं उडिया, सिंहली...।।

मडुवा पं. मण्डुआ ने. मङुवा – सं. मंडप।। एवं आसामी, उडिया, बिहारी...।।

मढ़ा क. मर्, मरु पं. मढ़् ने. मरो सि. मढु गु. म. मढी – सं. मठ।। एवं आसामी, उडिया, बिहारी, सिंहली...।।

मणि, मंडन, मंडप, मंडल मंडित (ते. मंडितमु, मंडितुंडु), मंडूक, मत (ते. मतमु), मति, मत्त (ते. मत्तमु, मत्तु, मत्तुंडु), मत्सर, मत्स्य, मथन – हि. बां. गु. म. ते.

मथना क. मथुन् पं. मथ्णा ने. मथ्नु बां. मथा सि. मथणु गु. मथ्वुँ म. मथ्णँ – सं. मथ्नाति।। एवं आसामी, सिंहली...।।

मद, मदन (ते. मदनुंडु) – हि. बां. गु. म. ते.

मदारी पं. गु. म. मदारी ने. मदारि सि माँड़ी – सं. मन्त्रकार।।

मदिरा (ते. मदिर), मथ, मथु (ते. मथुवु) – हि. बां. गु. म. ते.

मधु ने. मह बां. मौ गु. महुडो म. मोहो।। एवं दरद, आसामी, उडिया, सिंहली...।।

मधुर, मध्य, मध्यम, मध्यस्थ (ते. मध्यस्थमु, मध्यस्थुंडु), मध्याह्न – हि. बां. गु. म. ते.

मन क. पं. ने. बां. गु. म. मन् सि. मनु – सं. मनस्।। एवं आसामी, उडिया, सिंहली,...।। ते. मनस्सु।।

मन (40 सेर) क. ने. बां. मन् पं. गु. म. मण् सि. मणु।। एवं लँहदी....।।

मनन, मनस्वी (ते. मनस्वि) – हि. बां. गु. म. ते.

मनाना पं. मनाउणा ने. मनाउनु बां. मानान सि. मनाइणु गु. मनाव्वुँ म. मानविणेँ।। एवं लँहदी, आसामी, उडिया...।।

मनुज – हि. बां. गु. म. ते.

मनुश्य क. महन्युवु पं. माणस् ने. मानिस् बां. मानुस् सि. माण्हू गु. माणस् म. माणूस्।। एवं रोमणी, दरद, आसामी, उडिया, सिहली...।।

मनुश्य (ते. मनुश्युंडु), मनोरथ, मनोरम, मनोवृत्ति, मनोहर – हि. बां. गु. म. ते.

मनौती पं. मनौती ने. मनौति सिं. मनोती।।

मंत्र, मंत्री (ते. मन्त्रि), मंद, मंदार, मंदिर, मन्मथ (ते. मन्मथुंडु), ममता (ते. ममत), ममत्व (ते. ममत्वमु), मयूर, मरण – हि. बां. गु. म. ते.

मरना क. मरुन् पं. मर्ना ने. मर्नु बां. मरा सि. मरणु गु. मवुँ म. मर्णेँ – सं. मरते।। एवं रोमणी, काफिरी, दरद, लँहदी, आसामी, उडिया, बिहारी, सिंहली...।।

मराल ने. बां. मराल् गु. म. मराळ् – सं. मराल।। ते. मराल।।

मर्कट, मर्त्य (ते. मर्त्यमु, मत्युँडु), – मर्दन, मर्म, मर्मज्ञ, (ते. मर्मजुंडु), मर्यादा (ते. मर्याद) – हि. बां. गु. म. ते.

मल क. पं. ने बां. मल् सि. मरु गु. म. मळ।। एवं रोमणी, लँहदी, आसामी, उडिया, सिंहली...।। ते. मल।।

मलनां क. मलुन् पं. मल्ना ने. मल्नु बां. मला सि. मलणु म. मळ्णेँ।। एवं लँहदी, आसामी...।।

मलाई पं. गु. मलाई. ने. मलाइ बां. मलाइ म. मळई।।

मलिन क. मल्युनु पं. मलीन् ने. बां. गु. म. मलिन् सि. मलीनु।। एवं आसामी, उडिया, सिंहली...।। ते. मलिन।।

मल्ल (ते. मल्लुंडु), मशक – हि. बां. गु. म. ते.

मसलना ने. मुसार्नु गु. मसळवुँ म. मसँद्णँ।।

मसान पं. गु. मसाण् ने. बां. मसान् सि. मसाणु म. म्हसण्, मसण् – सं. ष्मशान।। एवं उडिया, सिंहली...।।

मसी पं. मस्स ने. बां. मसि सि. मसु गु. मसी म. मशी – सं. मशी।। एवं लँहदी, आसामी, उडिया, सिंहली...।। ते. मसि।।

मसीहान् ने. मसिनि – सं. मशिधान।।

मसूर क. म्वसुर् पं. गु. म. मसुर् ने. मुसुरो बां. मसुरा सि. महुरी।। एवं दरद, उडिया, बिहारी, सिंहली...।।

मस्तक – हि. बां. गु. म. ते.

मस्तिश्क ने. मथिङल् गु. माथुँ।। एवं दरद...।। हि बां. गु. म. ते. मस्तिश्क।।

महक ने. महक्।। एवं उडिया।।

मँहगा पं. महङ्गा ने. मँहगों बां. माहाङ्गा सि. महाँगो गु. महोँगुँ म. महारा – सं. महार्घ।। एवं आसामी, सिंहली...।।

महत् (ते. महत्तु), महत्त्व (ते. महरवमु) – हि. गु. म. ते. महर, मही पं. महिरी ने. मेहेरि सि. महिरी गु. मेरी – सं. महिला।। एवं सिंहली...।।

महा. महाजन, महामारी (ते. महामारि), महारथ (ते. महारथुंडु), महाराज (ते. महाराजु), महिश, महिशी (ते. महिशि), मही (ते. महि) – हि. बां. गु. म. ते.

मही, मह्यौ (तक्र) ने. गु. महि सि. मही – सं. मथित।। एवं रोमणी, दरद...।।

महोत्सव – हि. बां. गु. म. ते.

माँ पं. माँ ने. बां. गु. म. मा – सं. माता।। एवं दरद, लँहदी, आसामी, उडिया, सिंहली...।।

मागध (ते. मागधुंडु) – हि. बां. गु. म. ते.

माँगना क. मङफ गुन पं. मड्गणा ने. माग्नु बां. माङ्गा सि. मङणु गु. माग्वुँ म. माग्णँ – सं. मार्गति।। एवं रोमणी, लँहदी, आसामी, उडिया, सिंहली...।।

माँगनी पं. मड्गणी ने. माङ्नि गु. म. माग्णी – सं. मार्गणा।। एवं बिहारी...।।

मांगल्य – हि. बां. गु. म. ते.

माँचा, माचा पं. मञ्चा ने. माच् बां. माँचा सि. मञ्जो गु. माँच्डो म. माश् – सं. मञ्च।। एवं आसामी, उडिया, बिहारी, लँहदी, सिंहली...।।

माँजना क. माजुन् पं. माँज्णा ने. माज्नु बां. माजा सि. माञ्जणु गु. माँज्वुँ म. माँज्यँ – सं. मार्जति।। एवं आसामी, उडिया, सिंहली...।।

माँझा ने. माजा सि. माँझो गु. माजो म. माँजा।।

माँझी (नाविक) ने. माझि बां. माजि सि. माँझी।। एवं आसामी, उडिया, बिहारी।।

माठा, मट्ठा क. मठु पं. मट्ठा ने. माठो बां. माठ सि. मठो गु. माठुँ म. माठा।। एवं लँहदी, आसामी, उडिया...।।

माँड़ पं. मन्न् ने. बां. माड़ सि. मानी गु. माडो म. माँडा – सं. मण्ड।। एवं रोमणी, लँहदी, आसामी, उडिया, बिहारी, सिंहली...।।

माँड़ना क. माँडुन् पं. मद्धणा ने. माड़्नु बां. माड़ा गु. माडण् – सं. मर्दति।। एवं रोमणी, आसामी, उडिया, सिंहली, काफिरी...।।

मातंग, माता (ते. मात) – हि. बां. गु. म. ते.

माता क. मतु पं. मत्ता ने. बां. मात् सि. मतो गु. माँतु म. मात् – सं. मत्त।। एवं रोमणी, दरद, आसामी, उडिया, सिंहली...।।

मातुल (ते. मातुलुंडु), मात्र, मात्रा ते. मात्र हि. बां. गु.म.ते.

माँदा क. मोन्दु पं. मन्दा ने. मदौरु सि. मन्दो म. माँदा – सं. मन्द, मान्द्य।। एवं लँहदी, सिंहली...।।

माधवी (ते. माधवि), माधुर्य – हि. बां. गु. म. ते.

मान क. पं. बां. ने. गु. म. मान् सि. माणु।। एवं आसामी, लँहदी,

उडिया, सिंहली...।। ते. मान।।

मानना क. मानुन् पं. मन्णा ने. मान्नु बां. माना सि.. मजणु गु. मान्वुँ म. मान्णे – सं. मन्यते।। एवं रोमणी, दरद, लँहदी, आसामी, उडिया...।।

मानव, मानस, मानसिक, मानिनी, मानुश (ते. मानुशमु, मानुपुंड्), मानुशी (ते. मानुशि), मान्य – हि. बां. गु. म. ते.

माप पं. ने. बां. गु. म. माप् सि. मापु – सं. माप्य।। एवं आसामी, उडिया...।।

मामा पं. माम्मा ने. बां. म. मामा सि. गु. मामो।। एवं रोमणी, दरद, उडिया, लँहदी....।।

माया (ते. माय), मारक. (ते. मारकुडु), मारण (ते. मारणमु) – हि. बां. गु. म. ते.

मारना क. मारुन् पं. मार्ना ने. मार्नु बां. मारा सि. मारणु गु. मावुँ म. मार्णे – सं. मारयति।। एवं रोमणी, दरद, लँहदी, आसामी, उडिया, सिंहली...।।

मारुत् मार्ग, मार्जन, मार्जार, मार्तण्ड (ते. मार्ताण्डुंडु), मालती (ते. मालति), माला (ते. माल) – हि. बां. गु. म. ते.

माली पं. बां. सि. माली ने. मालि गु. म. माळी।। एवं आसामी, उडिया...।।

माश क. माह् पं. माँह ने. मास् सि. माँही।। एवं लँहदी, आसामी....।।

मांस क. पं. मास् ने. मासु सि. माँसु. माहु गु. माँस् म. माँस्, मास्।। एवं रोमणी, दरद, लँहदी, सिंहली....।। ते. मांस।।

मास क. ने. बां. गु. म. मास् सि. माँहु।। एवं रोमणी, काफिरी, दरद, लँहदी, आसामी, उडिया, बिहारी, सिंहली...।। ते. मास।।

मासिक (ते. मासिकमु) – हि. बां. गु. म. ते.

मासी क. मास् पं. मास्सी बां. मासि सि. गु. मासी म. माब्शी – सं. मातृश्वसा।। एवं दरद, लँहदी, उडिया...।।

मिटना क. मिटुन् पं. मिट्णा ने. मेटनु बां. मिटा सि. मिटणु गु. निट्वुँ म. मिट्णे।। एवं आसामी, उडिया.....।।

मिट्टी क. म्पच् पं. मिट्अी ने. माटो बां. माटि सि. मिटी गु. माटी म. माती – सं. मृत्तिका।। एवं दरद, लँहदी, आसामी, उडिया, बिहारी, सिंहली...।।

मिठाई पं. सि. गु. म. मिलाई ने. बां. मिठाई।। एवं लँहदी, आसामी, उडिया...।।

मित्त (ते. मितमु), मिति. (गु. म. मिती), मित्र (ते. मित्रमु, मित्रुण्डु) – हि. बां. गु. म. ते.

मित्र, मीत क. म्यथर् पं. मित्राई ने. मित् बां. मिता सि. मिट्ठ।। एवं आसामी, उडिया, सिंहली...।।

मिथ्या – हि. बां. गु. म. ते.

मिर्च क. मर्च् मरिच् पं. मिरिच्त्र मिर्च् ने. बां. मरिच् सि. म. मिरी गु. मरी – सं. मरिच।। एवं दरद, आसामी, उडिया, बिहारी....।।

मिलना क. म्यूलुन् पं. मिल्णा ने. मिल्नु बां. मिला सि. मिड़णु, मिलणु गु. मेळब्वुँ म. मिळ्णेँ – सं. मिलति।। एवं दरद, लँहदी, आसामी, उडिया...।।

मिलाप पं. ने. मिलाप् गु. मेळाप्।। एवं उडिया...।।

मिष्ट (ते. मिष्टमु), मिष्टान्न (ते. मिष्टान्नमु) – हि. बां. गु. म. ते.

मिसना पं. मिस्स् ने. मिस्नु बां. मिसा सि. मिसो म. मिसळ्, मिसळ्णेँ – सं. मिश्रयति।। एवं दरद, आसामी, उडिया, काफिरी...।।

मीचना पं. मीच्णा ने. मिच्नु गु. मीच्वुँ।।

मीठा क. म्यूठु पं. मिट्ठा ने. सि. मिठो बां. म. मिठा गु. मीठुँ – सं. मिष्ट।। एवं रोमणी, काफिरी, दरद, लँहदी, आसामी, उडिया...।।

मीन (ते. मीनमु), मीमांसा – हि. बां. गु. म. ते.

मुआ क. मरु पं. मोआ ने. मोरो बां. मड़ा सि. मुओ गु. मडुँ, मुवो म. मडेँ, मेळा – सं. मृतक।। एवं रोमणी, दरद, लँहदी, आसामी, उडिया, सिंहली...।।

मुक्की पं. गु. मुक्की ने. मुक्कि क. मुकाल् सि. मुक।। एवं लँहदी.....।।

मुख ने. मुख् बां. गु. म. मुख।। ते. मुखमु।। दरद मूक्।। काफिरी मुक्।। शिणा मुख्।।

मुखिया पं. ने. मुखिया सि. मुखि गु. मखियो – सं. मुख्य।।

मुख्य (ते. मुख्यण्डु), मुग्ध (ते. मुग्धमु), मुञ्ज (ते. मुण्जु) – हि. बां. गु. म. ते.

मुठ, मूठ क. म्वठ् पं. मुट्ठ ने. बां. मुठ् सि. मुठि गु. म. मूठ् – सं. मुष्टि।। एवं रोमणी, दरद, लँहदी, आसामी, उडिया, बिहारी, सिंहली...।।

मुँड़ाना पं. मुनाउणा ने. मुड़ाउनु बां. मुड़ान म. मुँडाविणँ।। मुण्ड (ते. मुण्डमु) मुण्डन (ते. मुण्डनमु), मुद्रा – हि. बां. गु. म. ते.

मुँद्री पं. मुँद्री ने. मुन्द्रि सि. मुण्ड्री मं. मुदी – सं. मुद्रिका।। एवं उडिया, बिहारी, लँहदी, सिंहली...।।

मुनि – हि. बां. गु. म. ते.

मुरली पं. सि. म. मुर्ली ने. बां. गु. मुरली।। एवं आसामी, उडिया...।। ते. मुरलि।।

मुष्टि – हि. बां. गु. म. ते.

मुसलाधार पं. बां. मुसल् धार् ने मुरुल् धारा गु. म. मुसळ्धार्।। मुस्कुराना पं. मुस्कारउणा ने. मुस्कुराउनु सि. मुस्कणु गु. मुस्कावुँ म. मुसक्णँ।।

मुँह पं. मूँह ने. मुहुड़ा सि. मुँहुँ गु. मोँह् – सं. मुख।। एवं रोमणी, दरद, लँहदी, सिंहली...।।

मुहाना पं. मुँहाण् ने. मुहान् बां. मुहना।। एवं उडिया...।।

मूक ने. मुको बां. मुक म. मुका गु. मुँगुँ।। एवं सिंहली...।।

मूँग क. म्वङ्ग ने. गुङ् बां. मुग् सि. मुङु म. मूग् – सं. मुद्ग।। एवं दरद, उडिया, बिहारी, लँहदी, सिंहली...।।

मूग्रा, मोग्रा पं. मुङ्गली ने. मुङ्ग्रो सि. मुडियो गु. मोग्री म. गोगर् – सं. मुदगर।। एवं लँहदी, उडिया, बिहारी, सिंहली...।।

मूँज पं. मुञ्ज ने. मुज्. मुँज् सि. मुञ्जु – सं. मुञ्ज।। एवं बिहारी, लँहदी...।।

मूठा पं. मुट्ठा ने. मुठो बां. मुठा गु. मूठो म. मुठा।। एवं आसामी, उडिया, बिहारी...।।

मूठी पं. मुट्ठी ने. बां. मुठि गु. मूठी – सं. मुश्टिका।। एवं आसामी, उडिया, लँहदी...।।

मूँड़ पं. मुण्ड् ने. बां. मुड़् ने. बां. मुङ् सि मुण्ढु गु. मुडी म. मुँह – सं. मूर्धा।। एवं लँहदी, आसामी, उडिया, सिंहली...।।

मूँडना पं. मुन्णा ने. मुड़नु बां. मुड़ान सि. मुनणु गु. मुँड्वुँ म. मुँड्णेँ – सं. मुण्डयति।। एवं रोमणी...।।

मूढ (ते. मूढमु) – हि. बां. गु. म. ते.

मूत क. मथर् पं. मुताला ने. बां. मुत् सि. मुट्र गु. मूतर् म. मूत् – सं. मूत्र।। एवं रोमणी, लँहदी, उडिया, बिहारी, सिंहली, काफिरी...।।

मूतना ने. मुत्नु बां. मुता म. मुत्णेँ – सं. मूत्रयति।। एवं रोमणी, लँहदी, उडिया...।।

मूत्र (ते. मूत्रमु), मूर्ख (ते. मूर्खमु), मूर्च्छा, मूर्धा (ते. मूर्धमु), मूल (ते. मूलमु) – हि. बां. गु. म. ते.

मूल, मूली पं. मूल्, मूली क. मूल्, मुज् ने. मुलो बां. मुला सि. मूरु, मूरी गु. मूळ, मूळो म. मूळ, मूळा – सं. मूलक।। एवं दरद, लँहदी, आसामी, उडिया, बिहारी, सिंहली...।।

मूल्य (ते. मूल्यमु) – हि. बां. गु. म. ते.

मूसल क. मुहुलु पं. मूसल् ने. बां. मुसल् सि. मुहुरी गु. मुस्ळुँ म. मुसळ् – सं. मुसल।। एवं दरद, आसामी, उडिया, बिहारी, सिंहली...।।

मूसा ने. मुसो – सं. मूश।। एवं दरद, सिंहली, काफिरी...।।

मृग (ते. मृगुम), मृगतृश्णा, मृगया, मृगशिर (गु. मृगसर बां. मृगशिरा), मृगशीर्श (गु. मृगसर ते. मृगाीर्शमु) मृगेन्द्र (ते. मृगेन्द्रमु), मृणाल (ते. मृणालमु), मृत्तिका, मृदङ्ग (ते. मृदङ्गमु) – हि. बां. गु. म. ते.

में. क. मन्ज़् ने. मा, माँ सि. मञ्झि गु. माँहे म. माज् – सं. मध्य।। एवं दरद, आसामी...।।

मेखला (ते.मेखल), मेघ (ते. मेघमु) – हि. बां. गु. म. ते.

मेढा, मैँढा पं. मैँढा ने. मेड़ो बां. मेड़ा गु. मैँढो म. मेंढा – सं. मेढ्।। एवं दरद, आसामी, उडिया...।।

मेथी पं. सि.गु. म. मेथी ने बां. मेथि – सं. मेथी।। एवं उडिया...।।

मेदिनी (ते. मेदिनि), मेध (ते. मेधमु), मेघा (ते. मेघ) – हि. बां. गु. म. ते.

मेरा पं. मेरा ने. मेरो।। एवं रोमणी...।।

मेल क. पं. ने. बां. मेल् सि. मेडु गु. म. मेळ् – सं. मेल।। एवं आसीम, उडिया...।।।

मेश, मेह (ते. मेहमु) – हि. बां. गु. म. ते.

मैं पं. मैं बां. मुइ म. मीं – सं. मया।। एवं रोमणी, सिंहली...।।

मैना पं. ने. म. मैना गु. मेना – सं. मदन, मदनशारिका।। एवं उडिया...।।

मैल पं. म. मैल् ने. मयल् सि. मैल गु. मेल् – सं. मल।।

मैला पं. मैला ने. मैलो सि. मैलु, मेरो गु. मेळुँ म. मैल् – सं. मल।। एवं उडिया...।।

सोचन (ते. सोचनमु) – हि. बां. गु. म. ते.

मोटा क. म्वटु पं. मोट्टा ने. मोटो बां म. मोटा गु. मोटुँ।। एवं दरद, आसामी, सिंहली...।।

मोड़ना क. मूरुन् पं. मोड़ ने. मोर्नु बां. मोड़ा सि. मोड़णु गु. मोड्वुँ म. मोड्णें – सं. मोटन।। एवं लहदी, उडिया, सिंहली...।।

मोढ़ा पं. मूढ़ा ने. मुड़ा बां. मोड़ा युम. मोडा।। एवं आसामी, उडिया...।।

मोतिया पं. ने. मोतिया गु. मोतियो।।

मोती पं. सि. गु. मोती ने. बां. मोति म. मोतीं – सं. मौक्तिक।। एवं उडिया, लँहदी, सिंहली...।।

मोथा पं. मुत्था ने. मौथे बां. मुथा सि. मोथ गु. म. मोथ् – सं. मुस्त।। एवं आसामी, उडिया...।।

मोर क. पं. गु. म. मोर् ने. मुजुर, मयूर् सि. मोरु बां. मौर – सं. मयूर।। एवं आसामी, सिहली...।।

मोल क. म्वल् पं. मुल्ल् ने. म. मोल् सि. मल्हु गु. मूल् – सं. मौल्य।। एवं रोमणी, काफिरी, दरद, लँहदी, आसामी, उडिया, सिंहली...।।

मोसना, मूसना ने. मोस्नु सि. मुहणु – सं. मोशति, मूशति।।

मोह (ते. मोहमु), मोहन – हि. बां. गु. म. ते.

मोहना क. मुहुन् पं. मोहु ने. मुहुनि सि. मोहणु गु. मोह्वुँम. मोहँणँ – सं. मोहन।। एवं लँहदी, आसामी, उडिया, सिंहली...।।
मौन (ते. मौनमु) – हि. बां. गु. म. ते.
मौलना पं. मौर्णा ने. मौलनु बां. मौला सि. मोर – सं. मुकुलायित।।
मौलि (ते म्लानमु), म्लच्छ (म्लंच्छमु, म्लच्छुण्डु) – हि. बां. गु. म. ते.
यकृत् (ते. यकृत्तु), यजन (ते. यजनमु), यजमान (ते. यजमानुण्डु), यजुर्वेद (ते. यजुर्वेदमु), यति, यत्र (ते. यत्रुमु वतनमु), यथाक्रम (ते. यथाक्रममु), यथार्थ (ते. यथार्थमु), यथाविधि, यथाशक्ति, यथेच्छ (ते. यथेच्छमु), यथेश्ट (ते. यथेश्टमु) – हि. बां. गु. म. ते.
यन्त्र क. य्यन्दर् पं. जन्दर् ने. जाँतो बां. जाँता सि. जण्डु म. जाँत्।। एवं रोमणी, दरद, लँहदी, आसामी, सिंहली...।। बां. गु. म. यन्त्र ते. यन्त्रमु।।
यम (तेत्र. यममु, यमुण्डु), यमक (ते. यमकमु), यवन (ते. यवनमु), यशस्वी (ते. यशस्वि) – हि. बां. गु. म. ते.
यह क. यिह् पं. एह् ने. यो बां. गु. ए सि. हे. म. हा – सं. एशः।। एवं लँहदी, आसामी, उडिया, बिहारी, सिहली...।।
याग (ते. यागमु), याचक (ते. याचकुम, याचकुण्डु), यातना, यात्रा (ते. यात्र), यादृश (ते. यादृशम्), यान (ते. यानमु), याम (ते. याममु), युक्त (ते. युक्तमु), युक्ति, युग (ते. युगमु), युग्म (ते. युग्ममु), युद्ध (ते. युद्धमु), युवा (ते. युव), युवती (ते. युवति), युवराज, यूथ (ते. यूथमु), योग (ते. योगमु), योगी (ते. योगि), योगिनी, योग्य (ते. योग्यमु), योजन (ते. योजनमु), योधा (बां. म. योद्धा गु. योद्धो ते. योध) – हि. बां. गु. म. ते
यौवन, जोवन् पं. जोबण् ने. गु. जोबन् सि. जोभनु।। एवं लँहदी, सिंहली...।। बां. गु. म. यौवन ते. यौवनमु।।
रक्त पं. रत्ता ने. रातो सि. रतो गु. रातुँ म. रादा।। एवं रोमणी, दरद, लँहदी, उडिया, सिंहली...।। बां. गु. म. रक्त ते. रक्तम्।।
रक्तचन्दन (ते. रक्तचन्दनमु), रक्षक (ते. रक्षकमु), रक्षण, रक्षा (ते. रक्ष), रक्षित (ते. रक्षितमु) – हि. बां. गु. म. ते. रखना क. रछुन् पं.

रक्ख्णा ने. राख्मु बां. राखा सि. रखणु गु. राख्वुँ म. राख्णँ – सं. रक्षति।। एवं रोमणी, दरद, लँहदी, आसामी, उडिया, सिंहली...।।

रखवाला पं. रख्वाल् ने. रख्वालो सि. रख्वालु गु, रख्वाळ् – सं. रक्षपाल।। एवं उडिया, बिहारी, सिंहली...।।

रखवाली पं. रख्वाली ने. रख्वालि गु. रख्वाळी।। एवं बिहारी........ ।। रगड़ना पं. रगड़्णा ने. रगड़नु बां. रग्ड़ाना गु. रगड़्वुँ म. रगड़्णँ।। एवं उडिया...।।

रङ्ग पं. गु. म. रङ्ग, ने रङ् बां. राङ्गा रङ्ग सि. रडु।। एवं दरद, लँहदी, आसामी, उडिया, सिंहली...।। ते. रङ्गमु।।

रङ्गाना क. रङगुन् पं. रङ्गाउणा ने. रङाउनु बां. रङ्गान सि. रङणु गु. रंग्वुँ गु. रङ्गविणँ।। एवं दरद...।।

रचना (ते. रचन), रचित (ते. रचितभु), रजक (ते. रजकुण्डु), रजत (ते. रजतमु), रजनी (ते. रचनि), रज (ते. रजमु), रजस्वला (ते. रजस्वल), रज्जु (ते. रज्जुवु), रज्जक (ते. रञ्जकुण्डु), रञ्जन (ते. रज्जनमु), रण (ते. रणमु), रत (ते. रतमु), रति – हि. बां. गु. म. ते.

रतौंधा पं. रतौंधी ने. रतौनि म. राताँब्ळँ – सं. राञ्यान्ध्य।। एवं लँहदी...।।

रत्ती पं. रत्ती ने. रत्ति बां. रति सि. गु. म. रती – सं. रिक्तका।। एवं उडिया, आसामी.....।।

रत्न (ते. रत्नुम, रतनमु), रत्नाकर (ते. रत्नााकरमु), रथ (ते. रथमु), रथी (ते. रथि), रदन (ते. रदनमु), रमण, रमणी (ते. रमणि), रमणीय (ते. रमणीयमु) – हि. बां. गु. म. ते.

रमना क. रमुन् पं. रम्णा ने. रमाउनु सि. रमणु गु. रम्वुँ म. रम्णँ – सं. रम्णाति।। एवं आसामी...।।

रम्य, रव (ते. रवमु), रवि, रश्मि – हि. बां. गु. म. ते.

रस क. ने. बां. गु. म. रस् पं. रहा सि. रहो।। एवं दरद, आसामी, उडिया, सिंहली...।। ते. रसमु।।

रसना (ते. रसन), रससिन्दूर (ते. रस सिन्दूरमु), रसातल (ते. रसातलमु) – हि. बां. गु. म. ते.

रसाना पं. रसाउणा ने. रसाउनु सि. रहाइणु गु. रसाब्वुँ।। एवं उडिया...।।

रसायन (ते. रसायनमु), रसाल (ते. रसालमु) – हि. बां. गु. म. ते.

रसोई पं. गु. रसोई ने. रसोइ बां. रसुइ – सं. रसवती।।

रहना पं. रहिणा ने. रहनु बां. रहा सि. रहणु गु. रहेवुँ म. रहाणेँ।। एवं रेमणी लँहदी, आसामी, उडिया, सिंहली...।।

राई पं. सि. म. राई ने. रायो बां. गु. राइ – सं. राजिका।। एवं आसामी, उडिया, बिहारी...।।

राक्षस, राक्षसी (ते. राक्षसि) – हि. बां. गु. म. ते.

राख पं. म. म. राख् सि. रख – सं. रक्षा।।

राखस पं. राकस्, राखस् ने. राकस् गु, राखस् सि. राकस् – सं. राक्षस।। एवं बिहारी, सिंहली...।।

राँग, राँगाा पं. राँग्, राँगा बां. ने. राङ् – सं. रङ्ग।। एवं आसामी, उडिया, बिहारी...।।

राग (ते. रागमु) – हि. बां. गु. म. ते.

राज ने. बां. राज् सि. राजो।। एवं उडिया...।।

राजधानी (ते. राजधानि), राजयोग (ते. राजयोगमु), राजयोग्य (ते. राजयोग्यमु), राजस (ते. राजसमु), राजहंस, राजीव (ते. राजीवमु) – हि. बां. गु. म. ते.

राज्य ने. गु. राज् सि. राजु।। एवं आसामी.....।। बां. गु. म. राज्य ते. राज्यमु।।

राड़ पं. राड़ ने. सि. रड़ि गु. रड्वुँ म. रँड्णेँ, रढी – सं. राटि।। एवं लँहदी, उडिया...।।

राँड पं. रन्न ने. बां. राँड् सि. रन गु. म. राँड् – सं. रण्डा।। एवं दरद, लँहदी, उडिया, बिहारी...।।

रात क. राथ् पं. ने. वां. गु. म. रात् सि. राति – सं. रात्री।। एवं रोमणी, दरद, लँहदी, आसामी, उडिया, सिंहली...।।

रात्रि – हि. बां. गु. म. ते.

राँधना क. रचुन् ने. राँध्नु बां. राँधा सि. रन्धणु गु, राँध्वुँ स. राँध्णँ – सं. रन्धयति।। एवं रोमणी, दरद, आसामी, उडिया...।।

राना पं. म. राणा ने. राना गु. राणो।।

रानी क. रानी पं. सि. गु. म. राणी ने. रानि – सं. राज्ञी।। एवं रोमणी, उडिया...।।

राँपी पं. रम्बी, रम्बा boe ने. राँवो सि. रम्बु गु. राँप् राँभो, राभो म. राँपा।। एवं लँहदी, उडिया, बिहारी....।।

राय, राओ क. राय् पं. राइ. राउ ने. राइ बां. राय् सि. राउ गु. राय्, राव् म. राय, राओ – सं. राजा।। एवं रोमणी, दरद, उडिया, सिंहली...।।

राल, लार क. बां. लाल् ने. राल् लार् गु. म. लाळ – सं. लाला।। एवं आसामी, उडिया...।।

राशि, राष्ट्र (ते. राष्ट्रमु) – हि. बां. गु. म. ते.

रास् briodle ने. गु. रास् सि. रसो – सं. रश्मि।। एवं बिहारी, लँहदी...।।

राम पं. गु. रासा stock ने. बां. म. रास् सि. राहि – सं. राशि।। एवं आसामी, उडिया, बिहारी, सिंहली...।।

रासभ (ते. रासभमु), रासक्रीडा (बां. रास) – हि. बां. गु. म. ते.

रिक्त, रीता क. टिन्जुन् पं. रीती ने. रित्तो म. रिता।। एवं सिंहली...।।

रिन क. यर्न पं. ने. रिन् म. रीण् – सं. ऋण।। एवं लँहदी....।।

रिनी पं. म. रिणी ने. रिनि – सं. ऋणी।।

रिस पं. ने. बां. रिस् सि. रीस।। एवं लँहदी....।।

रिस ने रिस् गु. म. रीस् – सं. रिश injury।।

रीझना पं. रीइणा ने. रिझिनु सि. रीझणु गु. रिइवुँ म. रिड़णँ – प्राकृत रिज्झइ।।

रीठा पं. रीठा ने. रिठो बां. म. रिठा गु. रीठ् – सं. अरिश्ट।। एवं उडिया, सिंहली....।।

रीति, रूक्ष – हि. बां. गु. म. ते.

रुचना क. रोचुन् पं. रुच्णा ने. रुच्नु बां. रुचा सि. रुचणु गु. रुच्वुँ म. रुणँ – सं. रोचते।। एवं आसामी, उडिया, सिंहली....।।

रुचि, रुचिर (ते. रुचिरमु), रुद्र (ते. रुदुण्डु), रुद्राक्ष (ते. रुद्राक्षमु),

रुधिर (ते. रुधिरमु) – हि. बां. गु. म. ते.

रूई पं. रूँ ने. रुइ सि. रई गु. रुइओ म. रूई।। एवं लँहदी, उडिया, बिहारी...।।

रूख (वृक्ष) पं. रुक्ख् ने. रुख् गु. म. रूख् – सं. रुक्ष।। एवं लँहदी, सिंहली...।।

रूखा क. लोछु पं. रुक्खा ने. रुखो बां. म. रुखा सि. रुखो गु. लूखूँ– सं. रूक्ष।। एवं लँहदी, उडिया...।।

रूढ़ि – हि. बां. गु. म. ते.

रूप, रूपा क. वर्फ् पं. रुप्पा ने. रुपौलो बां. रुपा सि. रुपो गु, रूपुँ म. रुपैं – सं. रूप्य।। एवं रोमणी, दरद, आसामी, उडिया...।।

रूपक (ते. रूपकमु) – हि. बां. गु. म. ते.

रे क. ने. बां. सि. गु. म. रे – सं. रे।। एवं आसामी, उडिया, सिंहली...।।

रेखा – हि. बां. गु. म. ते.

रेत पं. रेत् ने. सि. रेति गु. रेत् रेती म. रेती – सं. रे. perfumed powder।।

रेतः (ते. रेतस्सु) – हि. बां. गु. म. ते.

रेती पं. रेती ने. रेति गु. रेतर्डी।।

रेफ – हि. बां. गु. म. ते.

रेवड़ी पं. रेउड़ी ने. बां. रेउड़ि गु. म. रेब्डी।।

रोआँ, रूआँ क. रुम् पं. रेम्, रोआँ, रूआँ ने. रौं बां. रौं सि. रूम्, लुअँ, लूँ गु. रुँउँ, रोम् लोम् म. लौं, लौंवृ, लँव – सं. रोम, लोम।। एवं आसामी, उडिया, लँहदी, सिंहली...।।

रोकड़ पं. ने. बां. रोकड़् सि. रोकड़ि गु. म. रोकड्।।

रोकना क. वर्ख् पं. रोक्णा ने. रोक्नु बां. रोका सि. रोकणु गु. रोक्णँ म. रोख्णँ।। एवं लँहदी, उडिया, बिहारी...।।

रोग (ते. रोगमु) – हि. बां. गु. म. ते.

रोट क. रोठ् पं. ने. म. रोट् सि. रोटु।। एवं लँहदी, आसामी, उडिया, बिहारी...।।

रोटी पं. सि. गु. म. रोटी ने. रोटि बां. रुटि।। एवं आसामी, उडिया, बिहारी, सिंहली...।।

रोध (ते. रोधमु) – हि. बां. गु. म. ते.

रोना क. रिवुन् पं. रोणा ने. रुनु बां. रोया सि. रुँञणु गु, रोवुँ म. रुणा – सं. रोदिति।। एवं रोमणी, दरद, लँहदी...।।

रोप (ते. रोपमु) – हि. बां. गु. म. ते.

रोपना ने. रोप्नु गु, रोप्वुँ म. रोप्णँ बां. रोपा पं. रोब्णा – सं. रोप्यते।। एवं आसामी, उडिया, बिहारी...।।

रोम (ते. रेममु), रोश (ते. रोशमु), रोहिणी (ते. रोहिणि) – हि. बां. गु. म. ते.

लकड़ी क. लूरू पं. लक्कड़् ने. लौरो बां. लेउड़ा सि. लौड़ो गु. लोडो म. लब्डा – सं. लकुट।। एवं रोमणी, लँहद, उडिया, बिहारी...।।

लक्ष, लक्षण (ते. लक्षणमु), लक्ष्मी (ते. लक्ष्मि), लक्ष्मी वान् (ते. लक्ष्मीवान्तमु) – हि. बां. गु. म. ते.

लगना क. लगावुन पं. लग्गणा ने. लाग्नु बां. लागा सि. लगणु गु, लाग्वुँ म लाग्णँ – सं. लग्यति।। एवं दरद, लँहदी, आसामी, उडिया, सिंहली...।।

लगाना क. लगावुन् पं. लगाउणा ने. लगाउनु बां. लागान सि. लगाइणु गु, लगाब्वुँ।। एवं आसामी, उडिया...।।

लँगूर पं. लँगूर् ने. लङ्गुर गु. ळँगुर्।।

लँगोटं क. लङ्ग्टि पं. गु, लँगोट् ने. लङौटि सि. लङ्गोटु म. लँगोटी।।

लग्न (ते. लग्नमु), लघिमा (ते. लघिम), लघुत्व (ते. लघुत्वमु), लंङ्का (ते. लङ्क) – हि. बां. गु. म. ते.

लङ्ग क. लङ्गु पं. लङ्गा सि. लङो – सं. लङ्ग।। एवं रोमणी...।।

लङ्गड़ा पं. लङगड़ा ने. लङड़ो गु. लँग्डुँ म. लँग्ड़ा।। एवं उडिया।।

लङघन (ते. लङ्गनमु) – हि. बां. गु. म. ते.

लचकना पं. लचक्णा ने. लच्किनु गु, लचक्वुँ म. लचक्णँ।।

लजाना पं. लजाउणा ने. लजाउनु सि. लजणु गु, लाज्वुँ, लजब्वुँ म.

लाज्णैं – सं. लजते।। एवं रोमणी...।।

लज्जा (ते. लज्ज) – हि. बां. गु म. ते.

लटा क. लोटफ पं. गु. म. लट् ने. लट्टो बां. लाट् सि. लिट।। एवं लँहदी, बिहारी, उडिया...।।

लट्टू पं. लट्टू ने. लट्टु बां लाट्टु सि. लाटूँ।। एवं आसामी, उडिया।।

लट्पटाना पं. लट्पटाउणा ने. लट्पटिनु बां. गु. लट्पट् मू. लट्पट्णैं।। एवं आसामी और उडिया।।

लड़का पं. लड़्का ने. लड़्को बां. लेड़का् गु. लाड्कुँ म. लाड्का।। एवं आसामी।।

लड़ना क. लडुन् पं. लड़णा ने. लड़्नु बां. लड़ा गु, लड्वुँ म. लढ्णैं।। एवं लँहदी, उडिया...।।

लड़ाई पं. लड़ाई ने. बां. लड़ाइ गु. लडाई म. लढाई।। एवं उडिया...।।

लड्डू क. लड्ंडू पं. लड्डु बां. गु. लाड्ड सि. लाडूँ म. लाडू – सं. लडुक।। एवं उडिया, सिंहली...।

लता (ते. लत) – हि. बां. गु. म. ते.

लताड़ना क. लतारुन पं. लताड़्गा ने. लतार्नु सि. लताड़णु गु, लताडवुँ म. लताडणैं।।

लपेटना पं. लपेट्णा ने. लपेट्नु बां. लप्टान गु. लपेट्वुँ म. लपेट्णैं।।

लप्पड़ पं. लप्फड़् ने. लब्टो सि. लपाट गु. लप्डाक्।।

लँबाई ने. लमाइ बां. लम्बाइ गु. लँबाई।।

लब्ध (ते. लब्धमु), लब्धि, लभ्य (ते. लम्यमु), लम्पट, लम्ब (ते. लम्बमु)– हि. बां. गु. म. ते.

लम्बा पं. लम्मा ने. लमु सि. लाम गु. लाँबुँ म. ळाँब् – सं. लम्व।। एवं लँहरी, उडिया, सिंहली...।।

लय – हि. बां. गु. म. ते.

ललकारना पं. लल्कार्णा ने. लल्कावुँ म. लल्कार्णैं।।

ललना (ते. ललन), ललाट (ते. ललाटमु), ललित (ते. ललिवुँमु), लव

(ते. लवमु), लवङ्ग (ते. लवङ्गमु) – हि. बां. गु. म. ते.

लवण क. नून् पं. लूण् ने. नुन् बां लोना सि. लूणु गु, लुण् म. लोण्।। एवं रोमणी, दरद, उडिया, सिंदहल...।। बां. गु. म. लवण ते. लवणमु।।

लस, लस्सा पं. म. लस् ने. लस्सा सि. लसो – सं. लसीका `वतनउ, लश gum।। एवं उडिया...।

लसुन् क. रुहुन् पं. गु. म. लसण् ने. लसुन् बां. रसुन् – सं. लशुन।। एवं उडिया, बिहारी...।।

लहर पं. ने. म. लहर् बां. लहरि सि. लहरो गु. लेर् – सं. लहरि।। एवं आसामी, उडिया...।।

लहू पं. सि. लोहू ने. लोहु बां. लौ गु. लोही – सं. लोहित।। एवं रोमणी, दरद, सिंहली, काफिरी...।।

लाख क. लाछ पं. गु. म. लाख् ने. बां. लाहा सि. लाख – सं. लाक्षा।। एवं आसामी, उडिया, बिहारी, लँहदी, सिंहली...।।

लाख क. लछ् पं. लक्ख ने. बां. गु. म. लाख् सि. लखु – सं. लक्ष।। एवं दरद, आसामी, उडिया...।।

लाँघना पं. लङ्घणा ने. नाँध्नु बां. लङ्घा सि. लङ्घणु गु. लाँध्वुँ म. लध्णेँ – सं. लङघयति।। एवं दरद, लँहदी, आसामी, सिंहली, काफिरी...।।

लाघव (ते. लाघवमु) – हि. बां. गु. म. ते.

लाज क. लज् पं. लज्ज ने. बां. गु. म. लाज् सि. लज – सं. लज्जा।। एवं रोमणी दरद, आसामी, उडिया, सिंहली...।।

लाठ क. लठु ने. लाठो बां. सि. लाठि गु. लाठी।। एवं दरद, पश्तो, आसामी, उडिया, बिहारी, लँहदी....।।

लाठी पं. लट्ठी ने. बां. लाठि गु. लाठी।। एवं आसामी, उडिया।।

लाड़ पं. गु. म. लाड् ने. लाड़् सि. लाडु।।

लात क. लथ् पं. लत्त् ने. गु. म. लात् बां. नाति सि. लत।। एवं रोमणी, लँहदी, उडिया।।

लादना क. लदुन् पं. लद्दणा ने. लाद्नु बां. लदाइबा सि. लडणु गु.

लाद्रुँ. म. लाद्णँ – सं. लर्दयति।। एवं रोमणी, आसामी, उडिया, लँहदी....।।

लाना ने. लानु बां. लओया – सं. लाति।। एवं आसामी...।।

लाभ (ते. लाभमु) – हि. बां. गु. म. ते.

लालच पं. ने. बां. गु. म. लालच् सि. लालिचि।।

लालन, लालसा (ते. लालस), लावण्य (ते. लावण्यमु)–हि. बां. गु. म. ते.

लिखना पं. लिख्णा ने. लेख्नु बां. लेखा सि. लेखणु गु, लेख्वुँ म. लंख्णँ – सं. लिखति।। एवं लँहदी, आसामी....।।

लिङ्ग (ते. लिङ्गमु), लिपि, लिप्त (ते. लिप्तमु) – हि. बां. गु. म. ते.

लीक पं. गु. लीक् ने. लिख बां. लिंक् सि. लीका – सं. लेखा।।

लीख क. लिछ् पं. म. गु. लीख् ने. लिखो बां. लिक्का सि. लीख – सं. लिक्षा।। एवं रोमणी, दरद, आसामी, उडिया, सिंहली...।।

लीद क. ल्यद् पं. लिद्द ने. लिदि सि. लिडि गु. म. लीद्।। एवं बिहारी...।।

लीपना पं. लिप्प्णा ने. लिप्नु बां. लेपा गु. लिप्वुँ – सं. लिप्यते।। एवं आसामी, उडिया....।।

लीला (ते. लील) – हि. बां. गु. म. ते.

लुकना पं. लुक्णा लुक्नु बां. लुका सि. लुकणु – प्राकृत लुक्कइ।। एवं आसामी, लँहदी...।।

लुकाना पं. लुकाउणा ने. लुकाउनु बां. लुकान सि. लुकाइणु।। एवं लँहदी, आसामी...।।

लुच्चा पं. बां. म. लुच्चा ने. लुच्चो सि. लुचो गु, लुच्चुँ।। एवं उडिया...।।

लुप्त (ते. लुप्तमु), लुब्ध (ते. लुब्धमु) – हि. बां. गु. म. ते.

लूट क. लूठ् पं. लुट्ट ने. बां. लुट् सि. लुटि म. लूट्।। एवं आसामी, उडिया, लँहदी...।।

लूटना क. लूटुन् पं. लुट्टणा ने. लुट्नु बां. लुटा सि. लुटणु गु, लुटवुँ म. लुट्णँ – प्राकृत लुट्टइ।। एवं रोमणी, लँहदी, आसामी, उडिया...।।

लूला ने. लुलो म. लुला गु. लूलुँ।।

लेई पं. सि. लेई ने. बां. लेइ।। एवं उडिया....।।

लेख, लेखक (ते. लेखकुण्डु), लेखन (ते. लेखनमु) – हि. बां. गु. म. ते.

लेखा क. ल्युखु पं. बां. लेखा ने. सि. लेखो गु. लेखुँ म. लेख् – सं. लेख्य।। एवं लँहदी, आसामी, उडिया, सिंहली...।।

लेटना पं. लेट्णा ने. लेट्नु बां लेटा सि. लेट्णु गु. लेट्वुँ म. लेट्णँ।। एवं लँहदी...।।

लेन–देन ने. लिन्–दिन् बां. पं. लेन् देन् गु. लेणा देणी म. लेण् देण्।।

लेना क. पं. लेवा देवी ने. लिनु लेना सि. लेती गु. लेवुँ म. लेणँ।। एवं रोमणी, लँहदी...।।

लेप पं. ने. बां. गु. म. लेप् सि. लेपु।। एवं लँहदी...।। ते. लेपमु।।

लेव क. लिव पं. ने. सि. लेउ – सं. लेप।। एवं लँहदी...।।

लेश (ते. लेशमु) – हि. बां. गु. म. ते.

लेस क. लश्, लिश् ने. लेस् – सं. लेश।। एवं सिंहली...।।

लोक (ते. लोकमु) – हि. बां. गु. म. ते.

लोटना पं. लोट्णा ने. लोट्नु बां. लोटा सि. लोटणु गु, लोट्वुँ म. लोट्णँ – पं. लोट्टइ। एवं आसामी, उडिया...।।

लोटा क. लोट पं. लोट्टा ने. लोहोटा बां. म. लोटा सि. गु. लोटो।। एवं आसामी, उडिया, लँहदी...।।

लोथ पं. ने. गु. म. लोथ् सि. लोथ।।

लोप (ते. लोपमु), लोभ (ते. लोभमु), लोभी (ते. लोभि), लोम (ते. लोममु) – हि. बां. गु. म. ते.

लोमड़ी पं. लूँबड़ी ने. लोम्ड़ि सि. लोम्बड़ु।। एवं दरद...।।

लोलुप (ते. लोलुपमु), लोह (ते. लोहमु) – हि. बां. गु. म. ते. लोहा पं. ने. बां. लोहा सि. लोहु गु. म. लोह – सं. लोह।। एवं रोमणी, लँहदी, आसामी, उडिया, सिंहली...।।

लोहार पं. गु. लुहार् ने. बां. लोहार् सि. लुहारु म. लोहर् – सं. लोहकार।। एवं लँहदी, सिंहली...।।

लौकिक (ते. लौकिकमु लौकिकुण्डु) – हि. बां. गु. म. ते.

लौंग क. वंङ्ग, रुङ्ग पं. लौग् ने. ल्वाँङ् बां. लङ्ग सि. लौगु गु. म. लँवग् – सं. लवंग।। एवं आसामी, उडिया...।।

वंशावलि, वंशी (ते. वंशि), वक्ता (ते. वक्त), वक्र (ते. वक्रमु) – हि. बां. गु. म. ते.

वक्र क. वकर् पं. विङ्गा ने. बाङ्गों बां बाँका सि. विङ्गों गु. वाँकुँ म. वाँका।। एवं रोमणी, आसामी, उडिया, बिहारी...।।

वक्रोक्ति, वचन (ते. वचनमु), वज्र (ते. वज्रमु), वच्चक (ते. वच्च्कमु), वट (ते. वटमु), वत्स (ते. वत्समु), वत्सल (ते. वत्सलमु), वदन (ते. वदनमु), वध, वध्य (ते. वध्यमु), वन (ते. वनमु), वनस्पति, वनिता (ते. वनित), वन्दन (ते. वन्दनमु), वन्ध्या (ते. वन्ध्य), वपु (ते. वपुवु), वमन (ते. वमनमु), वयः (ते. वयस्सु), वर (ते. वरमु), वरण (ते. वरणमु), वरद (ते. वरदुंडु), वराह (ते. वराहमु), वरिश्ठ (ते परिश्ठमु), वरुण (ते. वरुणमु, वरुणुंडु), वर्ण (ते. वर्णमु), वर्णन (ते. वर्णनमु), वर्णनीय (ते. वर्णनीयमु), वर्तमान (ते. मु.), वर्तुल (ते. मु), वर्धमान (ते. मु.), वर्म (ते. मु.), वर्श (ते. मु.) – हि. बां. गु. म. ते.

वर्षा क. वोशु ने. बासि सि. बस।। एवं काफिरी, दरद, लँहदी, सिंहली...।।

वलय (ते. मु.), वलि, वल्कल (ते. मु.), वल्लि, वश – हि. बां. गु. म. ते.

वश पं. वाह् ने. बस् सि. वहीणी म. वस्ने।। एवं रोमणी, सिंहली...।।

वशीकरण (ते.मु.), वसन (ते. मु), वसति, वसन्त (ते. मु.) – हि. बां. गु. म. ते.

वसा क. वस् ने. बोसो बां. बसा सि. वह म. वसा।। एवं उडिया...।। ते. वस।।

वसुन्धरा (ते.र), वस्त्र – हि बां. गु. म. ते.

वह क. हुह् पं. उह् ने ठ तां. ओ. सि. ऊ. हू – सं. असौ।। एवं रोमणी, लँहदी, सिंहली...।।

वहन (ते. मु), वाक्पति, वाक्य (ते. मु.), धाच, वाचाल (ते. मु.), वाचिक (ते. मु.), वाच्य (ते. मु.) – हि. बां. गु. म. ते.

वाटिका क. वारू पं. सि. वाड़ी ने. बारि बां. बाड़ि गु. म. वाडी।। एवं रोमणी, लँहदी, आसामी, उडिया, बिहारी...।।

वाणी (ते. वाणि), वाणिज्य (ते. मु.), वात (ते. मु), वात्सल्य (ते. मु.), वाद (ते. मु.), वादी (ते. वादि), वाद्य (ते. मु.), वानप्रस्थ (ते. मु.), वाम (ते. मु.), वामन (ते. मु.), वायब्य (ते. मु.), वायस (ते. मु.), – हि. बां. गु. म. ते.

वायु क. म. वाव् पं. गु. वा ने. बा. बां. बाइ सि. वाउ – सं. वायु, वात।। एवं रोमणी, लँहदी, आसामी, उडिया, सिंहली...।।

वार (ते. मु.), वारि, वार्ता (ते. वार्त), वार्षिक (ते. मु.), वास (ते. मु.), वास्तव (ते. मु) , वास्तविक (ते. मु.), वाहन (ते. मु.), विकट (ते. मु.), विकल (ते. मु.), विकल्प (ते. मु.), विकसित (ते. मु.), विकार (ते. मु.), विकास (ते. मु.), विकृत (ते. मु.), विकृति, विक्रय (ते. मु.), विक्रिया (ते. विक्रिय), विक्षप (ते. मु.), विख्यात (ते. मु.), विख्याति, विगत (ते. मु.), विग्रह (ते. मु.), विन्न (ते. मु.), विचक्षण (ते. मु.), विचार (ते. मु.), चिचित्र (ते. मु.), विच्छेद (ते. मु.), विजन (ते. मु.), विजय विजाति, विज्ञान (ते. मु.), विज्ञापन (ते. मु.), वितर्क (ते. मु.), वित्त (ते. मु.), विदित (ते. मु. विदितुंडु), विदूषक (ते. विदूषकुंउु), विदैां (ते. मु.), विदैांी (ते. ांी), विद्यमान (ते. मु.), विद्या (ते. विद्य), विद्यार्थी (ते. र्थि), विद्युत् (ते. विद्युत्त), विधवा (ते. विधव), विधान (ते. मु.), विधि, विनय (ते. मु.), – हि. बां. गु. म. ते.

विना क. व्यन् पं. विण् ने. बिनु गु. विण् म. वीण्।। एवं आसामी, उडिया...।।

विनौां (ते. मु.),, विनियोग (ते. मु.), विनीत (ते. मु.), विपत्ति, विपर्यय (ते. मु.), विपर्यास (ते. मु.), विपुल (ते. मु.), विप्रयोग (ते. मु.), विभक्त (ते. मु.),, विभक्ति, विभाग (ते. मु.), विभूषित (ते. मु.), विमान (ते. मु.), वियोग (ते. मु.), विरल (ते. मु.), विरस (ते.मु.) विरह (ते. मु.), विराग (ते. मु.), विराजमान (ते. मु.), विराम (ते. मु.), विरुद्ध (ते. मु.), विरूप (ते. मु.), विरोध (ते. मु.), विरोधी, विलक्षण (ते. मु.), विलम्ब, विलाप (ते. मु.), विलासी (ते. सि), विलीन

(ते. मु), विलोकन (ते. मु.), विवक्षा (ते. विवक्ष), विवक्षित (ते. मु.), विवर (ते. मु.), विवरण, विवर्ण (ते. मु. विवर्णुड्डु), विवाह (ते. मु.), विविध (ते. मु.), विशाल (ते. मु.), विशेष (ते. मु.), विशषक (ते. मु.), विशेषण (ते. मु.), – हि. बां. गु. म. ते.

विश्राम ने. विसा गु. विसामो म. विसाँवा।।

विश्राम पं. विस्सम्णा ने. बिसाउनु सि. विसाइण् गु. विसामो म. विसाब्णँ – सं. विश्रामयति।। एवं दरद, लँहदी...।।

विश्व (ते. मु.), विश्वास (ते. मु.), – हि. बां. गु. म. ते.

विष क. व्यह् पं. बिह्, विह् ने. बां बिस् सि. विहु।। एवं दरद, काफिरी, लँहदी, आसाम, उडिया, सिंहली...।।

विषय (ते. मु.), विष्ठा (ते. वि÷ठ), विसर्ग (ते. मु.), विसर्जन (ते. मु.), विस्तार (ते. मु.), विस्तीर्ण (ते. मु.), विस्फोट (ते. मु.), विस्मय (ते. मु.), विस्मरण (ते. मु.), विस्मित (ते. मु.), विस्मृत (ते. मु.), विहार (ते. मु.), बिहारी (ते. रि), विह्वल, वीणा – हि. बां. गु. म. ते.

वीर पं. गु. वीर् ने. बां. विर् सि. वीरु।। एवं आसामी, उडिया।।

वीर्प (ते. मु.), वृक्ष (ते. मु.), वृत्तान्त (ते. मु.), वृत्ति, वृथा (ते. वृथ), वृद्ध (ते. मु.), वृद्धि, दृ÷ट, वेणी (ते. वेणि), वेत्ता (ते. वेत्त) वेद (ते. मु.), वेदना (ते. वेदन.), वेदान्त (ते. मु.), वेला (ते. वेल), वेश (ते. मु.), वेश्या (ते. वेश्य), – हि. बां. गु. म. ते.

वेष्टन क. बुठुन् हि. ने. बेठन् सि. वेठणु म. वेठण्।। एवं दरद, बिहारी...।।

वैदिक (ते. मु.), वेद्य (ते. मु.), वैभव (ते. मु.), वैराग्य (ते. मु.), वैरी (ते. वैरि), व्यक्त (ते. मु.), व्यग्र (ते. मु.), व्यंजन (ते. मु.), व्यथा (ते. व्यथ), व्यभिचार (ते. मु.), व्यय (ते. मु.), व्यर्थ (ते. मु.), व्यवस्था (ते. व्स्थ), व्यवहार (ते. मु.), व्यसन (ते. मु.), व्यस्त (ते. मु.), व्याकरण (ते. मु.), व्याख्या (ते. व्याख्य), व्याख्यान (ते. मु.), व्याघ्र (ते. मु.), व्याधि, व्यापक (ते. मु.), व्यापार (ते. मु.), व्याप्त (ते. मु.), व्यास (ते. मु.), ब्यूह (ते. मु.), व्रज (ते. मु.), व्रत (ते. मु.), – हि. बां. गु. म. ते.

शक (ते. मु.), शकुन (ते. मु.), शक्ति, शंका (ते. शंक), शंख (ते. मु),

शठ (ते. मु.), शत (ते. मु.), शतक (ते. मु.), शत्रु (ते. शत्रुवु), शनिवार (ते. मु.), शपथ (ते. मु.), शब्द (ते. मु.), शमन (ते. मु.), शयन (ते. मु.), शय्या (ते. शय्य), शर (ते. मु.), शरण (ते. मु.), शरत् (ते. शरत्तु), शरासन (ते. मु.), शरीर (ते. मु.), शर्करा (ते. शकर.), शलाका (ते. शलाक), शल्य (ते. मु.), शास्त्र (ते. मु.), शाक (ते. मु.), शाखा (ते. शाख), शखी (ते. शाखि), शान्त (ते. मु.), शान्ति, शाप (ते. मु.), शारदा (ते. शारद), शार्दूल (ते. मु.), शाला (ते. शाल), शासन (ते. मु.), शास्त्र (ते. मु.), – हि. बां. गु. म. ते.

शिक्षा पं. सिक्ख् ने. सिकि सि. सिख गु. सीख्।। एवं सिंहली...।।

शिक्षित (ते. शिक्षितुंडु), शिखर (ते. मु.), शिविर (ते. मु.), शिार (ते. मु), शिरोमणि, शिला, शिल्प (ते. मु.), शिल्पी (ते. शिल्पि), शिव (ते. मु.), शिशिर (ते. मु.), शिष्ट (ते. मु.), शिष्टाचार (ते. मु.), शिष्य (ते. शिष्युंडु), शीघ्र (ते. मु.), शीत (ते. मु.), शीतल (ते. मु.), शील (ते. मु.), शुक (ते. मु.), शुक्रवार (ते. मु.), शुक्ल, शुक्लपक्ष (ते. मु.), शुचि, शुद्ध (ते. मु.), शुद्धि, शुभ (ते. मु.), शष्क (ते. मु.), शून्य (ते. मु.), शूर (ते. शूरुंडु), श्रृंखला (ते. श्रृंखल), श्रृङ्गार (ते. मु.), शेष (ते. मु.), शोक (ते. मु.), शोचनीय (ते. मु.), शोध (ते. मु.), शोधन (ते. मु.), शोफ, शोभन (ते. मु.), शोषण (ते. मु.), इमैंान (ते. मु.), श्याम (ते. मु.), श्रद्धा (ते. श्रद्ध), श्रवण (ते. मु.), श्राद्ध (ते. मु.), श्रावण (ते. मु.), श्री, श्रुति, श्रेय (ते. मु.), श्रेष्ठ (ते. मु.), श्रोणी (ते. श्रोणि), श्रोता (ते. श्रोत), श्लोक (ते. मु.), श्वास (ते. इवासुण्डु), श्वेत – हि. बां. गु. म. ते.

पट्, पट्कोण, पण्ड (ते. मु.), षष्टी (ते. षष्ठि), षोडशा (ते. मु.), – हि. बां. गु. म. ते.

संयम (ते. मु.), संयुक्त (ते. मु.), संवत्सर (ते. मु.), संवाद (ते. मु.), सैंाय (ते. मु.), संश्रय (ते. मु.), संसर्ग (ते. मु.), संसार (ते. मु.), संस्कार (ते. मु.), संस्कृत (ते. मु.), संस्थान (ते. मु.), संस्थापक (ते. कुण्डु), संस्थापन (ते. मु.), संहार (ते. मु.), संहिता (ते. त), – हि. बां. गु. म. ते.

सकना क. ह्यकुन् पं. सक्क्णा ने. सक्नु गु. शक्वुँ म. सक्णेँ – सं. शक्नोति।। एवं रोमणी, सिंहली...।।

सकर्मक (ते. मु.), सकल (ते. मु.), – हि. बां. गु. म. ते.

सकार पं. ने. गु. म. सकार् – सं. सत्कार।।

सकारना क. सकार् पं. सकारना ने. सकार्नु सि. सकारणु गु. सकावुँ, सिक़ावुँ म. सकार्णे – सं. सत्करोति।। एवं लँहदी...।।

सकाल ने. सखार् बां. सकाल् म. सकल्।। एवं उडिया...।।

सक्कर क. श्यकर् पं. सक्कर् ने. सक्खर् गु. म. साकर् – प्राकृत सक्खरा।।

सखा (ते. सख) – हि. बां. गु. म. ते.

सगा क. सख् पं. सग्ग् ने. साख् सि. सको, सगो गु. सगुँ, साग्वुँ म. सगा – प्राकृत सग्ग।। एवं लँहदी...।।

सगुण (ते. मु.), संगोत्र (ते. त्रुण्डु) सकट (ते. मु.), संकर (ते. मु.), संकलन (ते. मु), संकल्प (ते. मु.), संकीर्ण (ते. मु.), संकुचित (ते. मु.), संकेत (ते. मु.), संकोच (ते. मु.), संक्रमण (ते. मु.), संक्रान्ति, संक्षिप्त (ते. मु.), संक्षेप (ते. मु.), संख्या (ते. संख्य), – हि. बां. गु. म. ते.

संग क. पं. संग् ने. सङ सि. सङु गु. सँगे म. सँगेँ।।

संगत (ते. मु.), संगति, संग्रह (ते. मु.), संग्राम (ते. मु.), संघ (ते. मु.), – हि. बां. गु. म. ते.

सच पं. सच्च् ने. सच्चा, साँचो बां. साँझा सि. सचो गु. म. साच् – सं. सत्य।। एवं रोमणी, दरद, लँहदी, आसामी, उडिया, सिंहली...।।

सचिव (ते. वुण्डु), सजातीय (ते. मु.), – हि. बां. गु. म. ते. सजाना क. सन्ज पं. सजाउणा ने. सजाउनु बां. साजा सि. सजो गु. साज्वुँ म. साज्णँ – सं. सज्जयति।। एवं लँहदी, आसामी, उडिया, सिंहली.....।।

सज्ज्न – हि. बां. गु. म. ते.

सज्जा पं. सज्जी ने. सज्जि–मट्टि बां. साजि–माटि गु. म. साजी–खार् – सं. सर्जिका।।

संचय ने. साच्नु गु. साँब्वुँ म. साँच्णँ – सं. संचिनोति।। एवं आसामी, उडिया...।।
संचय (ते. मु.), संज्ञा – हि. बां. गु. म. ते.
सटकना पं. सटक्णा ने. सङ्कनु बां. सट्कान् गु. सटक्वुँ म. सटक्णँ।।
सड़क ने. बां. गु. म. सड़क्।। एवं लँहदी, उडिया, आसामी...।।
सड़ना पं. सड़्ना ने. सड़्नु बां. सड़ा सि. सड़णु गु. सड़्वुं म. सड़्णँ।। एवं लँहदी, आसामी, उडिया...।।
सँडासा, सँड़्सी क. सनसि पं. सण्डासी ने. सनासो बां. साँड़ासि सि. सज्जु गु. साँड़्सो म. साँडस् – सं. संदँश।। एवं आसामी, उडिया, बिहारी, सिंहली...।।
सतत (ते. मु.), – हि. बां. गु. म. ते.
सताना क. सतावुन् पं. सताउणा ने. सताउनु सि. सन्दाइणु गु. सताब्वुँ म. सताविणे– सं. संतापयति।।
सती (ते. सति), सत्कार (ते. मु.), सत्क्रिया (ते. व्य), सत्तम (ते. मु.), सत्ता (ते. सत्त) – हि. बां. गु. म. ते.
सत्तू क. सोतु पं. सत्रू ने. गु. सातू म. सात् – सं. सक्तु।। एवं बिहारी...।।
सत्य (ते. मु.), सत्ययुग (ते. मु.), सत्यवादी (ते. दि), सत्र (ते. मु.), सँत्त्व (ते. मु.), – हि. बां. गु. म. ते.
सत्त्व क. सथ पं. सत्त ने. सातो सि. सतु।। एवं सिंहली...।।
सदन (ते. मु.), सदा, सद्गति, सद्म (ते. मु.), – हि. बां. गु. म. ते.
सन पं. गु. म. सण् ने. सन् सि. सिणु, सिणी – सं. शण।। एवं बिहारी, सिंहली...।।
सनातन (ते. मु.), सनाथ (ते. मु.), सन्तति, संतान (ते. मु.), संताप (ते. मु.), संतुष्ट (ते. मु.), संतोष (ते. मु.), संदर्भ (ते. मु.), सदेंश (ते. मु.), संदेह (ते. मु.), संधान (ते. मु.), – हि. बां. गु. म. ते.
सन्धाना ने. सन्दन् सि. सन्धाणी गु. सन्धाणुँ – सं. संधान चपबासमे।।
सन्धि क. सन्द्, सोन्द्, स्वनु पं. सन्न्ह ने. साँघ् सि. सन्धु, सन्धो गु,

म. साँध – सं. संधा, सन्धि।। एवं सिंहली...।

संधि, संध्या (ते. संध्य), संनिधि, संनिपात (ते. मु.), संन्यास (ते. मु.), संन्यासी (ते. सि), सपत्नी (ते. त्नि), सप्तमी (ते. मि), सफलता (ते. त) – हि. बां. गु. म. ते.

सब पं. सभ् ने. बां. सब् सि. सभु गु. साव् – सं. सर्व।। एवं रोमणी, दरद, लँहदी, उडिया, सिंहली...।।

सभा (ते. सभ), सभासद (ते. दुण्डु), सम्य (ते. मु.), सम (ते. मु.), समग्र (ते. मु.), समचतुरस्त्र (गु. समचोरस) – हि. बां. गु. म. ते.

समझ पं. सम्झ् ने. समझ् बां. गु. म. समज् सि. समुझ।। एवं उडिया...।।

समझना पं. समक्ष्णा ने. सम्झनु बां. सम्जा सि. समुझणु गु. समज्वुँ म. समज्णेँ – सं. सवुध्यते।। एवं उडिया...।।

समदृष्टि समय (ते. मु.), समर (ते. मु.), समर्थ (ते. मु.), समर्थन (ते. मु.), समर्पण (ते. मु.), समवाय (ते. मु.), समटि समस्त (ते. मु.), समस्या (ते. स्य), समागम (ते. मु.), समाचार (ते. मु.), समाज (ते. मु.), समाधान (ते. मु.), समान (ते. मु.), – हि. बां. गु. म. ते.

समाना पं. समाउणा ने. समाउनु बां. सामाइ सि. समाइजणु गु. समाब्वुँ म. समाविर्णें – सं. समाति।।

समाप्त (ते. मु.), समाप्ति, समावैं (ते. मु.), समास (ते. मु.), समाहार (ते. मु.), समीकरण (ते. मु.), समीप (ते. मु.), समीर (ते. मु.), समुच्चय (ते. मु.), समुदाय (ते. मु.), समुद्र (ते. मु.), समूल (ते. मु.), समूह (ते. मु.), समृद्धि – हि. बां. गु. म. ते.

समेटना पं. समेट्णा ने. समेट्नु गु, समेटवुँ म. समेट्णें।।

समेत (ते. मु.), संपत्ति संपन्न (ते. मु.), संपर्क (ते. मु.), संपादन (ते. मु.), संप्रदान (ते. मु.), संप्रदाय (ते. मु.), संबन्ध (ते. मु.), संभव (ते. मु.), – हि. बां. गु. म. ते.

सम्भार्ना क. स्वम्वरुन्, स्वम्बारुन् ने. सम्भार्नु सि. सम्भारणु गु. सँभावुँ म. सँभार् – सं. सम्भरति।। एवं काफिरी, दरद, आसामी, उडिया...।।

सम्भालना क. सम्बालुन् पं. सम्भाल्णा ने. समाल्नु बां. सामाला सि.

सम्भारणु गु. सँभावुँ म. सँभाळ्णँ – सं. संभारयति।। एवं उडिया...।।

संमत (ते. मु.), संमति, समुख – हि. बां. गु. म. ते.

संमुख पं. सौडँ ने. सामु सि. सम्हाँ गु. सामुँ म. समोर्।। एवं सिंहली...।।

सयाना पं. सियाणा ने. सियाना बां. सेयान सि. सिआणो – प्राकृत सयाण।।

सर, सरा पं. ने. सर् सि. सरु गु. सर्, सरियो म. सर्, सरा – सं. शर।। एवं लँहदी, बिहारी, सिंहली...।।

सरकाना ने. सर्काउनु गु. सर्काब्वुँ म. सर्काविणँ।। एवं काफिरी, आसामी...।।

सरना पं. सर्ना ने. सर्नु बां. सरा सि. सरणु गु. सवुँ म. सर्णे – सं. सरति।। एवं आसामी, सिंहली...।।

सरल क. पं. ने. बां. सरल् गु, म. सरळ्।। एवं आसामी, उडिया, सिंहली...।।

सरल (ते. मु.), सरसता (ते. त), सरस्वती (ते. ति.) – हि. बां. गु. म. ते.

सराहना पं. सराहुणा ने. सराउनु सि. सराहणु गु, सराह्वुँ – सं. श्लाघते।।

सरित् (गु. सरिता, ते, त्तु), सरोज (ते. मु.), – हि. बां. गु. म. ते.

सरोता पं. सरौथा ने. सरौतो म. सरोता।। एवं बिहारी...।।

सरोरुह (ते. मु.), सरोवर (ते. मु.), सर्ग (ते. मु.), सर्प (ते. मु.), सर्वज्ञ, सर्वत्र, सर्वदा, सर्वभक्षक (ते. कुण्डु), सर्वस्व (ते. मु.), – हि. बां. गु. म. ते.

सर्सो पं. सर्हों ने. सर्सिउँ बां. सर्सा सि. सह्य गु. सर्÷व् – सं. सर्षप।। एवं लँहदी, उडिया, बिहारी...।।

सलाई क. सलय् पं. सलाई ने. सलाइ सि. सराई म. सळई – सं. शलाका।। एवं लँहदी, बिहारी...।।

सवा क. पं. सि. गु. म. ने. सवा बां सओया – सं. सपाद।। एवं लँहदी, उडिया...।।

सविता – हि. बां. गु. म. ते.

सवेरा पं. ने. सवेर सि. सवेरे गु. सवेला, सवेरा।। एवं लँहदी...।। सव्य

(ते. मु.), – हि. बां. गु. म. ते.

ससुर क. हिहुर् पं. सहुरा ने. ससुरो बां. ससर् सि. सहुरो गु. सस्त्रो – सं. श्वसुर।। एवं रोमणी, काफिरी, दरद, उडिया, सिंहली...।।

सस्ता पं. बां. म. सस्ता ने. सस्तो गु. सस्वुँ।। एवं उडिया...।।

सहकार (ते. मु.), सहकारी (ते. रि), सहचर (ते. रुण्डु), सहज (ते. मु.), – हि. बां. गु. म. ते.

सहज पं. सहिज् ने. बां. गु. म. सहज् सि. सहजु।। एवं आसामी, उडिया...।।

सहन ने. बां. गु. म. सहन् सि. सहणी।। एवं आसामी, सिंहली...।।

सहना क. सहुन् पं. सहिणा ने. सहनु बां. सहा सि. सहणु गु. सह्वुँ म. साड्णँ – सं. सहते।। एवं आसामी, उडिया...।।

सहस्र (ते. मु.), सहाय (ते. व्युण्डु) – हि. बां. गु. म. ते.

सहारा ने. सहारा प्राकृत सहआर, सहार – सं. सहकार।। सहित (ते. मु.), – हि. बां. गु. म. ते.

सहेली पं. सि. सहेली ने. सहेलि बां. सइ गु. सहियर् म. सइं – सं. सखी।। एवं उडिया, सिंहली...।।

सहोदर (ते. मु.) – हि. बां. गु. म. ते.

साँई क. साव्यञू पं. साइँ ने. सैयाँ सि. साँई गु. साँई म. साइ – सं. स्वामी।। एवं सिंहली...।।

साँकल क. हाँकल् पं. संगल् ने. सङ्लो बां. सिकल् सि. भङ्गूर गु. म. साँकळ् – सं. श्रृङ्खल।। एवं दरद, आसामी, उडिया, बिहारी, लँहदी, सिंहली...।।

साँको, साँखो, साँख् bridge ने. साँघु बां. साँकु म. साँकू – सं. संक्रम।। एवं आसामी...।

साक्षात, साक्षी – हि. बां. गु. म. ते.

साखू, साँखू, सागुन, सागोन्, सागौन् पं. सागून् ने. सखुवा सि. सागु गु, म. साग् साग्वान्।।

सागर (ते. मु.), सांख्य (ते. मु.) – हि. बां. गु म. ते.

साँचा पं. साँचा, सच्चा, सच्चा, ने. साँचो बां. छाँच् गु. साँचो म. साँचा

– सं. सच्चक।। एवं आसामी, उडिया, बिहारी...।।

साँझ पं. संझ् ने. बां. म. साँझ् सि. संझ गु. साँज् – सं. सन्ध्या।। एवं आसामी, उडिया, सिंहली...।।

साँड़, साँड क. श्रण्ड पं. सान्ह्, साण्ढा ने. बां. साँड़ सि. सानु गु साँड् साँढ् म. साँड् – सं. साण्ड uncastrated।। एवं आसामी, उडिया, बिहारी, सिंहली...।।

साड़ी पं. सि. साढ़ी ने. सारि बां. साड़ि गु. म. साडी – ां. ाट।। एवं उडिया, बिहारी, सिंहली...।।

साढ़ क. साजिव, स्वजुव् पं. साढू, साण्ढू ने. साडु सि. सण्ढू गु. साडु म. साढू।। एवं लँहदी, उडिया...।।

साढ़े पं. साढे ने बां. साड़े सि. साढु गु. साडा म. साडे – सं. सार्ध।। एवं उडिया...।।

सात क. सथ् पं. सत्त् ने. बां. गु. म. सात् सि. सत – सं. सप्त।। एवं दरद, आसामी, उडिया, लँहदी, सिंहली, रोमणी...।।

सातवाँ क. सत्युमु पं. सत्वाँ ने. साताँ सि. सतौं गु. सात्मुँ म. सात्वा – सप्तम।। एवं दरद, लँहदी.....।।

साथ क. पं. ने. गु. म. साथ् सि. साथु – सं. सार्थेन।। एवं दरद...।।

साथी पं. सि. गु. म. साथी ने. साथि – सं. सार्थिक।। एवं उडिया...।।

साँथ्री, साथ्री पं. सत्थर् ने. सोतर् सि. सथिरी गु. साथ्रो – सं. संस्तर।। एवं लँहदी...।।

सादर (ते. मु.) सादृैय (ते. मु.) साधक (ते. मु.) साधन (ते. मु.) साधर्म्य (ते. मु.) साधारण (ते. मु.) साध्य (ते. मु.) साध्वी (ते. साध्वि.) – हि. बां. गु. म. ते.

सान पं. सन्न् ने. बां. गु. सान् सि. सञणु – सं. संज्ञा।। एवं सिंहली...।।

सान क. म. साण् ने. बां. सान् सि. सिराणि – सं. षाण।। एवं आसामी, उडिया, बिहारी, सिंहली...।।

सानना क. सनुन् ने. साँध्नु सि. सन्धणु गु, साँध्वुँ म. साँध्णें – सं. संदधाति।। एवं आसामी...।।

सांन्निध्य (ते. मु.) – हि. बां. गु. म. ते.

साँप पं. सप्प् ने. बां. गु. म. साप् सि. सपु – सं. सर्प एवं रोमणी, लँहदी, आसामी, उडिया, सिंहली...।।

सावर, साँवर् elk, elk-skin पं. ने. बां. गु. सावर् म. साँबर् – सं. षम्बर।।

साबल् crowbar पं. सब्बल् ने. साबल् – सं. सर्वला।। एवं उडिया...।

साम (ते. मु.), सामग्री (ते. ग्रि.) – हि. बां. गु. म. ते.

सामा, साँवाँ पं. साँवक् ने. बां. सामा सि. साँआँ म. साँवा, सावा – सं. श्यामाक।। एवं बिहारी...।।

सामान्य (ते. मु.) सामुद्रिक (ते. कुण्डु) – हि. बां. गु. म. ते.

सामुहे पं. सौहँ ने. सामु सि. सम्हाँ गु सामुँ म. समोर् – सं. संमुख।। एवं सिंहली...।।

साम्य (ते. मु.) – हि. बां. गु. म. ते.

साम्हना ने. सामुन्ने बां. साम्ने गु. साम्नो।। एवं उडिया...।।

सायंकाल (ते. मु.), सार (ते. मु.) – हि. बां. गु. म. ते.

सार, सारी, सारो, सारू क. हारू ने. सारु म. सारी – सं. शारि, शारिका।। एवं उडिया, सिंहली...।।

सार क. हाल् ने. सार् बां. साल् म. साळ् – सं. शाला।। एवं उडिया, बिहारी, सिंहली...।।

सार क. पं. ने. बां. ुग. म. सार् सि. सारु – सं. सार।। एवं आसामी, उडिया, सिंहली...।।

सारस पं. ने. बां. गु. म. सारस्।। एवं आसामी, उडिया...।।

सारा क. स्वरु, स्वरुय् पं. बां. म. सारा ने. सि. सारो गुं. सारुँ।। एवं काफिरी, दरद, लँहदी, उडिया...।।

सार्थ (ते. मु.) – हि. बां. गु. म. ते.

साल पं. ने. बां. साल् – सं. शाल।। एवं आसामी, उडिया, सिंहली...।।

साला पं.0 बां. साला ने. सि. सालो गु. साळो म. साळा – सं. श्याल।। एवं रोमणी, लँहदी, उडिया...।।

साली क. साल् ने. बां. सालि पं. सि. साली गु. म. साळी – सं. श्याली।। एवं रोमणी, लँहदी, उडिया...।।

सावधान (ते. मु.) – हि. बां. गु. म. ते.

सावन क. श्रावुन् पं. गु. सावण् ने. सावन् सि. साँवणु – सं. श्रावण।। एवं लँहदी, बिहारी...।।

साँवला पं. साँवला ने. साउँलो सि. साँविरो गु. साम्लुँ म. साव्ळा – सं. श्यामल।।

साँस क. हाह पं. ने. गु. सास् सि. साहु – सं. ष्वास।। एवं दरद, लँहदी...।।

सास क. हश् पं. सस्स् ने. गु. सयासु बां. सासुड़ि सि. ससु म. सास् – सं. श्श्रू।। एवं रोमणी, काफिरी, दरद, लँहदी, आसामी, उडिया, सिंहली...।।

साह. साहू, साहूकार honest man, banker क. स्ववु पं. साऊ ने. साउ बां. साहुकार सि. साऊ गु, साउ, साहु म. साउ, साव्–सं. साधु।। एवं उडिया...।।

साहस क. ने. साहस् बां. गु. म. साहस।। ते. साहसमु।।

साहित्य (ते. मु.), सिंह (ते. मु.), सिकता (ते. त.), – हि. बां. गु. म. ते.

सिंगार क. सिङ्गार पं. सिङ्गार ने. सिङार् – सं. श्रृङ्गार।।

सिंघाड़ा पं. सँघाड़ा ने. सिङरो बां. सिङ्गाड़ा, सिङ्गारा सि. सिङोरो गु. सिंगोडो म. शिंगाडा – सं. श्रृङ्गाटक।। एवं आसामी, उडिया...।।

सिणक ने. सिङान् बां. सिङ्घान् सि. सिङ्घरु – सं. श्रृङ्घाणिका।। एवं आसामी, उडिया...।।

सित (ते. मु.), सिद्धान्त (ते. मु.), सिद्धि – हि. बां. गु. म. ते.

सिधारना पं. सिधार्ना ने. सिधार्नु सि. सिधारणु गु. सिघावुँ।।

सिन्दूर क. स्यन्दरू ने. बां. सिंदुर् सि. सिन्धुरु गु. सिन्दूर् म. सेँदूर।। एवं आसामी, उडिया, बिहारी...।।

सिन्धु (ते. सिन्धुवु) – हि. बां. गु. म. ते.

सियाल क. शाल् ने. बां. सियाल् गु. सियाळ् – सं. श्रृगाल।। एवं दरद, आसामी, सिंहली...।।

सिर क. ह्यरि पं. ने. बां. गु. सिर् सि. सिरु म. शीर् – सं. शिर।। एवं

रोमणी, काफिरी, दरद, लँहदी, आसामी, उडिया...।।

सिरीस, सिरस्, सिर्सा पं. सिरिस्, सिरिंह ने. सिरिस् सि. सिरिहु म. शिरस् – सं. शिरीष।।

सिल पं. बां. सिल् ने. सिलि सि. सिर म. शीळ् – सं. शिला।। एवं लँहदी, आसामी, उडिया, बिहारी, सिंहली...।।

सिलगाना पं. सुल्गाउणा ने. सल्काउनु गु. सळ्गाब्वुँ।।

सिवार क. हिल ने. सिँवालि बां. सेयाल सि. सिँजरु, सँवरु म. शेवळ्, शेवाळ्, शेवाळी – सं. शीपाल।। एवं लँहदी, उडिया, सिंहली...।।

सीख पं. सिक्ख् ने. सिकि सि. सिख गु. सीख् – सं. शिक्षा।। एवं सिंहली...।।

सीखना क. ह्यछुन् पं. सिक्रूणा ने. सिक्नु बां. सिखा सि. सित्वणु गु. सिख्वुँ म. शिख्णँ – सं. शिक्षति।। एवं दरद, लँहदी, आसामी, उडिया, सिंहली...।।

सींग क. ग् पं. सिंग् ने. सिङ्, सिँग् बां. सिङ्ग सि. सिङु म. षींग् – सं. श्रृङ्ग।। एवं रोमणी, दरद, लँहदी, आसामी, उडिया, सिंहली...।।

सींचना पं. सिज्जणा ने. सिँच्नु गु. सिँच्वुँ म. शिच्णँ – सं. सिच्चति।। एवं लँहदी, आसामी....।।

सीटी पं. सीटी ने. बां. सिटि सि. सीट गु, सिटी म. शिटी।। एवं लँहदी...।।

सीढी क. हेर् पं. सीढ़ी ने. बां. सिंड़ि गु. सीडी म. शिढी – सं. श्रेणि।। एवं उडिया, बिहारी, सिंहली...।।

सीता (ते. सीत), सीताफल (ते. मु.) – हि. बां. गु. म. ते.

सीधा क. स्योदु पं. सिद्धा ने. सि. सिधो बां. सिधा, सीधुँ – सं. सिद्ध।। एवं लँहदी, उडिया...।।

सीना क. सुवुन् पं. सीउणा ने. सिउनु बां. सियाना गु. सिव्वुँ म. शिव्णँ – सं. सीब्याति।। एवं रोमणी, दरद, आसामी, लँहदी, उडिया...।।

सीप, सीपी पं. सिप्प्, सिप्पी ने. सिपि बां. सीपी सि. सिप गु. सीप म. शीप्।। एवं लँहदी, उडिया, बिहारी, सिंहली...।।

सीमा पं. सीं, सीवाँ ने. मिाना सि. सीञँ गु. सीम् म. षींव एवं लँहदी,

सिंहली...।। हि. बां. गु. म. ते. सीमा।।

सीया पं. सियाड़् ने. सियो – सं. सीता।। एवं उडिया, लँहदी, सिंहली...।।

सीवन पं. सीउण् ने. बां. सिउनि गु. सिवण् म. शिवण् – सं. सीवन।। एवं आसामी....।।

सीस सि.गु.म. षीस् – सं. षीर्श।। एवं रोमणी, दरद, सिंहली।।

सीसा पं. सीसा ने. सिसो बा.. सिसा सि. सीहो गु. सीसुँ म. शिसैं – सं. सीस।। एवं आसामी, दरद...।।

सीसो (वृक्षविशेश) पं. सिस्सू ने. शिसौ बां. सिसु म. शिसव्, शिसव, शिस्वा – सं. शिंशपा।। एवं उडिया...।।

सुअर क. सोर् पं. सूर् ने. सुँगर् बां. सुयर् गु, सुवर् – सं. सूकर।। एवं दरद, लँहदी, बिहारी, सिंहली...।।

सुकुमार (ते. मु.), सुकृत (ते. मु.) सुख (ते. मु.), सुखी (ते. सुखि.), सुगन्ध (ते. मु.), सुगन्धि – हि. बां. गु. म. ते.

सुघड् well formed पं. सुघड़् ने सुघर् सि. सुघुड़् गु. म. सुघड – सं. सुघट।।

सुत (ते. सुतुण्डु), सुता (ते. सुन) – हि. बां. गु. म. ते.

सुतार (बढ़ई) ने. गु. म. सुतार् सि. सूटहडु – सं. सूत्रधार।। एवं आसामी....।।

सुदर्शन (ते. मु.) – हि. बां. गु. म. ते.

सुधरना, सुधारना प. सुधर्ना ने. सुधार्नु बां. सुध्रान सि. सुधारणु गु, सुधावुँ म. सुधार्णें, सुधर्णें।। एवं उडिया...।।

सुधा (ते. सुध), सुधाकर (ते. रुण्डु), सुधी (ते. सुधि) – हि. बां. गु. म. ते.

सुनना ने. सुन्नु बां. सुना सि. सुणणु गु, सुण्वुँ – सं. श्रृणोति।। एवं रोमणी, दरद, लँहदी, आसामी, उडिया...।।

सुनार क. स्वनर् पं. सुनिआरा ने. सुनार् सि. सोनारो गु. म. सोनार – सं. सुवर्णकार।। एवं लँहदी, आसामी, उडिया....।।

सुन्दर – हि. बां. गु. म. ते.

सुपारी क. सुफारि पं. म. सुपारी ने. बां. सुपारि सि. गु. सोपारी।। एवं उडिया...।।
सुर पं. ने. गु. सुर् सि. सुरु म. सूर – सं. स्वर।। एवं लँहदी...।।
सुरंग क. सोरँग् पं. सुरुंग् ने. सुरुङ् सि. सुरिङ्घ गु. म. सुरँग् – सं. सुरुङ्गा।। एवं आसामी...।।
सुरभि, सुरा (ते. सुर) – हि. बां. गु. म. ते.
सुर्त पं. सुर्त् ने. सुर्ता सि. गु. सुर्ति।।
सुवर्ण (ते. मु.), सुपप्ति – हि. बां. गु. म. ते.
सुहाना पं. सुहाउणा ने. सुवाउनु सि. सूँहणु, सुहाइणु गु. सोड्वुँ, सुहावुँ – सं. षोभते।। एवं आसामी, सिंहली...।।
सूई क. सुव पं. सूई ने सियो बां. सुँइ गु. सोय् म सू. सूई – सं. सूची।। एवं रोमणी, दरद, बिहारी, सिंहली...।।
सूक्त (ते. मु.), सूक्ष्म (ते. मु.) – हि. बां. गु. म. ते.
सूखना क. ह्वखुन् पं. सुक्क्णा ने. सुक्नु बां. सुकान सि. सुकणु गु. सुकावुँ म. सुक्णेँ – सं. षुश्क।। एवं लँहदी, आसामी, उडिया...।।
सूखा क. ह्वखु पं. सुक्का ने. सि. सुको बां. म. मुका गु. सूकुँ – सं. षुश्क।। एवं रोमणी, दरद, लँहदी, आसामी, उडिया, सिंहली...।।
सूघना पं. सुङ्घण ने. सुङ्नु बां. सुँगा सि. सिङ्घणु गु. सूँध्वुँ म. मुँग्णँ – सं. शिङ्घति।। एवं रोमणी, दरद, लँहदी, आसामी, उडिया...।।
सूची – हि. बां. गु. म. ते.
सूजना क. हनु पं. सुज्ज्णा ने. सुज्नु सि. सुजणु गु. सुज्वुँ म. सुज्णेँ – सं. षूयते।। एवं रेामणी, दरद, लँहदी, सिंहली...।।
सूझना क. श्र्वजरुन् पं. सुज्देणा ने. सुक्ष्नु बां. सुझा सि. सुझणु गु. सूज्वुँ – सं. षुध्यति।। एवं रोमणी, दरद, आसामी, उडिया...।।
सूँठ पं. सुण्ढ् ने. सुठो बां सुँठ् सि. सुण्ढि गु. म. सुँठ् – सं. षुण्ठि।। एवं उडिया...।।
सूँड़ पं. सुण्ड् ने. बां. सुँड् गु. सुँड् – सं. षुण्डा।। एवं दरद, पश्तो, आसामी, उडिया, बिहारी, सिंहली...।।
सूत क. सथर् पं. सूत्, सूतर् ने. बां. सुत् सि. सुट्ठ गु. सुतर् म. सूत्

– सं. सैंत्र।। एवं लँहदी, आसामी, उडिया, बिहारी, सिंहली...।।

सूतिका (ते.क.), सूत्र (ते. मु.), सूत्रधार (ते. रुंड्डु) – हि. बां. गु. म. ते.

सूध, सुध् ने. सुद्धि सि. सुधि गु. सूध् म. सुधी – सं. षुद्धि।।

सून, सूना पं. सुन्न, सुन्ना ने. सुन् सि. सुओ गु, सूनुँ म. सुना – सं. शून्य।। एवं काफिरी, दरद, लँहदी, सिंहली...।।

सूरा पं. सूरा ने. सुरो सि. गु. सूरो – सं. षूर।। एवं काफिरी, सिंहली...।।

सूर्य (ते. सूर्युण्डु), सूर्यकान्त (ते. मु.) – हि. बां. गु. म. ते.

सूल पं. सूल् ने. बां. सुळ् सि. सूरु गु. म. सूळ् – सं. षूल।। एवं लँहदी, आसामी, उडिया, सिंहली...।।

सृश्ट (ते. मु.) – हि. बां. गु. म. ते.

सैंक पं. ने. गु. सेक् बां सैंक्, सैंक् सि. सेकु म. षेक्।।

सेकना पं. सेक्णा ने. सेक्नु सि. सेकणु गु. सेक्वुँ बां. सेका, सैंका म. षेक्णँ, षँक्णँ।। एवं आसामी, उडिया...।।

सेज पं. ने. गु. सेज् बां. सैंज् सि. सेज म. षेज् – सं. षय्या।। एवं दरद, सिंहली, उडिया...।।

सेठ पं. ने. सेठ् सि. सेठि गु. षेठ्, षेठियो म. षेठ्, षेट् – सं. श्रेश्ठी।। एवं सिंहली...।।

सेतु (ते. सेतुवु) – हि. बां. गु. म. ते.

सैंधा पं. सैंधा ने. सिंधो सि. सैंधो लूणु – सं. सैन्धव।।

सेना (ते. सेन), सेनापति – हि. बां. गु. म. ते.

सैंबल, सेमल पं. सिम्बल्, सिम्मल् ने. सिमल् सि. सिमुल् गु. सिम्ळो म. शैंव्री – सं. शिम्बल।। एवं आसामी, उडिया, सिंहली...।।

सेम क. ह्यम् पं. सेम् ने. सिमि बां. सिम्, सिमि – सं. शिम्बा।। एवं उडिया, बिहारी...।।

सेर क. पं. ने. बां. सेर् सि. सेरु गु. म. षेर्।। एवं लँहदी, आसामी, उडिया, बिहारी....।।

सेवक (ते. मु.), सेवन (ते. मु.) – हि. बां. गु. म. ते.

सैकड़ा पं. ने. सैक्ड़ा म. सँक्डा।।

सैनिक (ते. मु.), सैन्धव (ते. मु.), सैन्य (ते. मु.) – हि. बां. गु. म. ते.

सो क. सुह् पं. ने. सि. सो बां. से – सं. सो (=सउ)।। एवं दरद, आसामी, उडिया, बिहारी...।।

सोई, सोही पं. सोई ने. सोइ बां. सेइ – सं. स एवं।।

सोचना क. शोचुन् (is Purigied) (पे चनतपपिमक) पं. सोच्णा ने. सोच्नु सि. सोचणु गु. सोच् – सं. षोचति।।

सोँटा पं. सोट्टा ने. सोँठा बां. सोँटा गु. सोटो म. सोँटा, सोटा। एवं लँहदी, उडिया, बिहारी, सिंहली...।।

सोना क. पं. बां. सोना ने. सुन् सि. सोनु गु. सोनुँ म. सोनेँ – सं. सुवर्ण।। एवं रोमणी, काफिरी, दरद, लँहदी, आसामी, उडिया, सिंहली...।।

सोना क. सावुन, पं. सोणा ने. सुत्नु सि. सुँहणो गु. सुवुँ – सं. सवपिति।। एवं रोमणी, दरद, लँहदी, सिंहली...।।

सोपान (ते. मु.), सोम (ते. मु.), सोमवार (ते. मु.) – हि. बां. गु. म. ते.

सोलह क. षुराह् पं. सोलाँ ने. सोर बां. सोल सि. सोरँहँ गु. सेल् म. सोळा – सं. षोडश।। एवं दरद, लँहदी, आसामी, उडिया, बिहारी, सिंहली, काफिरी...।।

सोहागा पं. सुहागा ने. सुवाग् बां. म. सोहागा सि. सुहागो – सं. सौभाग्य।। एवं उडिया, बिहारी...।।

सौ क. हथ् पं. सौ ने. सै बां. सये सि. सउ गु. सो, शँ म. शँ – सं. शत।। एवं रोमणी, दरद, लँहदी, आसामी, उडिया, बिहारी, सिंहली...।।

सौकुमार्य (ते. मु.), सौजन्य (ते. मु.) – हि. बां. गु. म. ते.

सौती क. स्वन् ने. सौता म. सवन् – सं, सपत्री।।

सौन्दर्य (ते. मु.) – हि. बां. गु. म. ते.

सौंपना पं. सौम्पणा ने. सुम्पनु सि. सौंपुणु गु. सोप्वुँ म. सोँप्णँ – सं. समर्पयति।।

सौंफ पं. सि. सौंफ् म. शौंप्, शोप् ने. सुँप् – सं. शतपुष्पा।। सौभाग्य (ते. मु.), सौम्य, स्कन्ध (ते. मु.), स्तन (ते. मु.) – हि. बां. गु. म. ते.

स्तब्ध क. थोदु पं. ठाढा ने. ठड़ो बां. ठाड़ सि. थधो गु. टाढुँ म. ठाडा – सं. स्तब्ध।। एवं रोमणी, लँहदी, सिंहली...।।

स्तब्ध (ते. मु.), स्तम्भ (ते. मु.), स्तम्मन (ते. मु.), स्तक (ते. मु.), स्तुति, स्तोत्र, स्त्री – हि. बां. गु. म. ते.

स्त्री क. त्रिय् पं. तिर्या ने. तिरिया।। एवं आसामी, दरद, काफिरी...।।

स्त्रीधन (ते. मु.), स्थल (ते. मु.) – हि. बां. गु. म. ते.

स्थल क. पं. ने. बां. थल सि. थरु गु. म. थुळ् – सं. स्थल।। एवं लँहदी, आसामी, उडिया, सिंहली...।

स्थान क. ने. बां. थान् पं. थाण् सि. थाणों गु. थाणुँ म. ढाणेँ।। एवं रोमणी, दरद, आसामी, उडिया, सिहली...।।

स्थान (ते. मु.), स्थानिक (ते. मु.) स्थापक (ते. कुण्डु), स्थापना (ते. न.), स्थापित (ते. मु.), स्थायी (ते. यि), स्थावर (ते. मु.), स्थिति – हि. बां. गु. म. ते.

स्थिर क. थ्योरु पं. गु. थिर् ने. थिरो सि. थिरि म. थीर्।। एवं आसामी, उडिया, सिंहली...।।

स्थिर (ते. मु.), स्थूल (ते. मु.) – हि. बां. गु. म. ते.

स्थूल क. ठूल पं. थुल्हा ने. ठुलो सि. षुल्हो म. टुळा।। एवं रोमणी, दरद, लँहदी, आसामी, सिंहली...।।

स्नान (ते. मु.), स्नायु (ते. स्नायुवु), स्पर्धा (ते. स्पर्ध) स्पर्श, स्पश्ट (ते. मु.), स्पृहणीय (ते. मु.), स्पृह (ते. स्श्टह), स्फुट (ते. मु.), स्कुरण (ते. मु.) स्मरण (ते. मु)., स्मारक (ते. मु.), स्मार्त (ते. मु.), स्मित (ते. मु.), स्मृति, स्यन्दन (ते. मु.), स्वच्छ (ते. मु.) स्वच्छन्द (ते. मु.) स्वजन (ते. मु.) स्वजाति, स्वतन्त्रता (ते. मु.) स्वतःसिद्ध (ते. मु.), स्वप्न (ते. मु.), स्वभाव (ते. मु.), स्वयंबर (ते. मु.), स्वयंभू, स्वर (ते. मु.) स्वरूप (ते. मु.), स्वर्ग (ते. मु.), स्वल्प (ते. मु.), स्वसा (ते. मु.), स्वस्ति, स्वस्तिक (ते. मु.), स्वस्थ (ते. मु.), स्वस्थता (ते. मु.) – हि. बां. गु. म. ते.

स्वाँग, सवाँग् पं. सवाँग ने. स्वाङ् गु. साँग्।।

स्वागत (ते. मु.), स्वातन्त्रय (ते. मु.), स्वाद (ते. मु.), स्वाधीन (ते. मु.)

स्वाभाविक (ते. मु.), स्वामी – हि. बां. गु. म. ते.

स्वमी क. साव्यल् पं. साईं ने. सैयाँ सि. साँइँ गु. साँइ म. साई।। एवं लँहदी, सिंहली...।।

स्वार्थ (ते. स्वार्थुण्डु), स्वाडा (ते. ह.), स्वीकार (ते. मु.) स्वेद (ते. मु.) – हि. बां. गु. म. ते.

हंस (ते. मु.), हंसी (ते. इंलि.) – हि. बां. गु. म. ते.

हकाना पं. हकाउणा ने. हकाउनु बां. हाँकान।।

हँकार ने. हकार् बां. हाँकार् म. हाकारा – सं. हक्कार।।

हकारना, हँकार्ना ने. हकार्नु बां. हाँकारा गु. इकावुँ म. हाकार्णे – सं. हक्कार।। एवं लँहदी, उडिया...।।

हगना पं. हग्गणा ने. हग्नु. बां. हागा सि. हङ्गणु गु, हग्वुँ म. हग्णें।। एवं लँहदी, आसामी, उडिया...।।

हगाना पं. हगाउणा ने. हगाउनु बां. हामान म. हगविर्णें।। एवं आसामी...।।

हटना क. हटुन् पं. हट्णा ने. हट्नु बां. हट सि. हटणु गु, हट्णँ।। एवं आसामी, उडिया...।।

हटाना पं. हटाउणा ने. हटाउनु बां. हटान सि. हटाइणु म. हटविर्णें।। एवं आसामी, उडिया...।।

हठ (ते. मु.), हठयोग (ते. मु.) – हि. बां. गु. म. ते.

बड़बड़ाना पं. हड्बड़ाउणा ने. हड़्बड़्नु बां. हड्बड़उनु सि. हङ् हड़ाइणु गु, हइवड़वुँ म. हड्वइणँ।। एवं उडिया....।।

हड़बड़ी पं. हड्वड़ी ने. हड.बड़् बां. हड्बड़ि सि. हड्बड़ाइणु म. हइवइ।। एवं उडिया...।।

हड्डी क. हड् पं. हड्डु ने बां. हाड़ सि. हडु गु. म. हाड – सं. हड्ड।। एवं रोमणी दरद, लँहदी, आसामी, उडिया...।।हत (ते. हतुम, हतुण्डु), हत्या (ते. हत्य) – हि. बां. गु. म ते.

हत्यारा पं. हत्तिआरा ने. हत्यारो सि. गु. हत्यारो म. हत्यारा।।

हथियार पं. हथिआर् ने. हतियार् बां. हातियार् सि. हथिआरु गु. हथियार् म. हत्यार्।। एवं लँहदी, उडिया...।।

हथेली पं. गु. हथेली म. हत्केलो।
हथौड़ा पं. हथौड़ा ने. होत्रो, हतौड़ो बां. हातुड़ि गु. हथोडो म. हतोडा।। एवं लँहदी, उडिया, बिहारी....।।
हनना क. हनुन् ने. हन्नु बां. हाना सि. हणणु गु, हण्वुँ म. हण्णँ – सं. हन्ति।। एवं दरद, उडिया, काफिरी...।।
हनु (ते. हनुवु) – हि. बां. गु. म. ते.
हम क. असि पं. सि. असीं ने. हामि बां. आमि गु. अमे म. आम्ही – सं. अस्मान्।। एवं रोमणी, दरद, लँहदी, आसामी, उडिया, बिहारी, सिंहली, काफिरी...।।
हमारा ने. हाम्रो बां. अमार गु. अमारो – प्राकृत अम्हार।। एवं उडिया...।।
हय (ते. मु.) – हि. बां. गु. म. ते.
हरड़ा प. हरढ़ ने. हर्रो सि. हरीड़, हरीर गु. हडुँ, हर्थी म. हर्डा, डिर्डा – सं. हरीटक।। एवं लँहदी, उडिया, सिंहली...।।
चीनी – होलिलो।
हरणं (ते. मु.) – हि. बां. गु. म. ते.
हरना क. हरुन् पं हर्ना ने. हर्नु बां. हरा गु. हवुँ म. हणँ – सं. हरति।। एवं दरद, आसामी, उडिया, सिंहली...।।
हराना पं.त्र हराउणा ने. हराउनु बां. हारान म. हरविणँ।।
एवं आसामी, उडिया...।।
हरिण (ते. मु.), हरिणी (ते. णि), हरित (ते. हरित्तु) – हि. बां. गु. म. ते.
हरिया पं. हरिआ ने हरियो सि. हर्यो गु. हयुँ, हरुँ – सं. हरित।। एवं दरद...।।
हरुआ light क. लह पं. हल्का ने. हलौं सि. हरिड़ो गु. हलु म. हळ् – सं. लघु।। एवं रोमणी, दरद, सिंहली...।।
हर्ता (ते. हर्त), हर्श (ते. मु.), हर्शित (ते. मु.) – हि. बां. गु. म. ते.
हल क. पं. ने. बां. हल् सि. हरु गु. म. हळ्।। एवं दरद, लँहदी, आसामी, उडिया, बिहारी...।।
हलका पं. बां. हलका ने. हलुको सि. गु. हल्को म. हळ्का।।
हलस पं. हल्स् ने. हरिस् सि. हर्हय हळीस बां. हलिसा – सं. हलीशा।। एवं लँहदी, बिही...।।

हली क. हालि पं. हाली ने. हलि सि. हारी – सं. हली।। एवं लँहदी, उडिया..।।

हल्दी क. ल्यदरू पं. हल्दी ने. हलेदो बां. हल्दि सि. हैड गु. हळ्दर, हळद्, हळधृ – सं. हरिद्रा।। एवं दरद, आसामी, लँहदी, उडिया, बिहारी, सिंहली...।।

हल्ला पं. ने. बां. म. हल्ला गु. हल्लो – स. हलहला।। एवं उडिया...।।

हवन (ते. मु.) – हि. बां. गु. म. ते.

हँसना म. असुन् पं. हस्स्णा ने हाँस्नु बां. हाँसा गु. हस्वुँ म. हस्णँ – सं. हसति।। एवं रोमणी, दरद, आसामी, उडिया, सिंहली...।।

हँसली पं. हस्ली ने. बां. हाँसुलि म. हाँस्ळी गु. हाँस्डी।। एवं लँहदी...।।

हँसाना पं. हसाउणा ने. हँसाउनु बां. हासान।। एवं आसामी, उडिया...।।

हसी, हँसी ने. हँसि गु. हसी – सं. हसित।।

हस्त (ते. मु.), हस्ताक्षर (ते. मु.), हस्ती – हि. बां. गु. म. ते.

हा. क. ने. बां. सि. हा गु. हाँ।। एवं आसामी, उडिया...।।

हाँ पं. ने. बां. सि. गु. म. हाँ – सं. आम्।। एवं लँहदी, उडिया....।।

हाँक ने. बां. गु. हाँक् म. हाँक्, हाक्।।

हाँकना पं. हक्क्णा ने. हाँक्नु बां. हाका सि. हकिलणु गु, हाँक्वुँ म. हाँक्णँ – सं. हक्कयति।। एवं लँहदी, आसामी, उडिया, बिहारी...।।

हाट क. हाठ् पं. हट्ट ने. बां. गु. म. हाट् सि. हटु – से. हट्ट।। एवं दरद, लँहदी, आसामी, उडिया...।।

हाँड़ी पं. गु. हाँडी ने. बां. हाँड़ि सि. हण्डी गु. हाँडी म. हाँडी, हण्डी – सं. हण्डिका।। एवं लँहदी, उडिया, बिहारी...।।

हाथ क. अथ पं. हत्थ ने. बां. म. हात् सि. हथु गु. हाथ् – सं. हस्त।। एवं रोमणी, कोफिरी, दरद, लँहदी, आसामी, उडिया, बिहारी, सिंहली...।।

हाथी क. हस्तु पं. सि. गु. हाथी ने. बां. हाति म. हत्ती – सं. हस्ती।। एवं दरद, आसामी, उडिया, सिंहली...।।

हानि क. बां. हान् पं. गु. म. हाण् ने. हानि सि. हाणि।। एवं आसामी, उडिया...।।

हानि – हि. बां. गु. म. ते.

हाँफना प. हफ्णा ने. हाँप्नु बां. हाँपान गु. हाफ्वुँ म. हाँप।।

हाय पं. ने. बां. सि. हाइ गु. म. हाय।। एवं आसामी, उडिया...।।

हार क. बां. गु. म. हार् ने. हार् हारि सि. हारु।। एवं आसामी, उडिया, बिहारी...।।

हारक (ते. मु.) – हि. बां. गु. म. ते.

हारना क. हारुन् पं. हार्ना ने. हार्नु बां. हारा सि. हारणु गु. हावुँ म. हार्णँ, हारिवणँ – सं. हारयति।। एवं दरद, लँहदी, आसामी, उडिया...।।

हार्द (ते. मु.), हाव (ते. मु.) – हि. बां. गु. म. ते.

हास क. अन्जू पं. हँस् ने. बां. गु. म. हाँस् सि. हज्जु – सं. हंस।। एवं दरद, आसामी, बिहारी...।।

हाँसी क. म. हास् पं. हास्सा ने. हाँसो बां. हाँसा गु. हाँसी – सं. हास।। एवं दरद, आसामी, उडिया, सिंहली, लँहदी....।।

हास्य (ते. मु.), हिंसा (ते. स), हिंसक (ते. हिंसकुण्डु) – हि. बां. गु. म. ते.

हिचकना पं. हिच्कना ने. हिच्किनु, हच्कनु, गु. हिचिक्वुँ म. हिचक्णँ।। एवं लँहदी...।।

हिंडना ने. हिंड़नु गु. हिंडवुँ म. हिंडणँ – सं. हिण्डते।।

हित (ते. मु.) – हि. बां. गु. म. ते.

हिन्हिनाना पं. हिण्हिणाउणा ने. हिन्हिनाउनु।।

हिम क. हिमुन् पं. ने. हिउँ गु. हिम् म. हिंव्।। एवं रोमणी, दरद, सिंहली...।।

हिम (ते. मु.), हिमांशु (ते. हिमांशुवु) – हि. बां. गु. म. ते.

हिमालय ने. हिमाल् A Anow eapped mountain।। दरद– हिमाल् Avalanche।। गु. हिमाळुँ Cold।। हिरण्य (ते. मु.) – हि. बां. गु. म. ते.

हिना क. हलुन् पं. हल्ल्णा ने. हल्लिनु सि. हलणु गु, हाल्वु म. हाल्णँ।। एवं लँहदी, आसामी...।।

हिलाना पं. हलाउणा ने. हल्लउनु सि. हलाइणु गु, हलाब्वुँ म. हालविर्णै।।

हींग पं. हिङ्ग ने. बा. हिङ्ग सि. हिङ्उ गु. म. हिंग् – सं. हिङ्गु।। एवं आसामी, उडिया...।।

हीन (ते. मु.) – हि. बां. गु. म. ते.

हीना क. ह्यनु पं. हीणा ने. हिन्, हीन् बां. हिन सि. हीणो गु. हीणुँ म. हिर्णै – सं. हीन।। एवं लँहदी, आसामी, उडिया...।।

हीरा पं हीरा ने बां. म. हिरा सि. गु. हीरो – सं. हीरक।। एवं आसामी, उडिया...।।

हुंडी क. ह्वण्डू पं. सि. गु. म. हुण्डी ने. बां. हुण्डि।। एवं लँहदी, आसामी, उडिया, बिहारी...।।

हृदय पं. हीआँ ने हियो बां. हिया सि. हिंओ गु. हैयुँ म. हियँ।। एवं रोमणी, दरद, आसामी, उडिया...।।

हृदय (ते. हृदि), हृश्ट (ते. मु.) – हि. बां. गु. म. ते.

हे क. पं. ने. बां. गु. म. हे।। एवं आसामी, उडिया, बिहारी...।।

हेतु (ते. हेतुवु), हेमन्त (ते. मु.) – हि. बां. गु. म. ते.

हेरना ने. हेर्नु बां. हेरा गु. हेवुँ म. हेर्णै – प्राकृत हेइ।।

हो . क. ने. बां. सि.गु. म. हो।। एवं उडिया, सिंहली...।।

हाँठ क. वुठ पं. हौंठ ने. गु. म. ओठ – सं. ओश्ठ।। एवं रोमणी, काफिरी, दरद, लँहदी, उडिया, सिंहली...।।

होड़ ने. बां. होड़् सि. होड गु. म. होइ।।

होना क. व्वुन् पं. होणा ने. हुनु बां. होया सि. हुअणु गु. होवुँ म. होर्णै – सं भवति।। एवं रोमणी, दरद, लँहदी, आसामी, उडिया, बिहारी, सिंहली...।।

होम (ते. मु.) – हि. बां. गु. म. ते.

होली पं. होली ने. बां. होलि सि. होली, होरी गु. म. होळी – सं. होलिका।। एवं बिहारी.....।। ते. होलि।।

ह्रद (ते. मु.), ह्रस्व (ते. मु.) – हि. बां. गु. म. ते.

परिशिष्ट – 1

मलय, जावादि भाषाओं में भारतीय शब्द

भारतीय शब्द केवल भारत में ही नहीं, किंतु बाहर भी जहाँ–जहाँ भारतीय सभ्यता तथा राज्य का विस्तार हुआ, उपलब्ध होते हैं। निदर्शनरूपेणा यहाँ कुछ शब्द मलय भाषा के दिये जाते हैं। साथ साथ जहाँ तहाँ जावादि द्वीपों की भाषाओं के शब्द भी दे दिये हैं। जावादि गण में जावा, सुंदर, बत्तक, मकस्सर, बुगिस्, दयक्, बिसय, तगल, मलभसि भाषाओं का समावेश समझना चाहिए।।

इन सब भाषाओं में मूर्धन्य तथा महाप्राणा वर्णों का सर्वथा अभाव है। मूर्धन्य के स्थान में दंत्य अक्षरों का प्रयोग और महाप्राण के स्थगन में अल्पप्राण वर्णों का प्रयोग होता है। ख, छ, थ, फ, के स्थान में क, च, त, और प प्रयोग में आते हैं। इसी प्रकार घ, झ, ध, और भ के स्थान में ग, ज, द, और व प्रयुक्त होते हैं। व तथा व में विशेश भेद नहीं। ह्रस्व और दीर्घ स्वरों में अंतर बहुत थोड़ा है और एक ही शब्द में भिन्न–भिन्न बोलने वाले हस्व और दीर्घ का व्यत्यास कर दते हैं।

जहाँ–जहाँ भारतीय शब्दों के अर्थों में परिवर्तन हो गया है अथवा कुछ विशेषता आ गयी हैं वहाँ–वहाँ निर्देश कर दिया गया है। पुश्प, लता आदि नामों में भेद बहुत अधिक पड़ गया है। वनस्पतिशास्त्र के पारिभाषिक नाम देने से पाठकों को कुछ बहुत लाभ न होता इस लिए अर्थ परिवर्तन का निर्देश नहीं किया गया। हमारे लिए इतना ही पर्याप्त है कि शब्द भारतीय हैं।।

शरीर तथा शरीरांग

मलय	जावादि	भारतीय
सलीर	सरिर	शरीर
अंगूत	ओंग	अंग
रूप	रूप	रूप
सेन्दि	सन्दि	संधि
कपाल	कपल	कृपाल
लीदः tongue	लिदः	लीढ
नादी pulse		नाडी
बाहू	बहु	बाहु
रोम		रोम
पाद	पद	पाद
	समय	
काल	कल	काल
तत्काल		तत्काल
कतिक	कतिक	घटिका
देवास	दिवस	दिवस
दीन	दिन	दिन

हारी कंल	हरि	हरि (सूर्य)
सेंज	सोंज	संध्या
सेंजकल	चेदिंक कल	
संतीअस	नित्यस	नित्यशः
सदीअःकाल former time		सद्यःकाल ?
सद–कटल eontioually		सदा
बील		वेला
मास season	मस	मास

व्यापार

मलय	**जावादि**	**भारतीय**
पाल nutmeg	पल	फल
लवंग		लवंग
गहारू	गरु	अगुरु
कापुर्	कपुर्	कर्पूर
चंदान	चेंदन	चंद्रन
कस्तूरी	कस्तुरि	कस्तूरी
आरङ्र	अरेङ्	अंगार
गूल	ल	गुड
संदाव	सेंदव	सैन्धव
सूत्र`पसा	सुत्र	सूत्र
कापस्	कपस्	कर्पास
गोनी	गोने	गोणी
हर्ग	हर्ग्र	अर्घ

लाव	लव	लाभ
नाराच seales for weighing	नरच	नाराची
बाहर ̣मपहीज	बर, बल	भार
हस्त वनइपज	अस्त	हस्त
आङ्क	अङक	अङ्क
लक्स (10,000)	लेक्स	लक्ष
जूत ̇ milliom	युत	अयुत
रत्न		
कंचान	कंचन	कांचन
तंबाग	तेंबग	ताम्र
तीमः जपद	तिमः	तीव्र
	तिम्बेर	
रास quicksilver	रस	रस
सुवास pinehbeek	सुवस	सुवर्चस ?
काच	कच	काच
आब्रक्		अभ्रक
मानी	मनि	मणि
मानिकम्	मनिकेम्	मणिक
नीलम्	निल	नील
बिदूरि		वैडूर्य
दलीम तनइल		दाडिम
पुस्परागम्		पुष्पराग
मुतिअ		मुक्ता (हि. मोतिया)
पंचलोगम् five jewels		पंचलोह

उपकरण		
कुंजी loek	कुंचि	कुंची
गंत	गेंत	घंटा
किंदी water pot	केंद्रि	कुंडी
जाल	जल	जाल
पेती box	पेति	पेटी
चोर sword		क्षर (हि. छुग)
चातुर ehess	चतुर	चतुर्
जूदी dice	जुदि	द्यूत
गर्गाजी a saw	गेर्गजी	क्रकची
करंद coffin	हुरोन्दो	करंड
चत्रा royal umbrella		छत्र
चरान salver with pedestal	चरन	चरण
चंत्रा wheel	जोन्त्र	यंत्र
रात	रत	रथ
बङ्सी fiute		वंशी
मूरि flute		मुरली
नेग्री country	नगर	नगर, नगरी
देस	देस	देश
ऊपती जंग	उपेति	उत्पत्ति
प्रेक्स	प्रिक्स	परीक्षा
बिचर suit	बिचर	विचार
सक्सि	सक्सि	साक्षी
दोस erime	दोस	दोष

आङ्कार insult	अङ्कर	अहंकार
आन्याय	अनिअय	अन्याय
सङ्गेत negotiation		संकेत
आचार cause		आचार
सिक्स punishment	सिक्स	शिक्षा
देन्द	देन्द	दण्ड
पंजार prison	पंजर	पंजर
	धर्म	
आगाम religion	अगम	आगम
गूरू	गुरु	गुरु
पुजि, पुज	पुजि, पुज	पूजा
ताप	तप	तपस्
सूर्ग	सुवर्ग	स्वर्ग
नारक	नरक	नरक
पताल	पतलं	पाताल
पुआस	पुअस	उपवास
सक्ती supernatural power	संक्ति	शक्ति
बक्ती	बक्ति	भक्ति
मंत्रा	मंत्र	मंत्र
	वंश	
बङ्गस	बङ्स	वंश
कुलवर्ग	कुलतर्ग	कुलवर्ग
कुलवङ्स		कुलवंश
पङ्कत् relationship		पंक्ति

सूदार	सौदर	सोदर
स्वामी इनींदक		स्वामी
इस्त्री	एस्त्रि	स्त्री
दार	दर	दार
ज्यौतिष		
ग्रहन	ग्रहन	ग्रहण
चक्रवाल celostial sphere		चक्रवाल
अङ्कस	अकस	आकाश
बीमसक्ति milky way	बिमसक्ति	भीमशक्ति
केर्तीक		कृत्तिका
मङ्कार्	मङ्कर	मकर
राहू		राहु
केदू		केतु
उतार		उत्तर
दविसन		दक्षिण
हस्तिशास्त्र		
गाजः	गजः	गज
गम्बालगाजः elephant driver		गोपालगज
आङ्कुश्		अंकुश
गोम्बं, कुम्ब		कुम्भ
भेत	मेत	मत्त
सेङ्कल		श्रृंखल
पशु		

मार्ग		मृग
सर्त्वा ंदपउंस		सत्त्व
सीङ	सिङ	सिंह
स्त्रीगाल	सोरिगल	श्रृगाल
ओन्त	उन्त	उष्ट्र (हि. ऊँ)
गागक्	गंगक्	काक
हङ्स	ओङ्स	हंस
कोकिल	कोकिल	कोकिल
कूद ोवतेम		घोट
बीरि बीरि		भेड
गरुद	गरुद	गरुड
जिन्तायु		जटायु
चन्द्रवासि ं fabulous bird		चन्द्रवासी
नग dragon	नग	नाग
पुष्प, लता, वृक्ष		
चंपक	चंपक	चंपक
आङ्सोक	अङ्सोक	अशोक
नागसारी		नागकेसर
मलाती	मलति	मालती
सुलसि	तेलसिः	तुलसी
कम्बोज	कम्बोज	काम्बोज
सरोज	सरोज	सरोज
गन्द्पूर	गन्दपुर	गन्धपूर
कसुम्ब	कसुम्ब	कुमुम्भ

जाती	जति	जाति
जम्बू	जम्बु	जम्बु
आम्र		आम्र
दलीम		दाडिम
बिदार	विदर	विदर
लाबू	लवु	अलावु
मलाक	मलक	आमलक
पालस्		पलाश
	सुख–दुःखादि	
सूक	सुक	सुख
सुक–चित		सुख–चित्त
द्क	दुक	दुःख
दुक–चित		दुःख चित्त
चिंत	चिंत	चिंता
बेराही	बिरहि	विरही
मुके वदहतल	मुर्क	मूर्ख
आस	अस	आशा
आस्मार	अस्मर	स्मर
लोब	लोब	लोभ
बूदी	बुदि	वुद्धि
बोदोः stupid	बोदो	अबोध (हि. वुद्धू)
पन्देइ	पन्दे	पण्डित
मलस्		अलस
देर्मा charity	देर्म	धर्म

देर्मावन् generous		धर्मवान्
सेतीभ	सत्य, सेच	सत्य (हि. सच)
सेतीआवन		सत्यवान्
सङ्क जीवनहीज		शंका
तर्क	तर्क	तर्क
चेला	चेल	छल
दोस	दोस	दोष
दुस्त		दुष्ट
पहाल merit	पहल	फल
बहगौअ	बग्य	भाग्य
गुन	गुर्न	गुण
युद्ध		
बाल, बालतंत्रा तउल	बल	बल
कोत वितज	कुत	कोट
पानः इवू	पनः	बाण
चक्र		चक्र
गद	गद	गदा
गंदी cross-bow	गंदेव	गांडीव
चुरीक	चुरिक	छुरिका
सत्रू	सत्रु	शत्रु
रान battlefield	रन	रण
जय	जय	जय
राजा		
राज	रज	राजा

महाराज		महाराज
आदिराज title		अधिराज
पदुक respectful	पदुक	पादुक
बूलि address	दुलि	धूलि
पेर्मेइसूरी queen	परमेस्वरी	परमेश्वरी
पुत्र prince	पुत्र	पुत्र
पुत्री princess	पुत्रि	पुत्री
मंत्री	मंत्रि	मंत्री
पर्दन मंत्रि		प्रधान–मंत्री
पर मन्त्रि eounciflor		
पंदीत adviser	पंदित	पंडित
लक्समान an officer	लक्स्मन	लक्ष्मण
बन्दहार treasurer	बेंदर	हि. भण्डार
सिङ्गहसन	सिङ्गसन	सिंहासन
अस्तन चंसंबम		स्थान
मकोत	मकुत	मुकुट
उपचार तवलंस पदेपहदपं	उपचर	उपचार
मगत् Title of a chief who is of onble blood on one side only		मागध (क्षत्रिया मातृक वैश्य पुत्र)
पुङ्गांव द officer, hero	पुङ्गव	पुंगव
नेग्री	नगर	नगर, नगरी
देस	देसः	देश

ऊपती जंग	उपेति	उत्पत्ति
मेक्स	प्रिक्स	परीक्षा
बिचर`नपज	बिचर	विचार
सक्सि	सक्सि	साक्षी
दोस मतपउम	दोस	दोष
आङ्कार पदेनसज	अङ्कर	अहंकार
आन्याय	अनियअ	अन्याय
संङे्कत negotiation		संकेत
आचार बंनेम		आचार
सिक्स	सिक्स	शिक्षा
देन्द	देन्द	दंड
पंजार prison	पंजर	पंजर
	धर्म	
आगाम religion	अगम	आगम
गुरू	गुरु	गुरु
पुजि, पुज	पुजि, पुज	पूजा
ताप	तप	तपस्
सूर्ग	सुवर्ग	स्वर्ग
नारक	नरक	नरक
पताल	पतल	पाताल
पुआस	पुअस	उपवास
सक्ती supernatural power	सक्ति	शक्ति
बक्ती	बक्ति	भक्ति
मंत्रा	मंत्र	मंत्र

दूप पदबमदेम	दुप	धूप
इस्तङ्गी incense (of 8 ingredients)	इस्तङ्गी	अष्टांगी
बिकु	विकु	भिक्षु
ओम् होङ्	होङ्ग	ओम् हीं
हूमुम्		होम
बतार हवक	बतर	अवतार
देव, देवात	देव, देवत	देव, देवता
देवी	देवि	देवी
ब्रहम		व्रम्ह
बिस्नु		विष्णु
स्त्री राम		श्री राम
रंजून		अर्जुन
बरून	बरुन	वरुण
महेस्वार		महेश्वर
हन्दूमन्		हनूमान्
महरेशी		महर्षि
इंद्रा	एंद्र	इंद्र
चंद्रा	चंद्र	चंद्र
विद्यादारी nymph	विददरि	विद्याधरी
बोत	बुत	भूत
पंच म हा बोत a demon		पंचमहाभूत
बोग a demon		भोग
बूजङ्ग a demon	वुजोङ्ग	भुजङ्ग

रक्षास	रक्सस	राक्षस
दनाव	दनव	दानव
दित्य	दित्य	दैत्य
सस्तरा magie		शास्त्र
सस्तरावन् magieian		शास्त्रवान्

प्रकीर्ण

मलय	**भारतीय**
आनुग्र	अनुग्रह
आनुग्राकन्	हि. अनुग्रह करना
अंतार among	अंतर
बेआस	अभ्यास्
अर्त	अर्थ (धन)
अर्ती significance	अर्थ
अहो	अहो
अगाम इस्लाम्	आगम् (धर्म)
चार custom	आचार
अम्पुल्लुम्	आम्रफलम्
एलोक् fine	आलोक
इङ्गत take heed	इङ्गित
उसह labour	उत्साह
उपाम	उपमा
कात discourse	कथा
कापाल head	कपाल
कापूर lime	कर्पूर

केलिही	कलह
केलि कनमस	कलि
कार्ल हरी yesterday	कल्प (हरि=सूर्य)
अयेर् कंजी rico water	काञ्जी
करन because	कारण
करुनिअ	कारुण्य
करीज	कार्य
कालम् dark	काल
काली often	काल
कुकुर sea turtle	कुकुर
कुंदी flask	कुंडी
बा–केली to quarrel	केलि, कलि
कोदी (20)	कोटि (हि. कोड़ी)
कातावल a sheriff	कोटपाल (हि. कोतवाल)
गज मीन a whale	गज मीन
गारी a couch	हि. गाड़ी
गोह	गुहा
कोबिस् cabbage	हि. गोभी
चारित्र report	चरित्र
चेत zeal	चित्त
चुक vinegar	चुक्र
चूरी	हि. चोरी
चप् seal	हि. छाप
बा जंगल grazing	जंगल

जङ्क pace	जंघा
जम्बु–बिजि guava	जम्बु, बीजी
जाग a wake	हि. जाग
जदी made, born	जाद
जुमाऔन् feast	हि. जिमाना
जेव सपमिए soul	जीव
तालाग	तडाग
तेतपि but	ततोपि ?
तरुन bachelor	तरुण
तिंगी	तुग
दादी	दधि
दुअ (2)	द्वा
दारत् shore	हि. धरती
दार blood	धारा
नाम	नाम
बेर्नामाकन्	हि. नाम रखना
नस्चय certainly	निश्चय
निल indigo	नील
पक्स force, occasion	पक्ष
पंच इन्द्र	पच्च इन्द्रिय
पंच–वर्ण variegated	पंच वर्ण
पेर्चाय believe	परिचय
पात word	पद
पुंच skirt of a garment	हि. पूंछ

पुती white	पूत
पूनू	पूर्ण
पेर्कार	प्रकार
पुकेर्ति character	प्रकृति
पेर्ताप hermit, nun	प्रताप ?
पेर्तन्द a substitute	प्रतिनिधि
पर्ताम	प्रथम
बा प्रंगन battle	प्रांगण
पन्तेई shore	प्रान्त
बाच read	वाचयति (हि. बाँचना)
बाप	हि. बाप
बाल vulgar people	बाल
बसि stale	हि. बाली
बिजी	बीज
वरेत् weighty	वृहत् ?
बहय danger	भय
बागी share, chapter	भाग
बागेआ–कन् to part	
बास	भाषा
बास नेग्री native language	भाषा नगरी
बुमि	भूमि
वेद	भेद
मेनी sperm	मणि
मदु honey, bee	मधु

मानुसिअ	मनुष्य
माह great deal, very	महा
माहल	महार्घ
मा	हि. माँ
मास season, time	मास
मस् a weight	माप
मुक	मुख
पेर–मुल–अन् beginning	मूल
मूलय्	
मेची	हि. मूछ
मुदल prineipal money	मूल–धन
रंगस् to varnish	रंग
रास to caste	रस
रहसिअ	रहस्य
रागम् tune	राग
बारज to reign	राजा
रामी kind	राम
रुपियः rupee	रूप्य
रुगि loss	रोगी
रुती	हि. रोटी
लक्सन as	लक्षण
लक्सेमान an admiral	लक्ष्मण
लङ्गर to anchor	हि. लंगर
लत to creep	लता

लाम long since	विलम्ब
लक् sealing wax	हि. लाख
लुप forget	लोप
बेकेर a cirole	वक्र
वर्न oolour	वर्ण
वेनिअग	वाणिज्य
ब्रेत tidings	वार्ता
पिन्त request	हि. विनती
बिन्नास	विनाश
बीस	विष
सब्द law of God	शब्द
सुन्यी secluded	शून्य
सिस	शेष
स्त्री–कय custard-apple	श्रीकाय
सेर्पद His Majesty	श्रीपाद
स्लोक yerse	श्लोक
सन्द buffoonery	पण्ड
संसार hazard, torment pain	संसार
सेंसर	
सगल	सकल
साकली at once, one time	सकाल
संकोत्	संकट
साजी fit for use	सज्ज
संदिअ ready	सद्यः

संतोस happy	संतोष
सप्त् Saturday	सप्ताह
साम equal	सम
सामा कन equalise	
सेम्पूर्न happiness, perfect	संपूर्ण
सम्पूर्न–कन् to complete	
सम्बत् joined	संबद्ध
सरुप same	सरूप
सहय compartion	सहाय
बा–सूदार brotherly	सहोदर
सूपः anything chewed	सूप
सेव to rent	सेवा
तल्लम्	हि. थाल
सुआर voice	स्वर
हिंगो	हिंगु
हीन इंमए vile	हीन

परिशिष्ट – 2

पश्तो में भारतीय शब्द

पश्तो ईरानी भाषा है। पश्तो बोलने वाली जातियाँ फारसी के प्रभाव से सर्वथा दलित हैं और प्राचीन शब्दों को प्रायः खो बैठी हैं। फिर भी बहुत से रोचक शब्द सभी तक विद्यमान हैं।।

इस परिशिष्ट में दिये शब्दों को समझने के लिये कुछ एक वर्ण–विपर्ययों की ओर पाठकों का ध्यान दिलाया जाता है।

स्पर्श वर्णों में से वर्ग के द्वितीय और चतुर्थ अक्षरों का पश्तो में अभाव है। इन के स्थान में प्रथम तथा द्वितीय वर्णों का प्रयोग होता है। ख के स्थान में क तथा ख दोनों ही आते हैं। क्ष के स्थान में क्ष, च और ख। ग. के स्थान में ग और ग। ज के स्थान में ज और ज (फ्राँसीसी J के समान)। य और प के स्थान में कभी –कभी ज तथा ह के स्थान में ज। द और ध के स्थान में ल।

कुछ शब्दों में आद्य अकार का लोप भी दृष्टिगोचर होता है।

पश्तो	**भारतीय**
लर् below	अधर
बाए loss	अपाय
ओष	अश्रु
अस्प isuffocation	अश्वास
ओम्, ऊम् तूं	आम

आवरम् to revolve	आवर्त
उचत्	उच्च
उष	उष्ट्र
ऊज garlic	उष्ण वदपवद
क्षे armpit	कक्ष
कल sometime	कदा
कशप्, कश्प् tortoise	कश्यप
सष्काल् this year	काल
कोज curved	कुब्ज
कृज् below	कुब्ज
क्षुल् well, good	कुशल
श्प night	क्षपा
खोम्ब mushroom	पं. खुम्ब
गन्दल्	पं. गन्दल्
गरड् throat	गल
गर्	गिरि
गून्दड	गोणी
गोमल a river	गोमती
गोशाक् cowdung	गो. शकृत्
ग्रेवा collar bone	ग्रीवा
गर्म	धर्म
गाप् booth	घस् जव मंज
ग्वड़ी	घृत
चमन्	चर्मन

चाषइ spindlo	चात्र
चीर incision, ribbon	चीर
ज़ङ्गून् knee	चङ्घा
जाम	जंभ
ज़र old	जरा
जई bow-string	जया
तोद्	तप्त
तम् darkness	तमः
त्वल मुनंस पद weight	तुल्य
तूक्	हि. थूक्
लूम noose	दामन्
लार्ग़ delay	दीर्घ
लेवर् busband's brcther	देवर
दुन्द् mist	हि. धुन्ध
लूक्	नख
नरल् to ery	नर्द्
नवइ fresh	नव
नाड़ stem	पं. नाड़
नूम्	नाभि
न्गार्दल् to swallow	निगरण
पोख़	एक
पख feather	पक्ष
पई उपसा	पथः
परोस् last year	परुत्

पान leaf	पर्ण
परून् yesterday	पुराण
पुश्ताई rib	पृष्टि
पर्हार् wound, blo	प्रहार
पर्पूस् lungs	फुप्फुस
वन्दनइ grass-rope	बंधन
बाहू, बाऊ an ornament for the arm	बाहु
बर्ज् bark of a tree	भूर्ज
मच् fly	मक्षि
मरइ charm. The Wasiri dialeet	मन्तर् charm, verse of Quran.
म्यव्र	मयूर
म्रम् to die	मरण
माशइ mosquito	मशक
मेष् male buffalo	महिष
म do not	मा
मा me	मा
माशो	मातृष्वसा
मख़् face	मुख
मज़क्	मूषक
मेज sheep	मेष
यीन् livar	यकृत्
ज़रन्द water-mill	यन्त्र
लष्ट stick	यंष्टि (पं. लट्ठ)

राश heap of grain	राशि
लौ reaping	लँहदी–लौ
वन जतमम	वन (लँहदी–वण् जतममद्ध
पशकाल् बशकाल rainy season	वर्षाकाल
वार time] period	वार
वींजल् to wash	विनक्ति
वेश्	विष
वाड़ा hedge	वृति (पं. वाड़)
शाके, शोए dung	शकृत्
शर्	शर
सोए	शण
शोले, शालइ	शालि
शुण्ड dry ginger	शुष्ठि
शुण्ड lip	शुण्ड
ष्फेल rope for tying horse's	श्रृङ्खला
पाग़ल् to please	इलाघ्
साह्	श्वास
षण्ड barren	षण्ढ
शक sand	सिकता
सीम way, side	सीमा
ज़न	हनु
अंगूर agreement	हुंकार
ज़	ह्नद्

परिशिष्ट – 3

वेल्श रोमणी में भारतीय अंश

रोमणी भारतीय जातियाँ हैं। जो 1000,1500 वर्ष पूर्व भारत से बाहर निकलीं और चलती फिरती ईरान, तुर्की, मिश्र, समस्त यूरोप तथा उत्तरी अमरीका में फैल गई। रोमणी शब्द डोम शब्द का ही रूपांतर है। इनको कालो (कृष्णवर्ण) भी कहते हैं। ये यायावर लोग हैं जो कभी एक स्थान पर दीर्घ काल तक नहीं ठहरते। लोहे की छुरी आदि छोटी–छोटी वस्तुएँ बनाते हुए तथा घोडों का व्यापार करते हुए ये एक स्थान से दूसरे स्थान पर जाते रहते हैं। बच्चों तथा ग्रामीण स्त्री पुरुषों के लिए विविध कौतुक सामग्री का संपादन, उनका भाग्यनिर्देश तथा कभी–कभी कुक्कुट घोड़ों आदि की चोरी से भी अपना जीवन निर्वाह करते हैं। यूरोप के सर्वोच्च संगीत केंद्र वूदापेस्त में रोमण ी लोग ही बेला के अद्रुत स्वरों से सारे पाश्चात्य संसार को मुग्ध करते हैं।

यूरोप के मध्य युग में जर्मनी, फ्रांस, इंग्लैंड आदि प्रायः सभी देशों में इन पर अत्यंत अत्याचार किए गये और इन का बीज नाश करने के बहुत से यत्न हुए। यदि ये नाश हो जाते तो रीछ और बंदर कौन नचाते। रंगबिरंगे वस्त्रों, विचित्र खेलों, मधुर तथा अलौकिक विलास भरे गीतों से कौन यूरोपियन जनता का मनोरंजन करता।। ग्रामों तथा नगरों के ताहिर सड़कों पर अपनी घोड़ा गाड़ियों में आडम्बर के साथ जहाँ कहीं भी रोमणी परिवार डेरा जमाते हैं वहाँ ही खेल कूद, आमोद प्रमोद का नया संसार आविष्कृत हो जाता है।

रोमणी स्वयं अपने मूल स्थान भारत को भूल गये हैं। पिछली शताब्दी में भाषा तथा समाजविज्ञ ऐतिहासिकों ने इनकी भाषा, कथाएँ, आचार व्यवहार आदि को अध्ययम करके निश्चय किया – ये लोग भारतवासी हैं।

इनको अपनी भाषा का बड़ा अभिमान है। ये इसको छिपा–छिपा कर रखते हैं। यद्यपि जिन देशों में ये रहते आए हैं वहाँ की भाषाओं के कुछ न कुछ शब्द रोमणी में प्रवेश कर गये हैं किंतु अब भी 1500 वर्षों के पश्चात् प्रधानता भारतीय शब्दों की है। व्याकरण तो स्पष्ट ही हमारा है। तथैव वाक्य रचना।

अपने प्राचीन धर्म का इनको कोई ज्ञान है नहीं। आज कल इनका धर्म रोमन कैथोलिक है। पोप "मारो वारो रशई" (हमारा बड़ा ऋषि), Virgin Mary "मारी रानी" (हमारी राणी), Lady-day "मारे रानीअको दिवेस;; (हमारी राणी का दिन) इत्यादि।

जैसा पाठक वृन्द आगे दिए शब्द समूह से देख लेंगे, कालो अथवा रोमणी चिब् (= जिह्वा = भाषा) में प्राचीन शब्दों की भरमार है। एक शब्द हिम को ही लीजिए – दिखस् वारो टच्। वशीज्जस्। था अरे ग्यस् पाले। था फन्दीअस् ओ उदार् (देखी बडी हिम। इस से हुआ। और अंदर गया परे। और बंद किया वह द्वार)। इवेस्को दिवेस् (हिम का दिवस)। इवेस्की रत् (हिम की रात)। इवेस्केरो (हिम का अथवा जनवरी मास)।।

प्रस्तुत शब्द संग्रह इंग्लैड के पश्चिम वेल्ज प्रदेश के रोमणी यायवारों की भाषा से उद्धृत किया गया है। अन्य यूरोपीय देशों तथा अमरीका में भी लगभग यही भाषा रोमणी तंबुओं और घोड़ा गाड़ियों में प्रचलित है। केवल मात्र थोड़ा–थोड़ा उच्चारण भेद है। आशा है सजीव भारतीय हृदयों में नया उल्लास उत्पन्न होगा।

रोमणी	**भारतीय**	**रोमणी**	**भारतीय**
यख्	अक्षि (प्रा. अक्खि)	यग्	अग्नि (प्रा. अग्गि)

वगो	अग्र	अग्रे	अग्रे
		अङ्गुले	
वङ्ली	अङ्गुलीय	बङ्रृश्तो	अङ्गुष्ठ
यारो	अण्ड	था	अथ
अन्द्रल्	अंतरात्	अन्द्रे	अंतरे
वेन्देरी	अन्त्र	अभारो	प्रा. अम्हार
ब्लव्	अवलम्ब्	स्वा	अश्रु
अस्तिस्	अस्ति	हेरोइ	अस्थि (हि. हड्डी)
अमे	अस्मे (प्रा. अम्हे)	अव् जव बवउम	प्रा. आव्
रशइ	ऋषि	अले	आलभ्
रुचो	उच्च	ओरी	उड्डी (हि. उड़ना)
ओख्त्, उश्त्	उत्था	ओप्रे	उपरि
प्रेपेर्	उपर्युपरि	उलव्	उपलम्भय
वेश्	उपविश्	येख्	एक
कोकोरो	एकल्	येखार्	एकवार
कितने	एकस्थाने	औअ	एव, एवं
उश्त	ओष्ठ	कोन्	हि. कौन
केक्	हि. कई एक	कख्	कक्ष (प्रा. कक्ख)
कङली	कंकतिका	केरो	कटक
खुर्	हि. बढ़ी	कारो	कण्टक
खञ्ज	कण्डू (हि. खाज)	खार्	कथय
कम्	कम्	कत्स्	कर्तरी
कन्द	कर्ण	कलिको	कल्य
कक्	हि. काका	कारी	हि. काढ़
केरव्	कारय	कालो	काल
कश्त	काष्ठ	खस्	कास्
केर्लो	कील	कूर्	कुट्ट

कत्	कृत्	केमों	कृमि
कोब्लो	कोमल	खेल्	क्रीड् (हि. खेल)
कृश्	क्रुश्	कोल	क्रोड (पं. कोल)
कइ	क (हि. कहीं)	अकना	क्षण
चार्	क्षार	चिव्	क्षिप्
खुरेदो	क्षुद	चुरी	क्षुरी (हि. छुरी)
खेन्ली	खड्ग	खन्द्	खण्ड्
खेनी	खनि	ख्र	खाद्
खिनो	खिन्न	खुर्	खुर
खुखुनी	हि. खूरत्री	गिन्	गण
खन्द्	गन्ध	खोरो	गंभीर
खब्नी	गर्भिणी	गद्	गात्र
गोद्ली	गालि	गिली	गीति
गुद्लो	गुड	खूव्	गुफ्
भोरो	गुरु	गारव्	गूढ़
खेर्	गृह (हि. घर)	खेरे	गृहे
गोनो	गोण	गिव्	गोधूम
गव्	ग्राम (हि. गाँव)	खोरो	घट
खम्`नद	(खमेस्को दिवेस्)		धर्म (हि. घाम)
खस्	घास	खिल्	घुत
खोश्	घृप	खुरो	घोट
श्तार	चत्वारि	शोन्	चंद्र
चार्, चलो	चर्	चारो चंद	चरु
चम्	चर्म (प्रा. चम्म)	चलव्	चल्, चलय
चेरिक्लो	हि. चिड़ा	चेर्ल	चिर
चिड़ार्	चीत्कार (हि. चिंघाड़)	चुचि	चुची

चूमेर्	चुंब	चोर्	चुर्, चोरय
चोर्	चूडा	चोर्	चौर
चार्	छादय	छिक्क्	छिक्का (हि. छींक)
चिन्	छिद्	चाद्	छृद्
शलव्	हि. छोल्ना	चड्.	जंघा
चम् बीममा	जम्भ	जङव्	जागृ
चिब	जिह्वा (हि. जीभ्)	जिव्	जीव्
जुन्	ज्ञा	रोम्	हि. डोम्
रोम्नी	हि. डोम्नी	दोरी	डो, डोरिका
तख्	तक्ष्	तङो	तञ्च
तल	तदा	ततो, तब्लो	तप्त (प्रा. तत्त)
तम्लो	तमः	तोवेल्	तरवारि
तानों	तरुण	तले	तले
दद्	तात्र (हि. दादा)	तर्	तालु
शुचो	तुच्छ (प्रा. चुच्द)	तुमारो	हि. तुम्हारा
तुमे	हि. तुम्हे	त्रुश्	तृषा
त्रश्	त्रास	त्रशव्	त्रासय
त्रिन्वली	त्रिवारम्	त्रुशुल्	त्रिशूल
त्रिन्	त्रीणि	तू	त्वम् (हि. तू.)
रन्	दण्ड	दन्द्	दन्त
दब्	दभ्	देर्	दर (हि. डर)
दोइ	दर्वि	देश्	दश
द.	दा	दइ	हि. दादी, दाई
द्रोवेन्	दारुण	देश्नो	दास
दिवेस्	दिवस	रिग्	दिश्
दुख, थुकलो	दुःख	थुद्	दुस्व (प्रा. दुद्ध)
दोश्	दुह	दूर्	दूर

दूरीअल	दूरात्	दूर्कर्	दूरीकृ
दिख्	दृश् (प्रा. देक्ख्)	देवेल्	देवता
दूवरी	हि. दोवाँर	दोश्	दोष
दुद	घुठ	द्रव्	द्रव्य
द्रख्	द्राक्षा	दुमो	द्रुम
हुदार्	द्वार	दूई	द्वे
थव्	हि. धागा	थेम्	धामन्
थोव्	धाव् (हि. धोना)	थब	धाव् जव सिवू
थुव्	धूम	थिल्	धृ
न, ने, नी	न.	नइ	नस्त्र
नङो	नग्न	लेन्	नदी
नेवो	नव	नश्, नस्वलो	नश्
नइ	नहि	बन, लव्	नाम
नशव्	नाशय	नख्	नासिका (हि. नाक)
लिल्द्री	निद्रा	ने.	नी
पेको, पको	पक	पख्	पक्ष
पंश	पंच	पेक्	पच् (हि. पकाना)
फर्	पट	पत्रिन्, पोर्	पत्र
पैअस्	परिहास	पाले	परे
पी	पिव् (हि. पीना)	पार्नो	पाण्डु
पेरव्	पातव	पीरो	हि. पैर
पानी	पानीय	पार्दल्	पार, पारसः
पश्	पार्श्व (हि. पास)	पशे	पाईव
पिश्	पिष्	फुरनो	पुराण
फूई	पूय्	फिको	पृष्ठ
पेर्	पेट	फुच	पृच्छ् (हि. पूंछना)
परिकेर्	प्रतिकृ	पतुव	प्रत्यय

पोत्सी	प्रसिती	प्रस्त्	प्रस्था
पस्	प्रहस्	पिरनो	प्रिय
पिशुम्	हि. पिस्सू	फबइ	फल
फल् चंसपदह	फलक	फिर्	हि. फिरना
फुको	फूत्कृ	फन्द्	बन्ध्
बार्वलो	बलवत्	अवी	बहिर्
वृत्	हि. बहुत	बइ	बाहु
वोख्	वुभुक्षा (हि. भूख)	फुस्	वुस (हि. फूस)
फेन्	भगिनी	फगो	भग्न
फेन्	भण्	फेदेदेर्	भद्रतर
फारो	भार	पिरव् जव वचमद	भिद्
अव्	भू	फूव्	भूमि
फल्	भ्रातृ	फोव्	भ्रू
मखी	मक्षिका	मारो	मण्ड
मातो	मत्त	मचो	मत्स्य
मोल्	मधु	मस्कल्, मिज्	मध्य
मनुष, मूर्श्	मनुष्य	मे	मथा
मेल्	मल (हि. मैल्)	मा	मा
मस्	मांस	मार्	मारय
मङ्	र्माग् (हि. माँगना)	मिइतो	मिष्ट
मूई	मुख	मुक्	मुच्
मुशी	मुष्टि	मुतार्	मूत्र
मुतेर्	मूत्रैय	मोलीओव्	मूल्य
मुसो	मूष	मेर्	मृ
मुलो	मृत	मोर्	मृद्
मखव्	म्रक्ष्	जोव्	यव (हि. जौ)

लत्स्	यष्टि (पं. लट्ठ)	ज	या
जुवेल्	युवती	जुव्	यूका
रत्	रक्त	रख्	रक्ष्
रद्	रह	रई	राजन्
रानी	राजी (हि. राणी)	रत्, राती	रात्रि
रोव्	रु रुव्	रुख्	रुक्ष
रुश्	रुष्	रूप्	रूप्य
लोश्नो	रोचन	लचो	लक्ष्य
लोको	लघु	लङो	लंग
लज्	लज्ज्	लजव्	लजय
लज्	लजा	रक्लो	हि. लड़का
रक्ली	हि. लड़की	ल	लभ्
लोन्दु	लवण	लिक्	लिक्षा
लिल्	लिखित	लिम्	लिम्प
लुब्नी	लोभिनी	लोवो	लोह
लोलो	लोहित	बङो	वक्र
बार्	वट	बारो	वड् (हि. बड़ा)
बालो	वराह	वकरो	वर्कर (हि. बकरा)
बेर्श्	वर्ष	ब्रिशिन्	वर्पण
बार्	बात	बल्	वाल
विश्	विंश	बिकिन्	विक्री (हि. बिकना)
विच्व	विक्षिप्	फीब्लो	विधवा
बीअव्	विवाह्	बिसेर्	विस्मृ
रिव्	वृ	वूती	वृत्ति
फुरो	वृद्ध (हि. बूढ़ा)	बेरो	बेड (हि. बेड़ा)
बेङ्	व्यङ्ग	शेल्	शत
सोवेल्	शपथ	शोशोइ	शश

सस्तार्न्	शस्त्र	शख्	शाक
चवो	शाव	शस्	शास्
सिक	शिक्ष्	सिकव्	शिक्षय
सिक्लो, सिक्नो	शिक्षित	शेरो	शिरस्
शुश्लो	शिशिर	सिग्	शीघ्र
शिल्	शीत	शिद्रो	शीतल
सानो	शीर्ण	सुत्	शुक्त
यूजो	शुचि	सुब्ली	शूर्प
शेलो	शुल्व	शुको	शुष्क
शिङ्	श्रृङ्ग	शुवेल्	शोधनी
शुन्	श्रु (हि. सुनना)	शार्	श्लाघ्
शुव	श्वि	शोव्	पट्
चो	सत्य	स्पिल्	संपीड्
सप्	सर्प	सम्नी	सर्पिणी
सार	सर्व	सिव्	सिव्
शुकार	सुकृत	सुतो	सुप्त
सुनकइ	सुंवर्ण	सुङ्	हि. सूँघना
सुव्	सूची (हि. सुवा)	अस्त् स्तकेर्	स्था
थन्	स्थान	थुलो	स्थूल
फोसव	स्पृश	फरव्	स्फाटय
फुर्द, फुतेर्	स्फुट (हि. फूटना)	सोव्	स्वप्
सुनो	स्वम	शेल्ीपेजसव	स्वर
शस्तो	स्वस्थ	अस्	हस्
वस्त्	हस्त	ईव्	हिम
वेन्द्	हेमन्त		